# 南区の歴史探訪



・近世の村絵図
・南区歴史探訪図
・南区の地名
・ふるさと散歩
・地図に見る南区の変遷

# 見晴台発掘の思い出――再刊に寄せて

今年九十二歳になりましたが、思えば郷土史と向かいあう人生でした。この年になったいまも地元の歴史の紹介などに努めさせていただいております。『南区の歴史探訪』もそうした活動の一つでもありましたが、このほど再刊されることになり、マイタウンの舟橋さんから何か一筆と言われ、市民参加で知られる南区の見晴台発掘調査についての思い出を書くことにします。

昭和四十七年、四十八歳のとき、東海市名和の友人と名和の新池の北に「名和民俗資料館」を作りました。当時、在職していた一柳中学校（名古屋市中川区）の歴史クラブの生徒数人とともに収集した民具、それに友人のものを加えて展示し、一般の人たちに見てもらおうと企画しました。これができると私の友人や教え子、地元の人など、大勢の人が見にきてくれました。

彼は友人が少なかったこともあり、私のために建物を提供してくれました。しかし、奥様との関係もよくなく、やがて「お前のために作ってやったわけではない」と言われるようになりました。

そこで私のものは全部、東海市の平洲記念館へ寄贈し、今度は生徒とともに見晴台遺跡の発掘調査に参加することにしました。私はこれをきっかけに発掘調査に夢中になり、これには赴任していた南区の大江中学の歴史クラブの生徒も加わるようになりました。

当時、市民参加によるこの遺跡調査は話題になっており、新聞やテレビが取材に来ました。八月の第二日曜日、午前・午後の二回、市民見学会を行い、多いときは百人近くも集まってくれました。これを機会に見学はいつでもおいで下さいということになり、その説明係を置いたりもしました。

これには名古屋市教育委員会も応援してくれ、昼食代・氷代も出してくれました。ときには寿司の出たこともあります。また、生徒たちに日当三百円、私たち教師には千円をくれました。

この手当を集めて「見晴台教室」と名付ける機関紙を作りました。発掘現場が「教室」であり、これには参加した中・高・大学生らの作文も載せてました。

発掘期間は夏休みに入った七月二十一日から八月いっぱいです。日曜日は休日としましたが、途中で休む者もなく、みんな熱心でした。始める前、終わった後はミーティングの時間にし、団長を引き受けして下さった名古屋大学の大参先生のお話を聞いたり、参加生徒らの疑問にも答えるなどしました。「見晴台教室」の役割は十分果たせたように思います。

遺跡の発掘調査を始めたのは名古屋考古学会の吉田富夫先生を団長にした組織でした。しかし、後には私たち学校の先生、生徒が中心の態勢になってしまいました。当時、それに携わる民間の人たちは私たちのことを「掘り方の分からん人たちがやっている」と異を唱えましたが、やがてこの人たちは出てこなくなりました。

そのころの発掘の仕方は木を切り倒し、草を刈って、二日ほど前から事前準備をします。調査が始まる前にモッコを天秤棒でかついで土を捨てていましたが、しばらくしてブルドーザーなどを借りてきて遺跡の土をはねるようになりました。この後、ジョレンや土かき、ヘラなどを使って丁寧に仕事をしてゆきました。昼は土方仕事、夕方からは発掘したものの整理をし、家へ帰るのはいつも九時、十時でした。それでもだれ一人として文句を言う者もなく、本当に楽しい発掘調査でした。

現在、私は東海市名和の更地になった「北本郷遺跡」を調査しています。これは今年の六月八日に発見し、私一人で落ちている製塩土器三本、須恵器二片、ハイガイ・カキ・サクラガイ・キセルガイなどを採集しました。あとは東海市教育委員会の社会教育課、宮沢学芸員にお任せすることにしました。

私にとって埋蔵文化財の調査は楽しいことの一つです。九十二歳になったいまも私を支えてくれ、これを大きな喜びとしています。

話が長くなってしまいましたが、絶版になっていた『南区の歴史探訪』が装いも新たに再刊されることをありがたく思っています。これは教員を退職した五十九歳のとき、名古屋市南社会教育センターで多くの社会人の方々と勉強したときの成果でした。南区をより深く知るために活用していただけたら、こんなうれしいことはありません。

平成二十七年十二月吉日

名和の自宅にて　池田陸介

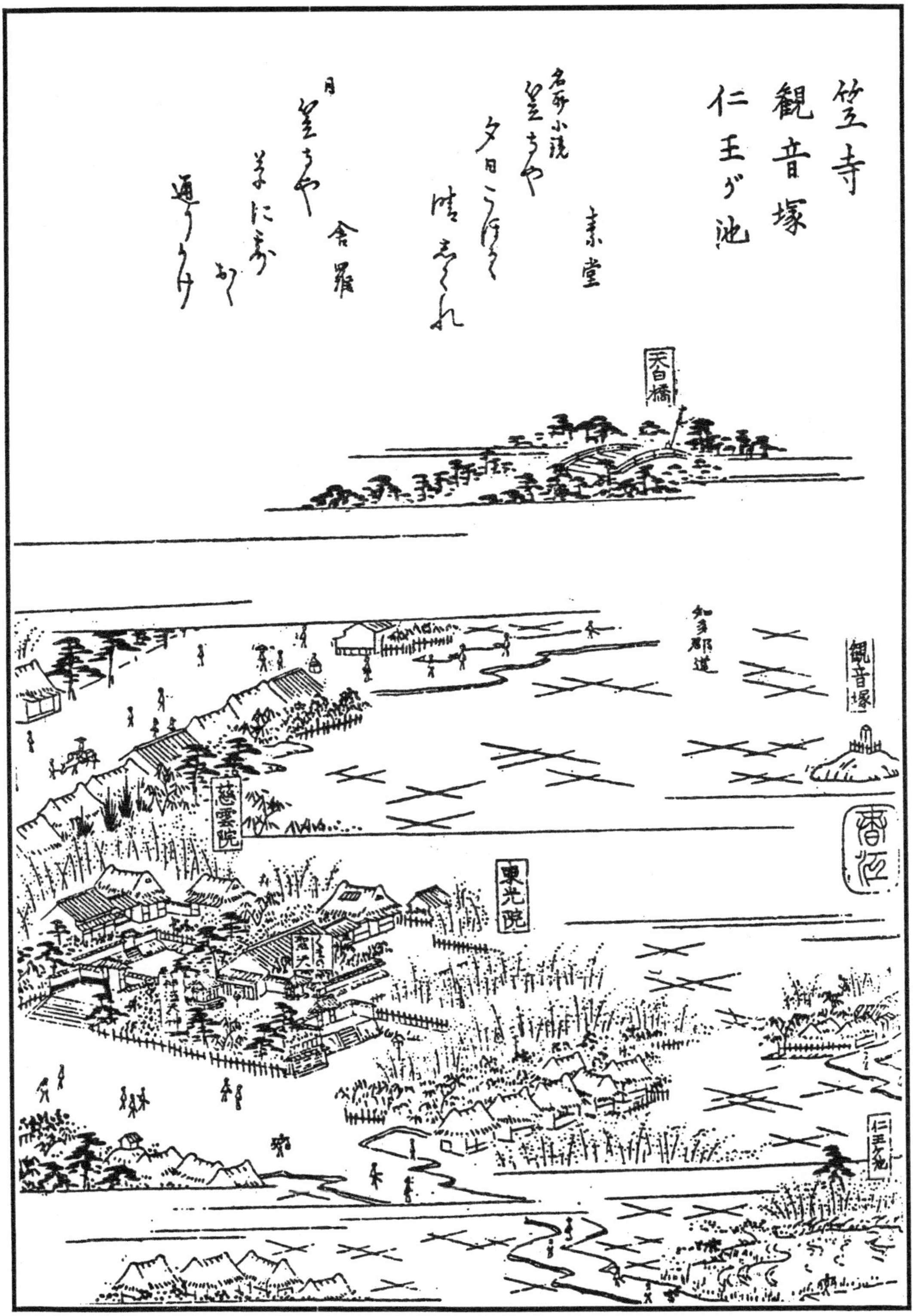
笠寺
観音塚
仁王ヶ池
名所小読
笠寺や夕日こぼるゝ晴しぐれ
素堂
舎羅
天白橋
知多郡道
観音塚
慈雲院
東光院
仁王ヶ池

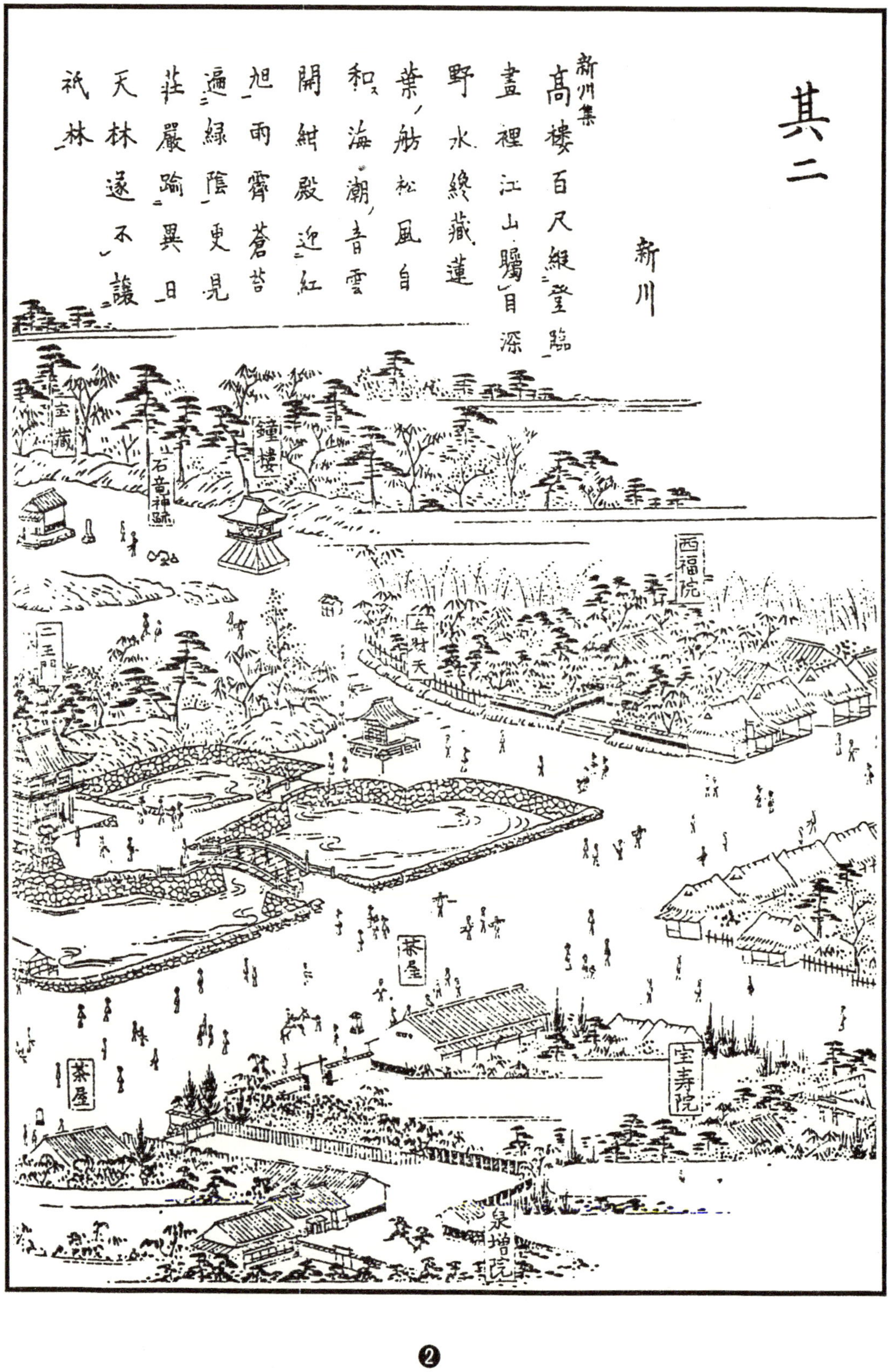
其二
新川
新川集
高樓百尺縦登臨
畫裡江山矚目深
野水終藏蓮葉舫
松風自和海潮音
雲開紺殿迎紅旭
雨霽蒼苔遍緑陰
更見荘嚴踰異日
天林遂不讓祇林
宝蔵
鐘楼
石竜神跡
西福院
弁財天
二王門
茶屋
茶屋
宝寿院
泉増院

尾張名所図会より

尾張名所図会より

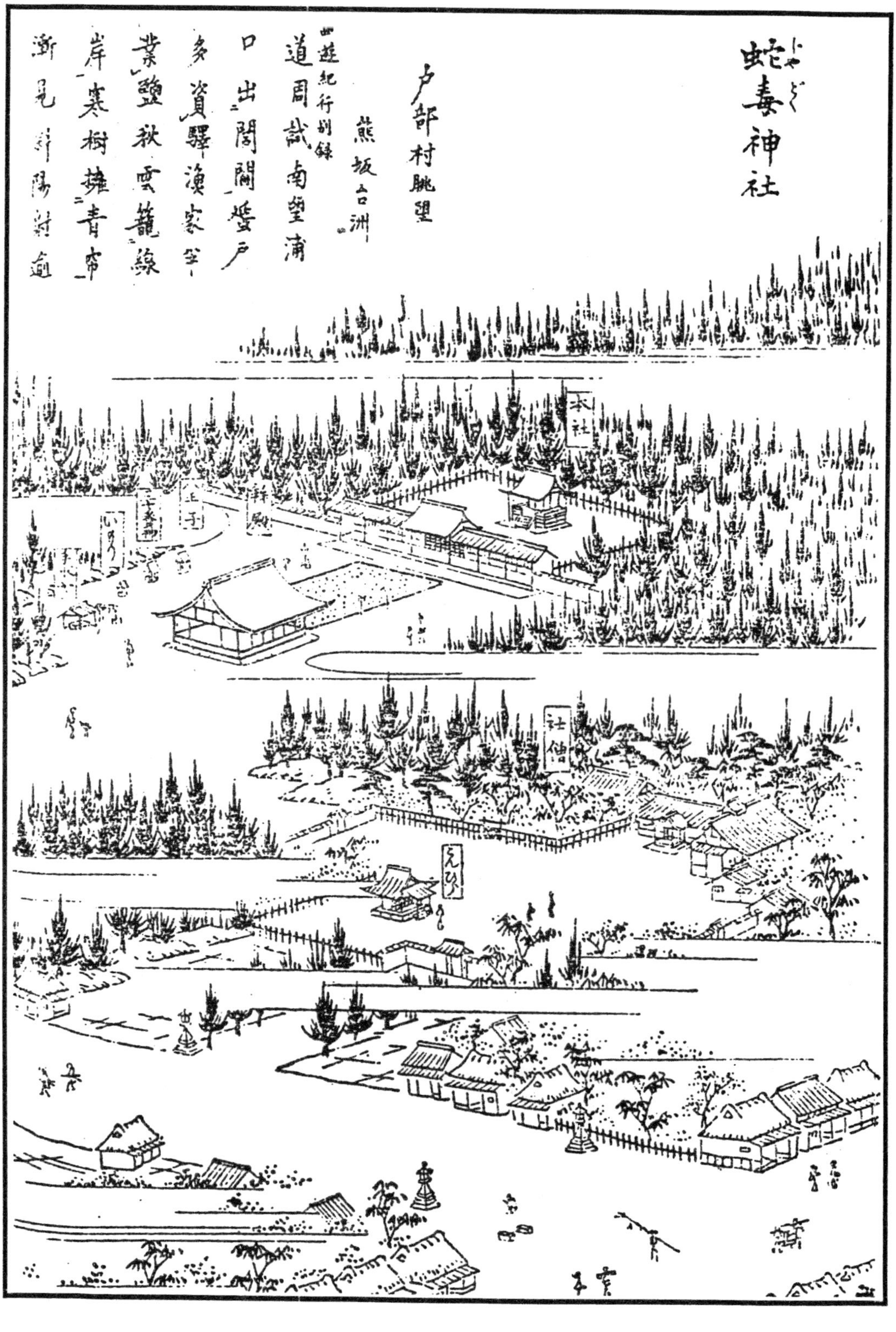
蛇毒《じゃどく》神社
戸部村眺望
熊坂台洲
遊紀行別録
道周試南望浦
口出閭閻遥戸
多資驛漁家罕
業鹽秋雲籠綠
岸寒樹擁青帘
漸見斜陽射逈
本社
拝殿
王子
社僧
いなり

尾張名所図会より

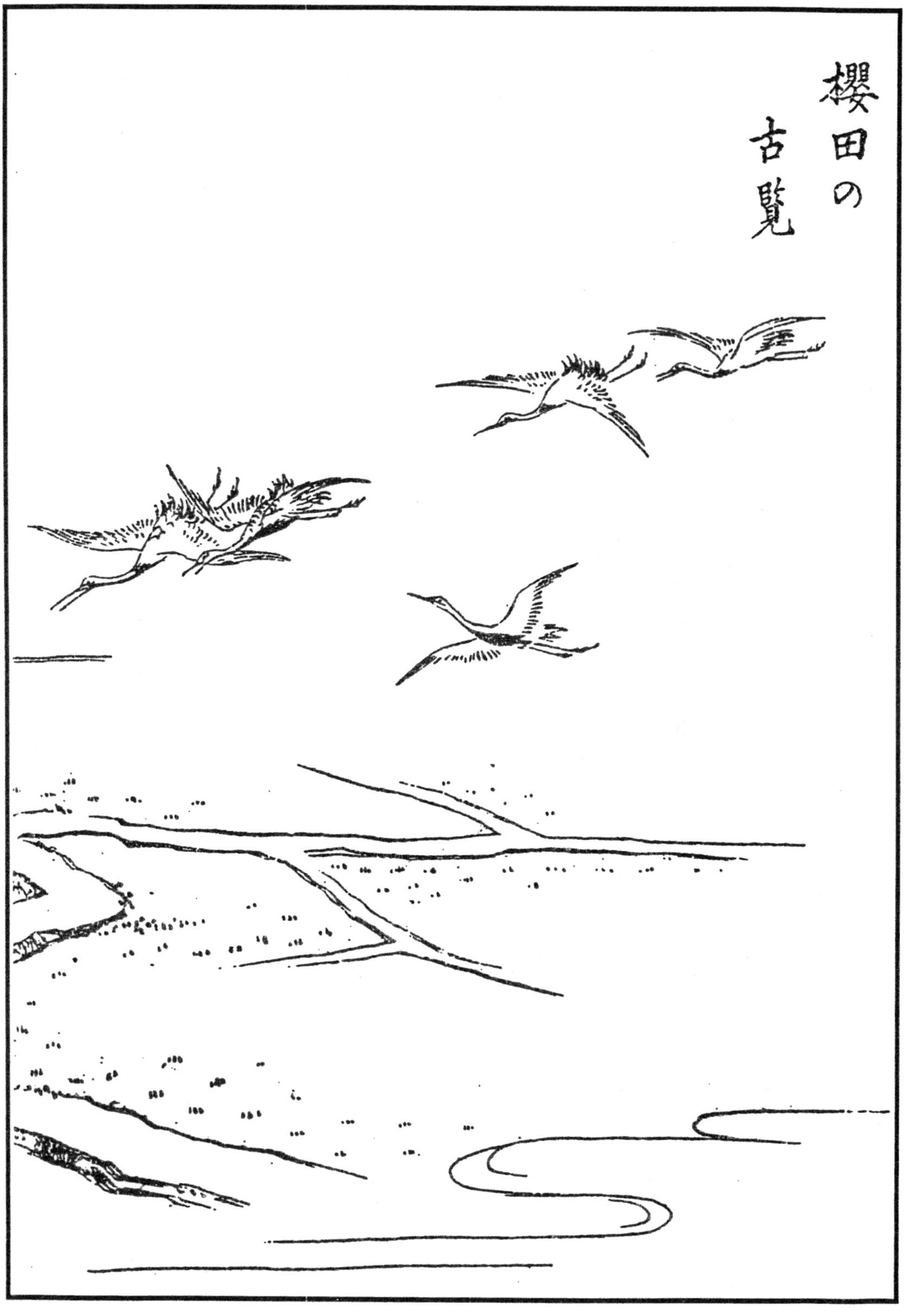
櫻田の古覧

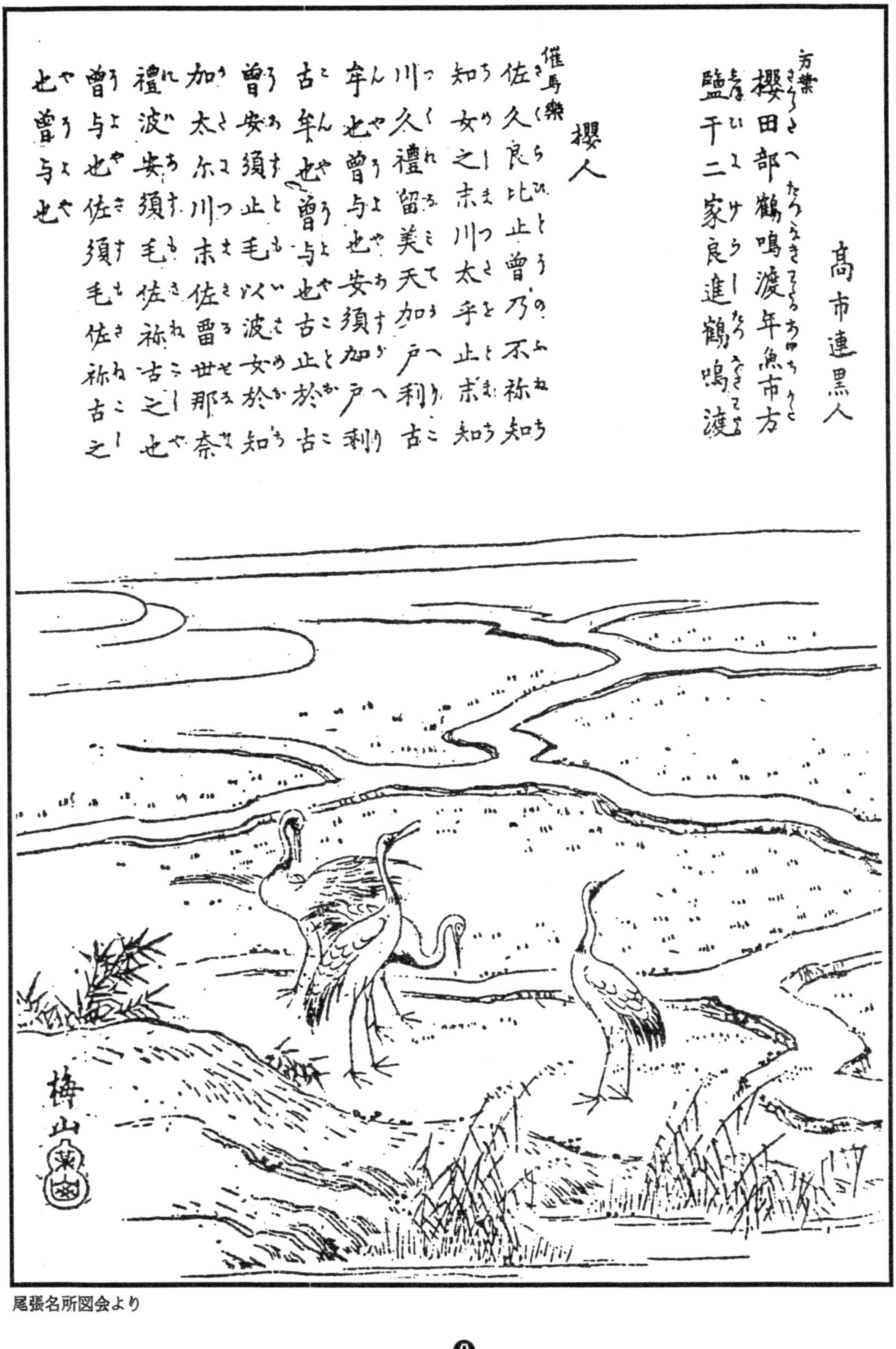

高市連黒人
萬葉
櫻田部《さくらたへ》鶴鳴渡《たつなきわたる》年魚市方《あゆちかた》
鹽干二家良進《しほいにけらし》鶴鳴渡《たつなきわたる》
櫻人
催馬樂
佐《さ》久《く》良《ら》比《ひ》止《と》曽《そ》乃《の》不《ふ》祢《ね》知《ち》
知《ち》女《め》之《し》末《ま》川《つ》太《さ》手《を》止《と》末《ま》知《ち》
川《つ》久《く》禮《れ》留《る》美《み》天《て》加《か》戸《へ》利《り》古《こ》
牟《ん》也《や》曽《そ》与《よ》也《や》安《あ》須《す》加《が》戸《へ》利《り》
古《こ》牟《ん》也《や》曽《そ》与《よ》也《や》古《こ》止《と》於《お》古《こ》
曽《そ》安《あ》須《す》止《と》毛《も》以《い》波《は》女《め》於《お》知《ち》
加《か》太《た》尓《に》川《つ》末《ま》佐《さ》留《る》世《せ》那《な》奈《は》
禮《れ》波《ば》安《あ》須《す》毛《も》佐《さ》祢《ね》古《こ》之《し》也《や》
曽《そ》与《よ》也《や》佐《さ》須《す》毛《も》佐《さ》祢《ね》古《こ》之《し》
也《や》曽《そ》与《よ》也《や》
梅山


尾張名所図会より

小治田之眞清水より

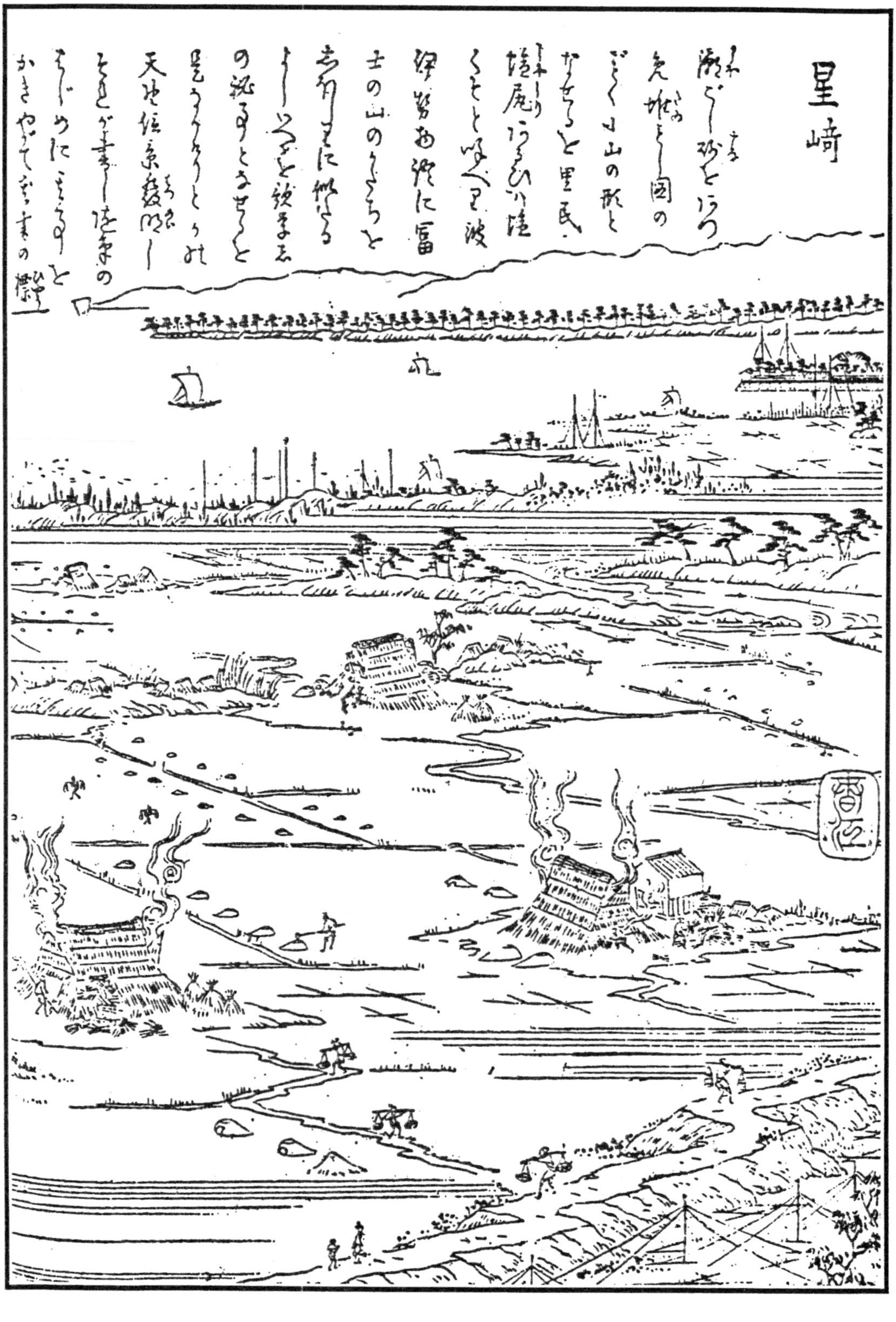
星崎

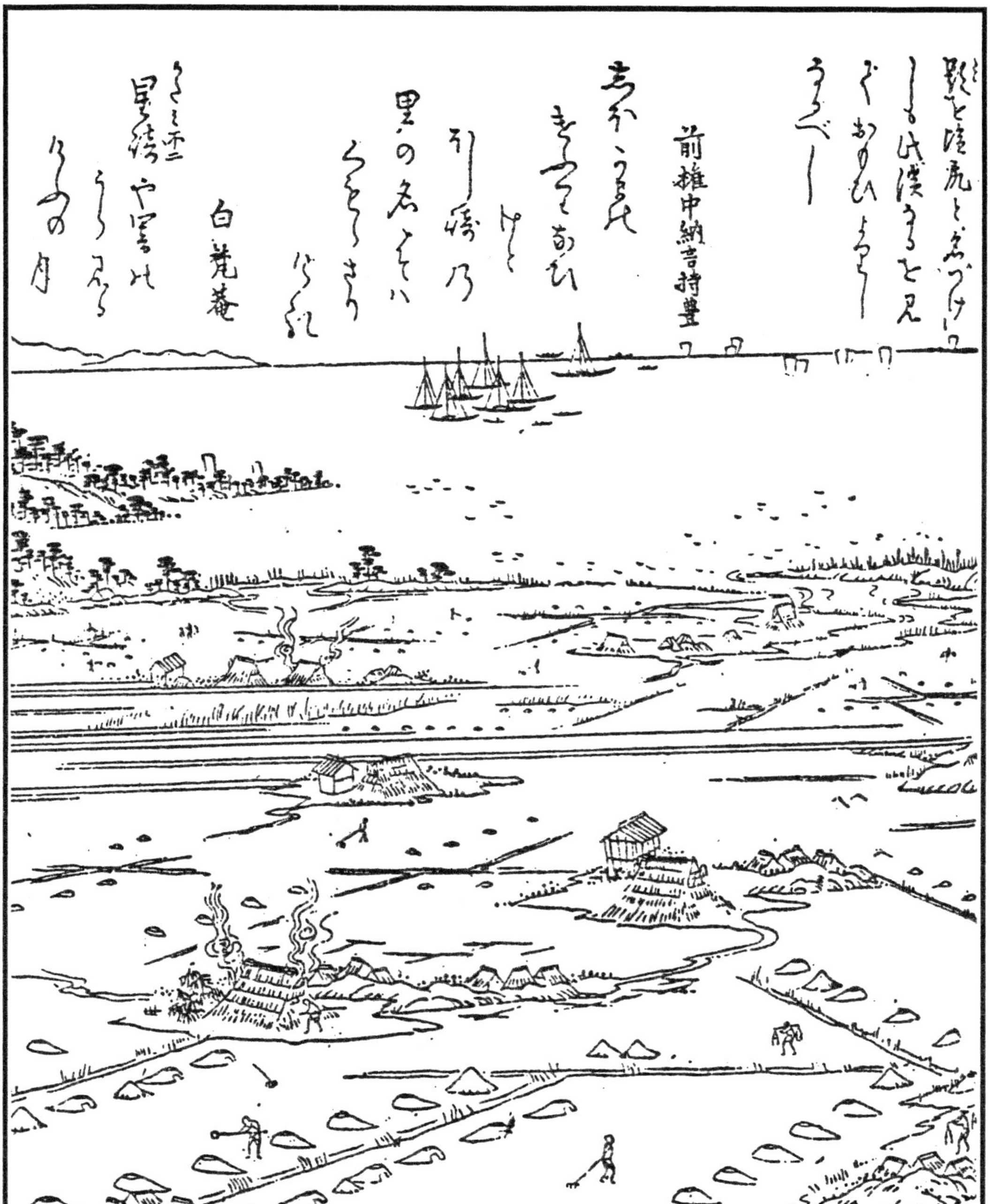

尾張名所図会より

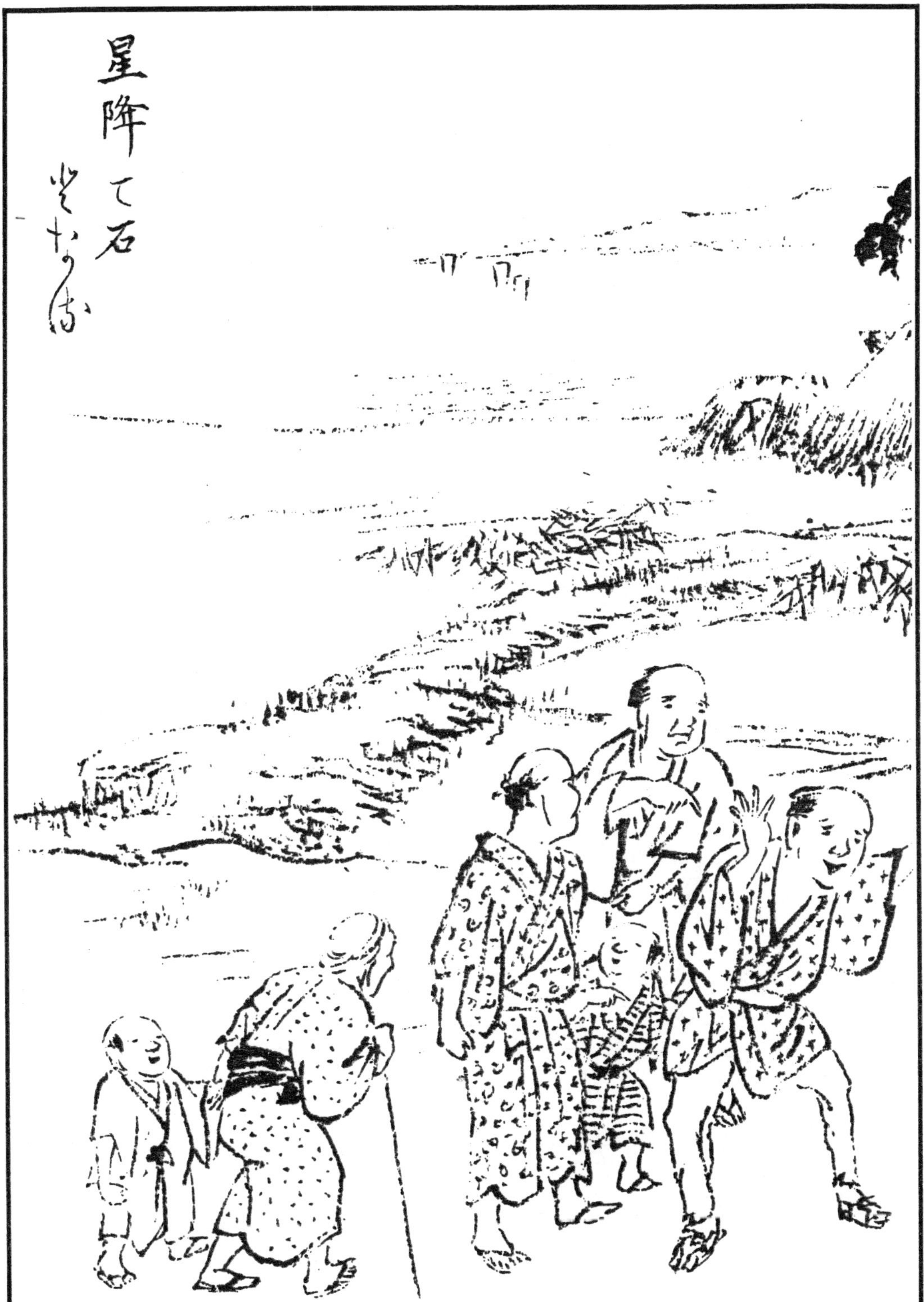


小治田之真清水より

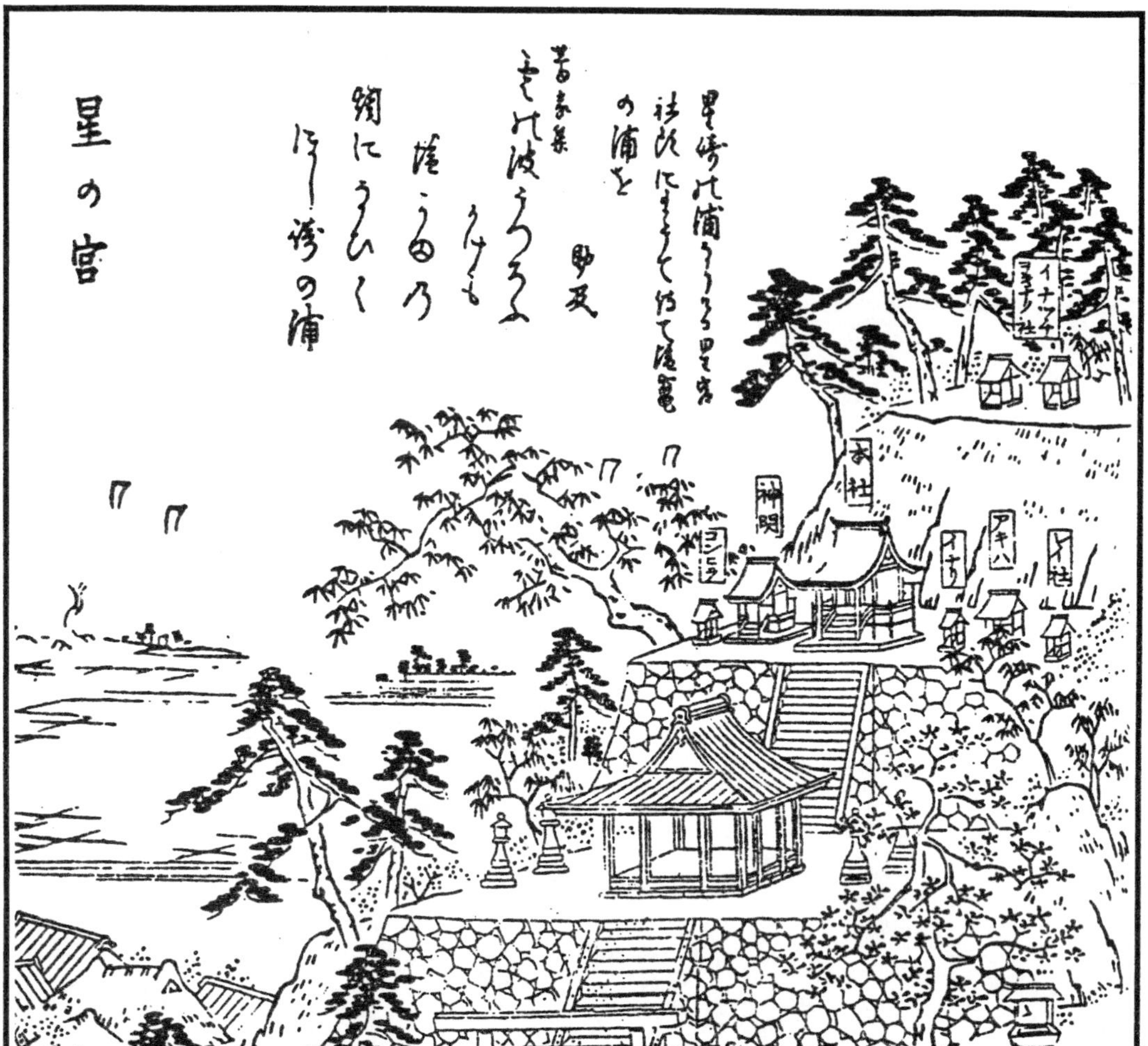

尾張名所図会より

# 南区の歴史探訪

# はじめに

人には様々な出会いがあり、そこから種々の創造が生まれ、所産があるものと思っていましたが、ここにまた大変よい出会いがありました。

水彩画で独自の道を志す桜井さん、郷土史をそのライフワークとする池田先生——この両者は当センターの講座で、一人は受講生として、もう一人はその担当者として出会い、回を重ねるごとに互いにその特質を認め、やがてセンター文化祭で郷土史展を実現させるに至りました。そして、その成果は『南区の歴史探訪』として実を結びました。

この本は従来の歴史や考古学に関するものとは面目を異にし、自分たちの住む地域内の古寺や埋もれた碑などを巧緻なスケッチ入りで説明しながら、その歴史的意義づけがなされていて、自然に親しみを覚えてきます。願わくは、さらに『続・南区の歴史探訪』『続々・南区の歴史探訪』の名著を待望するものです。

「人との出会いには素晴らしい創造がある」ことを信じて疑わない私に、また一つ確かな手応えがありました。

一九八六・三・一

名古屋市南社会教育センター館長　稲垣　勍

もくじ

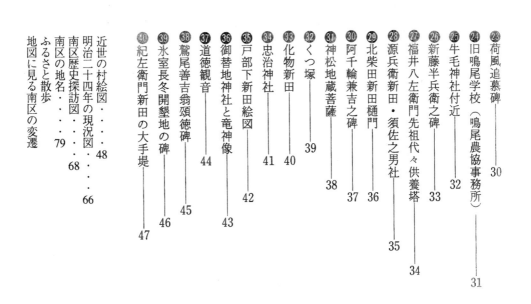

熱田区
⑭
瑞穂区
⑫
国道23号（名四国道）
瑞穂公園

この地図はアルプス出版社版「ビジネスタイプ名古屋市区分地図帖」の南区の部分をもとに作りました
1:20,000
0
500
1000m
⑮ 港区
⑪ 緑区
東海市
天白川
大高町
鳴海町
昭和町
船見町
大江町
本星崎町
加福町
星崎町
大同町
弥次エ町
柴田町
元柴田西町
元柴田東町
白水町
滝春町
戸部町
鳴浜町
道徳町
名鉄常滑線
名古屋鉄道
大江川緑地
国道23号（名四国道）

## ❶ 白毫寺《びゃくごうじ》・鎌倉古道《かまくらこどう》

岩戸町三丁目

眉間山《みけんざん》白毫寺は元亀《げんき》二年（一五七一）に開かれたといわれています。境内西南隅に「年魚市潟《あゆちがた》勝景」と刻まれた大きな碑が建っています。『万葉《まんよう》集《しゅう》』の「年魚市潟　潮干《しおひ》にけらし　知多の浦に　朝こぐ舟も　沖による見ゆ」の歌は、この台地上から知多方面を眺めて詠《よ》んだ歌と伝えられています。

境内には高さ約一メートルの花崗岩《かこうがん》の天然石に、芭蕉《ばしょう》の「はる風や　戸部山崎の　屋根の苔《こけ》」の句碑が建っていますが、この句は芭蕉のどの句集にも見当たらないといわれています。

鎌倉古道は白毫寺北側に急な坂道として残り、東進して東海道を越えると、すぐ左側に鎌倉期の鋳鉄座像「湯浴地蔵菩薩《ゆあみじぞうぼさつ》」を祭る地蔵院が見えます。なお進むと名鉄線路付近で鎌倉古道は消滅しますが、桜の六本松を通って東の楠町村上社へ向かっていたようです。そして台地を下りて、鳴海潟を渡って古鳴海《こなるみ》へ出ます。

なお西へは、門の坂道を下って、海沿いに北へ進んで井戸田へ渡りました。白毫寺の東、古道沿いの屋敷を改築中に室町期の小皿、鎌倉期の山茶碗を見つけました。

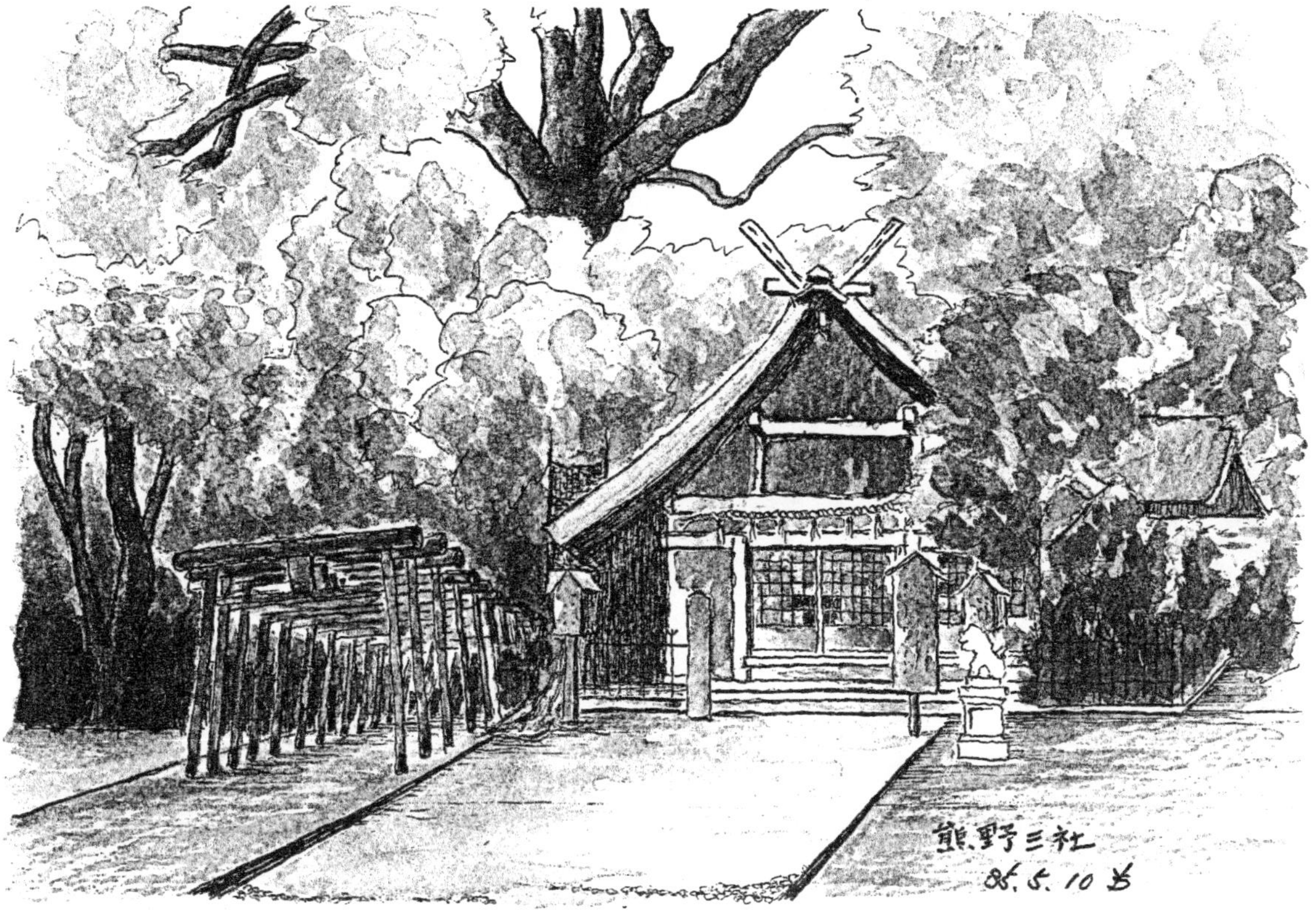


## ❷ 熊《くま》野《の》三《さん》社《しゃ》

呼続町三丁目

永禄《えいろく》三年（一五六〇）山崎城主佐久間信盛《さくまのぶもり》が城中の守護神として祭っていたものを、寛永《かんえい》四年（一六二七）にこの地へ移したもので、本殿の東西に脇宮が二社あり、合わせて熊野権現三社といいます。境内は巨木に囲まれて静かなたたずまいを保ち、社務所前の庭にある手洗い石に「松《まつ》巨嶋《こじま》」と大書した文字が刻まれています。この「松巨嶋」の名称は、その昔、笠寺台地は「呼続の松」と呼ばれた大樹もあり、熱田方面から眺めて「松の大きな島」と呼んだ地名と伝えています。

この手洗い石の背面には「明和《めいわ》三丙戌歳《ひのえいぬどし》（一七六六）五月吉辰《きちのたつ》　願主三宅徳左衛門年定《みやけとくざえもんとしさだ》」と書かれ、三宅氏は山崎家のことです。嵯峨野《さがの》神社に奉納されていたこの手洗い石は、明治年代にこの社に移したものといわれます。

参道には文政《ぶんせい》十三年（一八三〇）の約二メートルある永代常夜燈があり、本殿北側から室町期の山茶碗と、同じころの羽釜《はがま》の破片が採集されています。

## ❸ 成《なり》田《た》公《こう》夫《ふ》妻《さい》墓《ぼ》碑《ひ》

鳥栖町三丁目

この墓碑は成道寺《じょうどうじ》の墓地にあったもので、故丹羽主税《にわちから》氏によって発見され、昭和四十三年三月、名古屋市文化財に指定されたものです。現在は境内庭に移され、新しい社の中に安置されております。

二仏は鳥栖《とりす》城主成田公夫妻の墓碑と伝えられ、地蔵菩薩の左に「鳥栖《とりす》伝心浄本庵主《でんしんじょうほんあんじゅ》」、右に「永正《えいしょう》十二年（一五一五）乙亥《きのとい》正月十二日」と刻まれており、石仏の紀年銘《きねんめい》としては市内最古のものです。これと並ぶ地蔵座像石仏の台座中央に「慶林大姉《けいりんだいし》」とあります。天保《てんぽう》年間（一八三〇―一八四四）編集の『尾張志』には成道寺が「天正《てんしょう》二年（一五七四）僧春公開基《そうしゅんこうかいき》創建す」と書かれています。

なお、成道寺への坂道で鎌倉期の茶碗を数片採集していますので、鳥《とり》栖八剣社《すはっけんしゃ》古墳、鳥栖神明社古墳と並ぶ遺跡の一部と思われます。

# ④ 鳥《とり》栖《す》神《しん》明《めい》社《しゃ》古《こ》墳《ふん》

鳥栖町一丁目

この古墳は笠寺丘陵のほぼ中央北寄り、塩付街道《しおつけかいどう》沿いに位置しています。付近一帯は平らな地形で、古墳だけが直径約三〇メートル、高さ約三・五メートルと盛り上がって見られます。古墳の上に神明社が祭られ、社殿の北側は崩れていますが、ほぼ完全な形を保っています。

昭和五十八年の土止め工事中に、基盤上に黄褐色《おうかっしょく》粘土を敷き、その上に黒色土をはさみ、さらに上部が砂と粘土まじりの熱田層《あつたそう》の土で盛られていることを確かめました。遺物はわかっていませんので、いつの時期の古墳とはいえません。

なお、境内には幹周り三・二メートル、高さ二〇メートルもあるクロガネモチの大木があります。

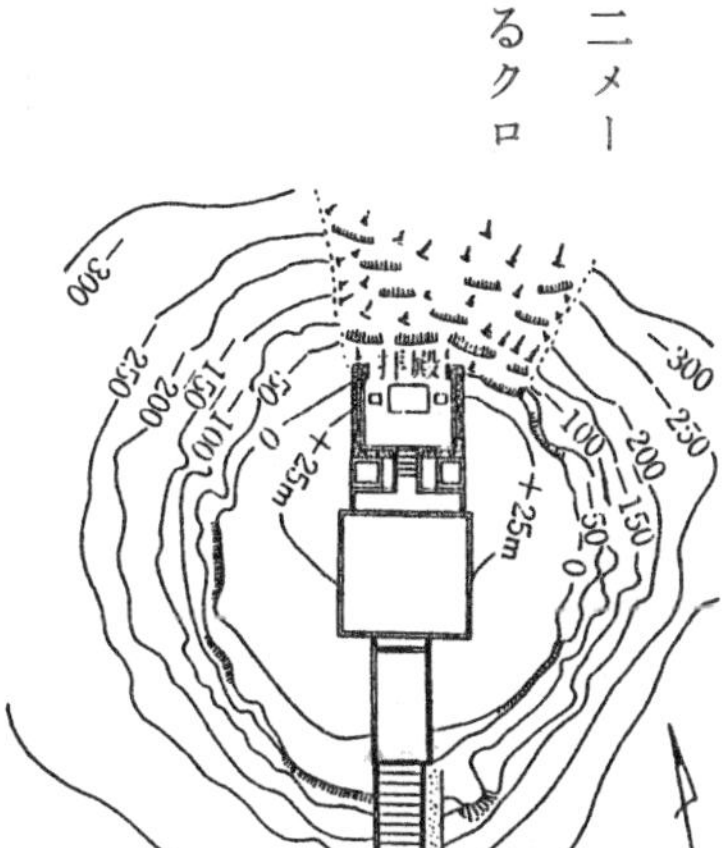

## ❺ 富《と》部《べ》神《じん》社《じゃ》

呼続町七丁目

『尾張名所図会』に蛇毒神社《じゃどくじんじゃ》として、富部神社の鳥瞰図《ちょうかんず》が描かれています。富部神社を毒蛇神天王社《どくじゃしんてんのうしゃ》とも、戸部天王《とべてんのう》とも呼んでいました。

この神社の創立はわかっていませんが、慶長《けいちょう》八年（一六〇三）国主松平忠吉が祠を現在地に移し、慶長十一年（一六〇六）清洲から現在の一間社流造《いっけんしゃりゅうづくり》、銅板葺《ぶき》屋根の社殿を移し建てられたものです。特に正面の蟇股《かえるまた》、屋根の懸魚《げぎょ》および桁隠《けたかくし》はよく桃山様式を伝えており、昭和三十二年国の重要文化財に指定されています。

また、市文化財指定の享保《きょうほう》十二年（一七二七）作高砂山車《だし》が境内倉庫に納められ、元富部神社東海道口参道の南隅にあった「明治天皇御駐蹕《ごちゅうひつ》之處《のところ》」の碑が正面鳥居の右側に移されています。

なお、境内から新郊中学校庭にかけて縄文晩期から弥生、古墳、奈良、平安時代の遺跡が発見されています。いまも新郊中学校庭の広い範囲に遺構が確認されており、境内社務所内に須恵器《すえき》の横瓶《よこへい》など、古墳時代から鎌倉時代にかけての出土物が展示されています。

## ❻ 桜《さくら》神《しん》明《めい》社《しゃ》古《こ》墳《ふん》

呼続町七丁目

桜の地名は平安時代の法令『延喜式《えんぎしき》』には「作良《さくら》」と書かれ、古くからの郷名であったことが知られています。この神社は名鉄本線に沿って、桜駅の南に隣接した位置にあります。古墳は古図に「ひめ塚」と書かれており、直径三六メートル、高さ四・五メートルの円墳で、北側には幅三メートルの堀がよく残されています。

この古墳が発掘された記録はありませんが、古くなった土留め用の板と杭を取り去ったとき、須恵器《すえき》の高杯《たかつき》の杯部破片と、埴輪《はにわ》片が採集されたことを、総代の近藤新《こんどうしん》太郎《たろう》氏からお聞きしました。また、昭和四十年代に堀さらえをしたとき、第二次大戦の小銃《しょうじゅう》の先に取り付けるゴンボ剣《けん》とともに、刀片などが採集されたことがわかっています。

また、神社境内は桶狭間《おけはざま》合戦のとき、織田方の兵卒の宿舎になった場所と伝えられており、鳥居の前の道路は中世から近世にかけて塩が運搬された道で「塩付街道《しおつけかいどう》」と呼ばれています。

## ⑦ 戸《と》部《べ》新《しん》左《ざ》衛《え》門《もん》碑《ひ》

戸部町三丁目

戸部城は一名「松本城」とも呼ばれ、付近の字名を「松本」と呼んでいました。明治七年（一八七四）戸部氏の子孫、戸部新吾《とべしんご》氏が戸部城跡へ碑を建て、戸部新左衛門の霊を祭りました。城跡は東海道から西へ約三〇〇メートルのところにあり、古記録に「東西一五間（約三〇メートル）、南北九九間（約一八〇メートル）」とあります。また、城跡の東に「新池《しんいけ》」と呼ばれる溜池《ためいけ》があり、濠遺跡といわれていました。

城跡の西、南は十数メートルもある崖で、碑は竹藪に囲まれていたと伝えられています。昭和四年の耕地整理のため城跡、溜池はならされて、戸部新左衛門碑は現在地へ移されました。城主戸部新左衛門は織田信長《おだのぶなが》の計略にかかり、今川義元《いまがわよしもと》により三州吉田《さんしゅうよしだ》（豊橋）で首をはねられた戦国時代の武将です。

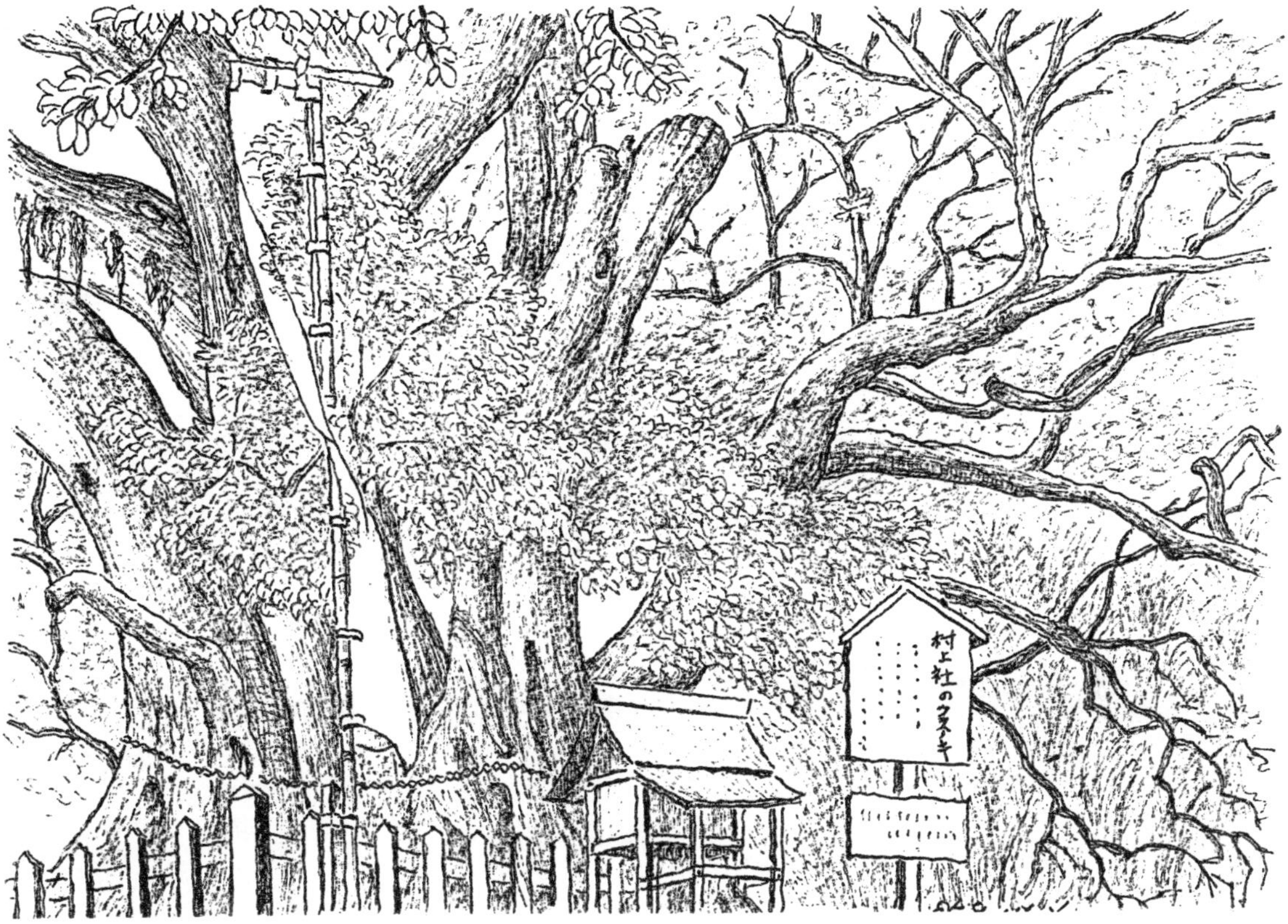

## ❽ 村《むら》上《かみ》社《しゃ》(楠社《くすのきしゃ》)

楠町

創立ははっきりしませんが、村上天皇《むらかみてんのう》を祭った社で境内に大クスがあり、楠町という町名はこの大クスから来ています。幹周り一〇・六メートル余、枝張り南北二〇メートル余、東西二二メートル余もあって、数百年の風雪に耐えて作り上げた名木を思わせます。この大クスが鎌倉街道に沿っているところから、昔時は旅人の目標となり、対岸の野並、古鳴海への渡船場であったようです。

この境内に『万葉集』高市黒人《たけちのくろひと》の歌「桜田へ　たず鳴きわたる　年魚市潟　潮干にけらし　たず鳴きわたる」が東京大学名誉教授久松潜一《ひさまつせんいち》氏揮毫《きごう》、南区郷土文化会故久野園吉《くのそのきち》氏の手により建立されています。

なお、境内から平安時代の須恵器、鎌倉期の山茶碗等を採集していますので、この時代から人々が住んだ場所といえるようです。

笠寺台地より見晴台地を望む

## 9 見《み》晴《はらし》台《だい》遺《い》跡《せき》

見晴町、笠寺公園内

見晴台遺跡は笠寺台地の南端、面積約三ヘクタール、高さ約一五メートルの平坦な舌状台地《せつじょうだいち》上に位置しています。この遺跡は弥生《やよい》時代後期から古墳時代前期（一九〇〇～一六〇〇くらい前）の集落があった所で、平安時代から室町《むろまち》時代の陶器などもたくさん出土しています。ここは昭和十六年（一九四一）に「銅鐸型土製品《どうたくがたどせいひん》」というめずらしい土器が発見されて、人々に知られるようになりました。昭和三十九年から発掘調査が行われ、中学生以上の一般市民の参加という、全国でもめずらしい「遺跡に臨む歴史教育の場」として知られています。

昭和五十四年には史跡公園の中心に考古資料館《こうこしりょうかん》が建設され、遺跡の保存と活用の場として重要な役割を負っております。また、友の会も組織され発掘調査に参加したり、「見晴台物語を書こう」「土器作りと野焼きをやろう」といった楽しい集まりも持っています。

## ⑩ 法志場《ほうしば》の小仏《こぼとけ》

扇田町、元法志庵墓地

法志場と呼んでいる土地は昔、法志庵《ほうしあん》（現在の宝珠山安泰寺《ほうじゅさんあんたいじ》）の墓地でした。この地は狭い谷を隔てて南に笠寺観音、南東の見晴台に笠寺観音の中世遺構《ちゅうせいいこう》、西に戦国期の戸部一色城《いしきじょう》、笠寺の寺部城《てらべじょう》等が近くに見られます。また、北へ数十メートル離れて桜中村城《さくらなかむらじょう》もあり、当時の将兵にとって深いかかわりのある寺であったようです。

絵の二仏合掌《にょつがっしょう》座像《ざぞう》墓碑《ぼひ》は高さ台座とも約四五センチあり、碑は硬質砂《こうしつさ》岩《がん》、台座は花崗岩《かこうがん》で作られています。右像には「地蔵□」とあり、左像は「妙秀禅尼《みょうしゅうぜんに》」と刻まれています。この座像は西桜町村瀬栄左衛門《むらせえいざえもん》氏の先祖の墓碑といわれています。

また、墓地内には宝篋印塔《ほうきょういんとう》残欠部四個、五輪塔《ごりんとう》残欠十個があり、室町時代後期から安土桃山《あづちももやま》期のものといわれています。周りは住宅でここだけが草のはえる墓地跡のためか、静かな昔が残されている感がします。

## ⑪ 笠覆寺《りゅうふくじ》（笠寺観音《かさでらかんのん》）

笠寺町字上新町

笠寺観音と人々に親しまれている天林山《てんりんざん》笠覆寺は、尾張四観音（甚目寺《じもくじ》、荒子《あらこ》、竜泉寺《りゅうせんじ》、笠寺）の一つです。

笠寺観音に伝わる「観音縁起《かんのんえんぎ》」によりますと、奈良時代に禅光《ぜんこう》という坊さんが流木で十一面観音像を刻み、小松寺《こまつじ》（現観音塚の場所）を建立しました。この寺が荒れ果て、本尊が雨露にさらされているのを見た鳴海の長者に仕えていた娘（後に太政大臣藤原基経《だじょうだいじんふじわらもとつね》の子、兼平《かねひら》夫人となる）が自分の笠を取って観音様にかぶせました。後、延長《えんちょう》八年（九三〇）夫人は兼平とともにこの地へ大きな笠覆寺を建立し、寺領数百町歩（数百ヘクタール）を寄進しました。これが現在の笠寺観音の起こりです。

なお、笠覆寺文書「笠寺勧進沙門阿願解状《かさでらかんじんしょうもんあがんげじょう》一巻」嘉禎《かてい》四年（一二三八）ほか九巻一帖、藤原初期の笠寺観音本尊の十一面観世音菩薩立像《かんぜおんぼさつりつぞう》、鎌倉期の銅製五センチの十一面観世音菩薩立像、一六・五センチの金銅製厨子《こんどうせいずし》が愛知県指定文化財として笠覆寺に所蔵されています。

## ⑫ 笠寺《かさでら》観音《かんのん》の五輪塔《ごりんとう》

笠寺町字上新町

笠寺観音墓地のほぼ中央部、小高い所に数基の五輪塔が並び、そのうちの一つが愛智《あいち》助右衛門吉清《すけうえもんよしきよ》の墓といわれています。この塚はもと、名鉄線路を旧東海道が横切る踏切の東北辺にあったものを、昭和三十六年に笠覆寺境内に移したものです。天保《てんぽう》年間（一八三〇—一八四四）編集の『尾張志《おわりし》』によれば、「愛智塚、旧戸部村の地にあり。戸部一色城跡の南に接す…是れ愛智助右衛門吉清遠祖歴世の墓地なり」とあるので、ここに並ぶ五輪塔、宝篋印塔を総称して「愛智塚」と呼んでいるようです。

なお、境内には芭蕉《ばしょう》千鳥塚《ちどりづか》、芭蕉春雨塚《ばしょうはるさめづか》、それに切支丹燈籠《きりしたんとうろう》と呼ばれる織部燈籠《おりべどうろう》、当地市場城主山口道林《やまぐちどうりん》の墓石などが見られます。また、南東の土手の層から弥生式土器の破片を数片採集していますので、谷を隔てた東側の見晴台遺跡と並んで古くから重要な場所であったようです。

## ⑬ 笠寺一里塚

笠寺町字上新町

慶長九年（一六〇四）二月、江戸幕府は江戸日本橋を基点として、東海道をはじめ主要街道に一里塚を築きました。三十六町を一里（約四キロ）とし、一里ごとに道の両側に五間（約一〇メートル）四方に土を盛り、その上にエノキを植えました。

名古屋市内には、もと各街道合わせ九か所も一里塚があったといわれますが、いまでは笠寺の東海道一里塚のみになりました。この西側の一里塚は大正のころに取り去られ、現在では東側のみになっています。高さ約三メートル、直径約一〇メートルの円丘上に、三メートルの高さのエノキが幹のいたみにもかかわらず枝葉を四方へ広げています。また、太い根が塚の全部をかかえ込むように四方に張り出しており、木の根の強さをみせております。

## ⑭ 七《しち》所《しょ》神《じん》社《じゃ》

笠寺町字天満

この神社は本城中学校の東、名鉄本線の線路を隔てた台地にあります。日本武尊《やまとたけるのみこと》、須佐之男尊《すさのおのみこと》、宇賀御魂尊《うがのみたまのみこと》、天穂日尊《あめのほひのみこと》、天忍穂耳尊《あめのおしほみみのみこと》と宮簀媛命《みやずひめのみこと》、乎止与命《おとよのみこと》の七柱の天《あま》つ神、国《くに》つ神を合祀《ごうし》しているので「七所神社」と呼ばれています。前記五柱は神話にある高天原《たかまがはら》から国土に降臨《こうりん》した神の系統を引く天つ神、後の宮簀媛命と乎止与命はこの地方の神としての国つ神といわれています。

市内にはこの種の神社は岩塚《いわつか》にもありますが、ここの七所神社は天慶《てんけい》三年（九四〇）平将門《たいらのまさかど》降伏祈願のため熱田の宮、七所の神を勧請したと伝えられております。明治初年、政府が神社の格付けをしたときに村社より一段上の郷社《ごうしゃ》になりました。社宝には伝徳川義詮《とくがわよしのり》寄進《きしん》の弓掛、同じく御田祭《みたさい》の絵巻がありましたが、昭和二十年の戦災で焼失してしまいました。なお、境内から鎌倉期の山茶碗と第二次大戦の高射砲の弾の破片を採集しています。

## ⑮ 粕《かす》畑《ばた》貝《かい》塚《づか》

粕畑町三丁目

粕畑貝塚のある場所は「観音塚」「元観音」と呼ばれています。現在はエノキの大樹があってその側にお堂があり、享保《きょうほう》元年（一七一六）加藤《かとう》又兵衛《またべえ》勝貞《かつさだ》（南区又兵衛新田開築者）が寄進した碑と、石造の千手観音《せんじゅかんのん》の座像が安置してあります。笠覆寺（笠寺観音）の縁起によれば、奈良時代の天平《てんぴょう》年間にこの地に小松寺が建てられ、笠覆寺発祥《はっしょう》の地とあります。

粕畑貝塚は愛知県ではよく知られた縄文時代早期末（約七千年前）の貝塚です。昭和十、十一年の調査によれば、貝層の厚さは二〇～五〇センチでハイガイを主体として、イノシシ、シカの骨角《こっかく》、石匙《いしさじ》、石鏃《せきぞく》等の石器、底のとがった粕畑式と呼ばれる土器が出土しました。十年ほど前は粕畑貝塚の北、高台にかけて弥生式土器、古墳時代の土師式《はじしき》土器がわずかな畑地、空き地で見られました。

## ⑯ 星《ほし》崎《ざき》城《じょう》跡《あと》

本星崎町

蓬左文庫《ほうさぶんこ》所蔵の星崎城古図を見ますと、本丸は現在の笠寺小学校に当たり、二の丸、三の丸は同校門前の住宅地、武家屋敷は本丸の東から中井用水路付近にあったことがわかります。その区域は東西一八〇メートル、南北二八〇メートル余にも及んでいるようです。

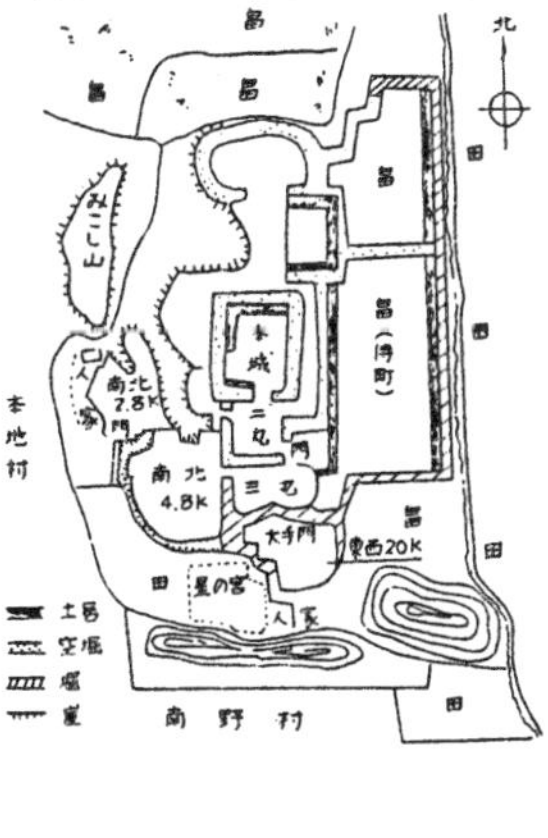


築城は大永《だいえい》元年（一五二一）で、城主は織田、今川の勢力消長により次々と交代しています。永禄《えいろく》三年（一五六〇）桶狭間合戦後、織田氏の岡田直教《おかだなおのり》、その子直孝《なおたか》が居城、直孝は織田信雄の三家老として重きをなしますが、信雄《のぶかつ》は直孝を長島で謀殺します。これによって秀吉と、家康・信雄の小牧、長久手、蟹江の合戦になるのです。

後、天正《てんしょう》十二年（一五八四）から山口半左衛門重勝《やまぐちはんざえもんしげかつ》、次いで天正十四年山口半兵衛重政《やまぐちはんべえしげまさ》が城主となりました。天正十六年（一五八八）重政が織田信雄により伊勢国へ移動させられたので廃城となっています。

この星崎城は戦国時代末、笠寺台地南端に位置して、重要な役割を果たしました。江戸時代の中ごろには、本丸一帯の台地は全部畑になっています。現在、学校の北側に外堀跡が認められるくらいです。

## ⑰ 長《ちょう》命《めい》井《い》戸《ど》

本星崎町字宮浦五八四

昔、この地に薬師堂《やくしどう》があり、浄円比丘尼《じょうえんびくい》という尼さんが住んでいました。この人は百三十歳まで長生きし、また代々薬師堂守も長命であったことから、誰いうとなく薬師堂の井戸を「長命井戸」と呼び、本尊の薬《やく》師如来像《しにょらいぞう》を「長命薬師」と言い伝えてきました。

村人はこの井戸の若水《わかみず》を織田信長に献上することになっていましたが、天正十年（一五八二）桶《おけ》から水が漏《も》れて桶がからになり、人々は異変が起こるのではないかと大騒ぎしました。この年の六月二日、信長は「本能寺《ほんのうじ》の変」で自害し果てました。

長命薬師は第二次大戦で焼失しました。しかし、この長命井戸はいまも残り、清水をたたえております。なお、井戸の南側空き地から室町期の羽釜片《はがまへん》を採集しています。

## ⑱ 星宮《ほしのみや》と上知我麻《かみちかま》・下知我麻神社《しもちかまじんじゃ》

本星崎町字宮田

星宮は笠寺台地の最南端に当たり、かつては東に鳴海潟《なるみがた》、西に年魚市《あゆち》潟《がた》を分けた岬の部分でした。当社は星崎城築造のときこの地に移され、常夜燈《じょうやとう》の明りは海上を往来する舟の航行の目印になっていたと伝えられます。

『古事記《こじき》』『日本書紀《にほんしょき》』に日本武尊《やまとたけるのみこと》とのロマンスで登場する宮簀媛命《みやずひめのみこと》の父乎止与命《おとよのみこと》を祭る上知我麻神社、その母真敷刀俾命《ましきとべのみこと》を祭る下知我麻神社は星宮の高台上に並んでいます。両社とも熱田神宮内へ摂社として鎌倉時代に移されています。

『尾張志』によれば、「此社はもと本地村（現在の星崎町一帯）あたりに座しけむを、後此処に移し祭れるなるべし」とあります。また、両社とも熱田神社（熱田神宮）、成海神社《なるみじんじゃ》、火上姉子神社《ひがみあねこじんじゃ》、高座結御子神社《たかくらむすびみこじんじゃ》などとともに『延喜式神名帳《えんぎしきしんめいちょう》』に記載されていることから、この地方の国つ神の社として尊崇を受けています。

# ⑲ 石《いし》神《じん》社《じゃ》

本星崎町阿原

『尾張名所図会』（天保十五年・一八四四）および『尾張徇行記《おわりじゅんこうき》付図荒井・牛毛村』（寛政《かんせい》五年・一七九三）にある知多郡道、知多海道が東海道の笠寺、一里塚南地蔵堂から、荒井、善之庵《ぜんのあん》（現在の前之輪《ぜんのわ》）にかけてありました。この道は明治三十年（一八九七）天白川の千鳥橋架橋まで、八事《やごと》、笠寺方面と知多半島を結ぶ重要な道でした。

その街道沿い、現在の名鉄本線本星崎駅南一五〇メートルのところにあるのが、この石神社です。一名「オシャモジ様」と呼ばれて歯痛、神経痛に霊験があるといわれています。もとは大江湊《おおえみなと》と呼ばれた三ツ又の東岸にあった社を、この地へ移したということです。

なお、石神社は古くは石を御神体とした神社で、石神社《いしがみのやしろ》といったものと思われます。しかし、現在は石神社《いしじんしゃ》と呼ばれています。

## ⑳ 青峰山《あおみねさん》観音堂《かんのんどう》（正覚寺《しょうがくじ》）

本星崎町西

青峰山・十一面観世音菩薩像は南区の村々が海に面していたころ、舟が出入りする舟江《ふなえ》付近や新田の堤防上に祭られていました。現在は二～三の青峰山を除いて、ほとんどが神社、寺院の境内に移されています。正覚寺本堂の脇にある青峰山も、大江川の三ツ又付近、堤防北側にあったものを移したものです。

青峰山の祠《ほこら》付近から寛文《かんぶん》年間（一六七〇）ころ、「万場《まんば》の渡《わた》し」の応援や、津島祭りの車船として二十数艘《そう》の船が出ていたことが『尾張徇行記《おわりじゅんこうき》』（文政《ぶんせい》五年・一八二二）に書かれています。また、近郷の年貢米《ねんぐまい》、荒井の酒荷《しゅか》、多度方面の薪《たきぎ》等の集散地として、にぎやかな港であったとも伝えています。

青峰山というのは伊勢鳥羽にある正福寺《しょうふくじ》の山号で、御本尊が十一面観世音菩薩です。古老の人々には「青峰山」と親しまれ、青峰講《あおみねこう》やその霊験にまつわる話が各地に残っています。現在、「青峰山」は区内に十一か所残っています。ほとんどが神社や寺院に移されていますので、元の位置を書き留めておく必要があります。

## ㉑ 知《ち》多《た》郡《ぐん》道《みち》と地《じ》蔵《ぞう》堂《どう》

星崎町二丁目

光照寺《こうしょうじ》東の地蔵堂、すなわち「百観音」とも呼ばれるお堂の中には、数多くの石仏が並び、献額の中に「嘉永《かえい》」の文字が見られます。この前の道を江戸時代「知多郡道」と呼び、別名「阿原堤道《あわらつづみみち》」とも伝えています。ここは知多の人々が笠寺、八事への往復の休憩所とした場所であると、土地の人々は語ってくれました。

古図によれば、慶安《けいあん》五年（一六五一）天白川改修後は鳴尾松からの渡船は廃されて、いまの大慶橋下に板を二枚並べた木橋が架けられ、扇川には渡しができて、前之輪、大高、名和へ通じる「知多郡道」がわかります。この道も明治三十年以降はその役割を天白川下流、千鳥橋を通る知多街道へ移したのです。

## ㉒喚《よび》続《つぎ》神《じん》社《じゃ》　星崎一丁目

縁起によれば、大永《だいえい》三年（一五二三）高潮により幾度か現在の喚続神社西の海岸堤防が決壊しました。そこで村人は伊勢神宮へ祈願して一万回のお祓《はら》いを受けて、ようやく堤防が完成したといわれています。そのため西方、伊勢神宮に向けて（実際は南に当たりますが、当時、船で西方へ向かったから）社殿を建築しました。

祭神は天照大神《あまてらすおおみかみ》、瓊瓊杵尊《ににぎのみこと》、国常立尊《くにのとこたちのみこと》で、建築様式は立派な神明造です。社宝として特にめずらしい隕石《いんせき》があります。これは寛永《かんえい》九年（一六三二）八月十四日夜（太陽暦で九月二十七日）落下したのを星崎村の人村瀬六兵衛《むらせろくべえ》が拾い、その子孫が喚続神社へ寄進したものです。現在のところ日本最古の隕石ということです。

この隕石についての鑑定は昭和五十一年、星崎塩浜資料保存会伊《い》藤鈔伍《とうしょうご》氏らが国立科学博物館の村山定男《むらやまさだお》氏に依頼して行われました。

## ㉓ 荷《か》風《ふう》追《つい》慕《ぼ》碑《ひ》

元鳴尾町

昭和五十年四月三十日、永井荷風の十七回忌に元鳴尾町西来寺《さいらいじ》へ「永井荷風追慕碑」が建立されました。碑面には「人生の真相《しんそう》は、寂寞《せきばく》の底に沈んで、初めて之《これ》を見るのであろう」という荷風の言葉が、南区郷土文化会故久野園吉《くのそのきち》氏のご努力により、堀口大学《ほりぐちだいがく》揮毫《きごう》で刻まれています。

永井家は慶長十二年（一六〇七）以来この地に住まれ、製塩業などを営み、家運栄え尾張の豪家として郷土の人々の尊敬を受けていました。荷風は永井久一郎《きゅういちろう》（後に寺島、文部局長（現在の文部次官））の長男として生まれ、郷里荒井の地へは幼時に一度来ているといわれています。なお、西来寺南の旧永井家の屋敷跡に市教委の高札「永井星渚宅址《ながいせいしょたくあと》」が立っています。星渚は荷風の先祖で、野にあって尾張の儒学者《じゅがくしゃ》として活躍した人です。

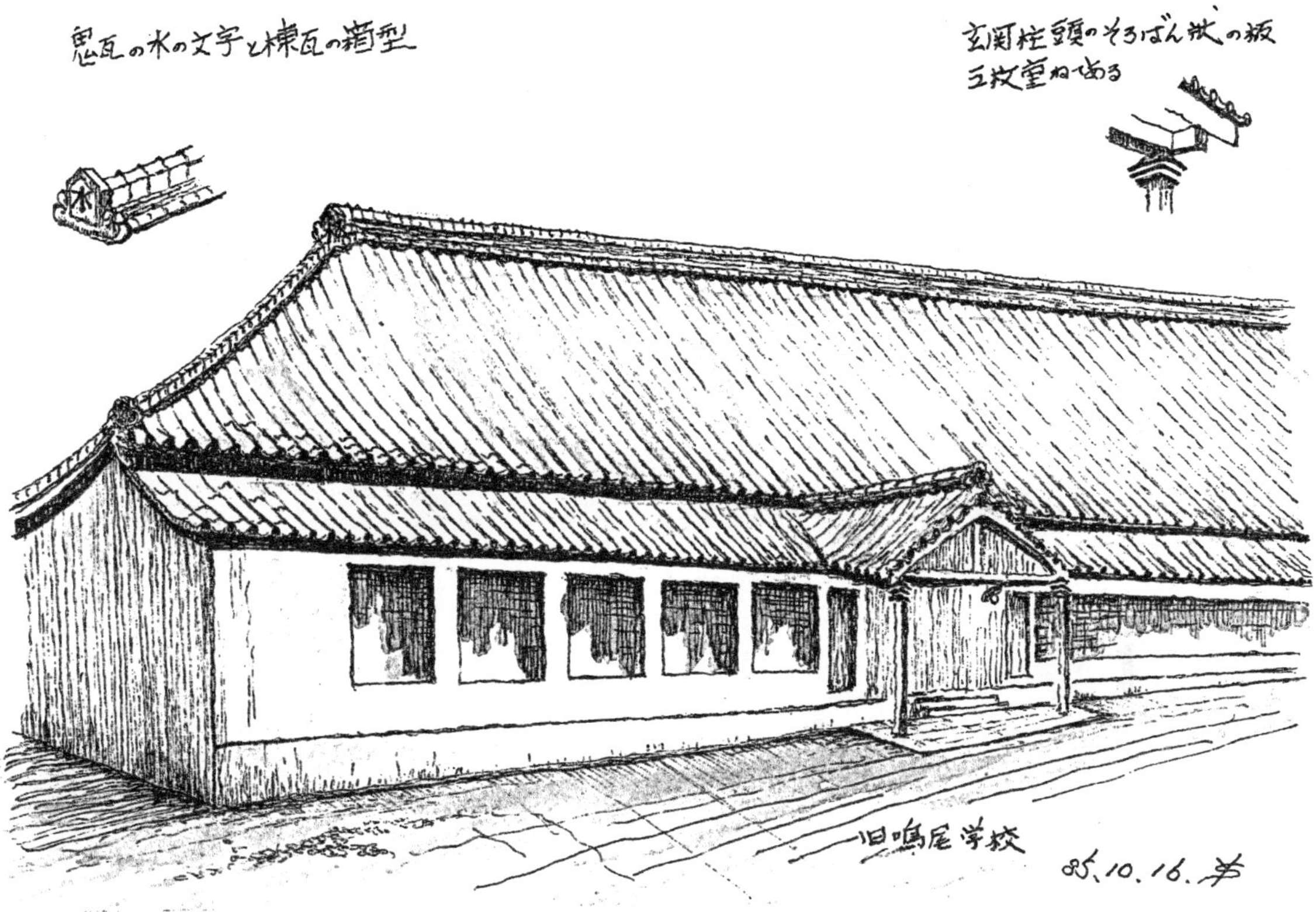


## 24 旧《きゅう》鳴尾《なるお》学校《がっこう》（鳴尾《なるお》農協《のうきょう》事務所《じむしょ》）

鳴尾町牛神

これは東海市横須賀町にあった建物を移築したものです。明治四年(一八七一)廃藩置県《はいはんちけん》で知多郡横須賀町に名古屋県の出張所が置かれたとき、新築されたものと伝えられています。明治十一年（一八七八）半田に知多郡役所が設置されたため、払い下げを受けて第三十一番小学鳴尾学校の校舎としました(十五年六月二十五日、大工棟梁《とうりょう》青山角左衛門《あおやまかくざえもん》設計施工)。

特徴は玄関柱の上に正方形皿形の板が三枚重ねて乗せてあること、玄関の天井が網代式《あじろしき》になっていること、正面縁側の手摺《てすり》に角材が斜めに組み合わせてつけていること（現在は取り去られている）などで、当時の官庁建物で現存するものは数少ないといわれています。せっかく残されている建物なので一部手摺などを復元して、この地方の民具類や塩田時代の資料等が保存できるミニ博物館が設立できたらと思います。

# 25 牛《うし》毛《け》神《じん》社《じゃ》付《ふ》近《きん》

元鳴尾町

笠寺台地の南端、星崎から南の鳴海潟にかけて砂州《さす》が形成され、本地《ほんじ》、南野《みなみの》、荒井《あらい》、牛毛《うしけ》の集落が中世以降に定着したようです。洲の南端が築堤を終えた天白川堤防に接する場所、堤防上に牛毛神社があります。『張州府志《ちょうしゅうふし》』（宝暦《ほうれき》二年・一七五二）によりますと、太閤検地《たいこうけんち》（一五八二－一五九五）以前（約四百年前）に建立されています。境内には明和《めいわ》六年（一七六九）奉納の手洗《てあら》い鉢《ばち》があり、社務所内に寛政《かんせい》年間（一七八九）から明治までの文書が多数保管されています。

この神社から北東二〇〇メートルの堤防上に、かつて「鳴尾松」とよばれる、桶狭間の合戦のころからの松が知られていました。現在は三代目が松風公園内に植えられています。芭蕉《ばしょう》の門人、木因《もくいん》作「この松に　鳴の名はあり　蟬《せみ》の声」の碑が南区郷土文化会故久野園吉《くのそのきち》氏により建てられています。

なお、二代目の鳴尾松は昭和十年代に高さ一八メートル、枝張り東西へ一八メートル、南北に一四メートルあって、形美しく当時、名古屋最大の松として天然記念物の指定を受けていました。しかし、昭和三十八年七月、落雷のため枯れてしまいました。

## 26 新藤《しんどう》半兵衛《はんべえ》之《の》碑《ひ》

鳴尾町字中塚

古老の話によりますと、元和元年（一六一五）大坂落城のとき、若武者新藤半兵衛がこの地を通り、海辺の辻に立っている石地蔵の霊験《れいけん》を試そうと、家来に持たせた槍の石突《いしつ》きで突いたところ、地蔵さまの体が二つに割れました。半兵衛はその地より南へ約二〇〇メートルの処まで来て藪の中で血をはいて倒れ、命を落としたと伝えられています。里の人々はこの場所を「血塚畑《ちづかばた》」と呼んで、樹木を植えてその霊を弔《とむら》ってきました。

また、槍のために割られた石地蔵の霊験を恐れた人々は牛神の地に地蔵寺を建て、上半、下半の二つに分けられた尊像（呼続地蔵）を安置し、八年ごとに盛大な供養を行ってきております。けれども、近年、新藤半兵衛の亡霊がたたるというので、有志の手で「血塚畑」の地へ新藤半兵衛の碑を建て、土地の人々がねんごろに供養しておられます。

## 27 福《ふく》井《い》八《はち》左《ざ》衛《え》門《もん》先《せん》祖《ぞ》代《だい》々《だい》供《く》養《よう》塔《とう》

南野二丁目、稲荷社

南野村の庄屋福井八左衛門は当時、瀬戸内の塩には立ち打ちできないと見て塩田に見切りをつけ、田畑、塩屋等を売却して資金を作り、正徳《しょうとく》六年（一七一六）〔寛文《かんぶん》十二年（一六七二）説もあるが疑わしい〕八左衛門新田を開発しました。新田開築のため工法を大高村の山口源兵衛《やまぐちげんべえ》に学び、知多の黒鍬《くろくわ》とよばれる工事人を雇いました。

開築後、たびたびの高潮のため修築工事に借金が重なり、新田は人手に渡ってしまいました。八左衛門は新田内の小屋に妻子を残し、海部郡あたりで作男をして生涯を終えたと伝えられています。

なお、星崎一丁目常徳寺《じょうとくじ》に八左衛門のものといわれる墓石があり、それには「宝永《ほうえい》二酉年《とりどし》（一七〇五）十月二十六日　福井八左衛門娘建之」とありますが、これは八左衛門新田を開発した福井八左衛門のものではないようです。現在は無縁仏《むえんぼとけ》となっております。また、村人は大正三年二月「福井八左衛門先祖代々供養塔」を南野二丁目の元弘法堂前に建立し、その遺徳《いとく》をしのんでいます。現在、南野一帯の水田下から、中世から近世にかけての塩がま用に使われた土棒、花崗岩《かこうがん》を平たく加工した石、川戸石等が多量に出てきますので、八左衛門新田が開築される前は一部が塩田であったことがわかります。

## ㉘ 源兵衛新田《げんべえしんでん》・須佐之男社《すさのおしゃ》

源兵衛町五丁目

源兵衛新田は知多郡大高村庄屋山口源兵衛が堀川の運上権《うんじょうけん》を持つ材木商神戸分左衛門《かんべぶんざえもん》の資金援助を得て、宝暦《ほうれき》三年（一七〇六）完成させました。そのとき新田内に須佐之男社を建て、記念にイチョウを植え、いまでは二百数十年を経て、その枝葉は広い境内の三分の一近くの場所をおおっています。

源兵衛は新田へ用水を運ぶために大高村（現在の緑区大高町）などへ源兵衛池、清水池、蛇池《じゃいけ》を造り、天白川へ伏越《ふせこ》しを通す工事をしています。山口家は周防国《すおうのくに》（山口県）出身で、その一族山口修理盛年《やまぐちしゅうりもりとし》は信長に仕えた星崎城主でした。山口権兵衛家は太閤秀吉のころ大高の代官庄屋となり、代々名字帯刀《みょうじたいとう》を許されて、大高村の庄屋を務めてきました。

なお、本殿左に高さ約五〇センチ、目方約九〇キロの力石が立てられており、村人の手で「源兵エ新田　村方　二矢之□」と刻まれています。この力石は新田村の若者が村人の前で力自慢を競った名残りです。南区の神社の多くにも力石は残されています。

## ㉙ 北柴田新田樋門《きたしばたしんでんひもん》

新田の海側、大手堤に造られる樋門は干潮時に新田内の悪水を海へ落とすための水門であり、潮が満ちてくると新田側へ浸水してこないように締められるものです。北柴田新田は天白川をはさんで南柴田新田とともに、宝暦《ほうれき》六年（一七五六）名古屋・納屋町《なやまち》の柴田屋新兵衛が開発した新田です。

白水公園内にあった樋門は明治三十八年（一九〇五）に築造されたもので、樋門内の杁《いり》を小舟で、海側と新田内を往来したことを伝えています。なお、北柴田新田より南柴田新田へ用水を送るのに天白川の川底を通していたことが、名鉄電車（当時、愛電）複線化工事中に檜《ひのき》の樋《ひ》が採集されたことでわかりました。弘化《こうか》四年（一八四七）の絵図にこの伏越《ふせこ》しの図があります。

残念ながら、この絵の樋門は昨年取り壊されてしまいました。なお、北柴田新田稲荷社《いなりしゃ》に「天保《てんぽう》五年（一八三四）七月七日　本地村瓦屋」の刻字のはいった鬼瓦がありました。

## 30 阿《あ》千《ち》輪《わ》兼《かね》吉《よし》之《の》碑《ひ》

星崎町大江八二、神明社

名古屋周辺および知多半島の海苔《のり》の養殖は盛んでしたが、明治四十年（一九〇七）愛知郡笠寺村阿千輪兼吉が創業したと伝える碑が名鉄大同町駅東側、神明社（享保《きょうほう》五年（一七二〇）創建）の境内に建っています。碑の表の「笠寺漁業組合第一代理事長　阿千輪兼吉之碑」は読めるものの、裏の刻字は判読することができません。しかし、笠寺村に漁業組合を創立した先人の業績を伝えているものと思われます。

『愛知県水産試験場六拾年史』によれば、大正十一年（一九二二）ごろ南区の立派な特産物として「あゆち海苔」、後に「愛知海苔」として東京・浅草へも進出し、全国的にも有名になりました。昭和三十四年の伊勢湾台風後は海苔の養殖も衰え、南部工業地帯へ漁業権を譲りその役割を終えました。なお、碑の北側に、新田当時の墓地が狭い場所に残されています。

## ㉛ 神《かみ》松《まつ》地《じ》蔵《ぞう》菩《ぼ》薩《さつ》

神松町二丁目

神松地蔵菩薩は現在、神松町二丁目の道路ぎわに祭られ、地元の人々に慕われて年二回の供養が行われています。江戸時代の水袋新田絵《みずぶくろしんでんえ》図《ず》・大江通南西角に「水袋新田鎮守社《ちんじゅしゃ》加霊《かれ》松神社《まつじんじゃ》・星宮神主神事《ほしのみやかんぬししんじ》」の文字の下に、一本の大松と祠《ほこら》が描かれています。宝学区の村上光明氏の話ですと、この祠の下に神松地蔵菩薩が安置されており、昭和十八年の大江川改修工事で現在地へ移されたということです。

また、大江通の側の堤防がたびたび高潮のため切れたので乙型に堤防を築き、その堤防上に松の木を植えて神松大明神を勧請《かんじょう》したと伝えられています。現在は神松の松と、水袋新田の水をとって「松水神社《まつみずじんじゃ》」と命名しています。

なお、弥次衛新田《やじえしんでん》、水袋新田を築いた本地村庄屋中村弥次衛門《なかむらやじえもん》の木像が笠寺の善住寺《ぜんじゅうじ》に安置されていましたが、現在は子孫の手で神戸市に移されています。

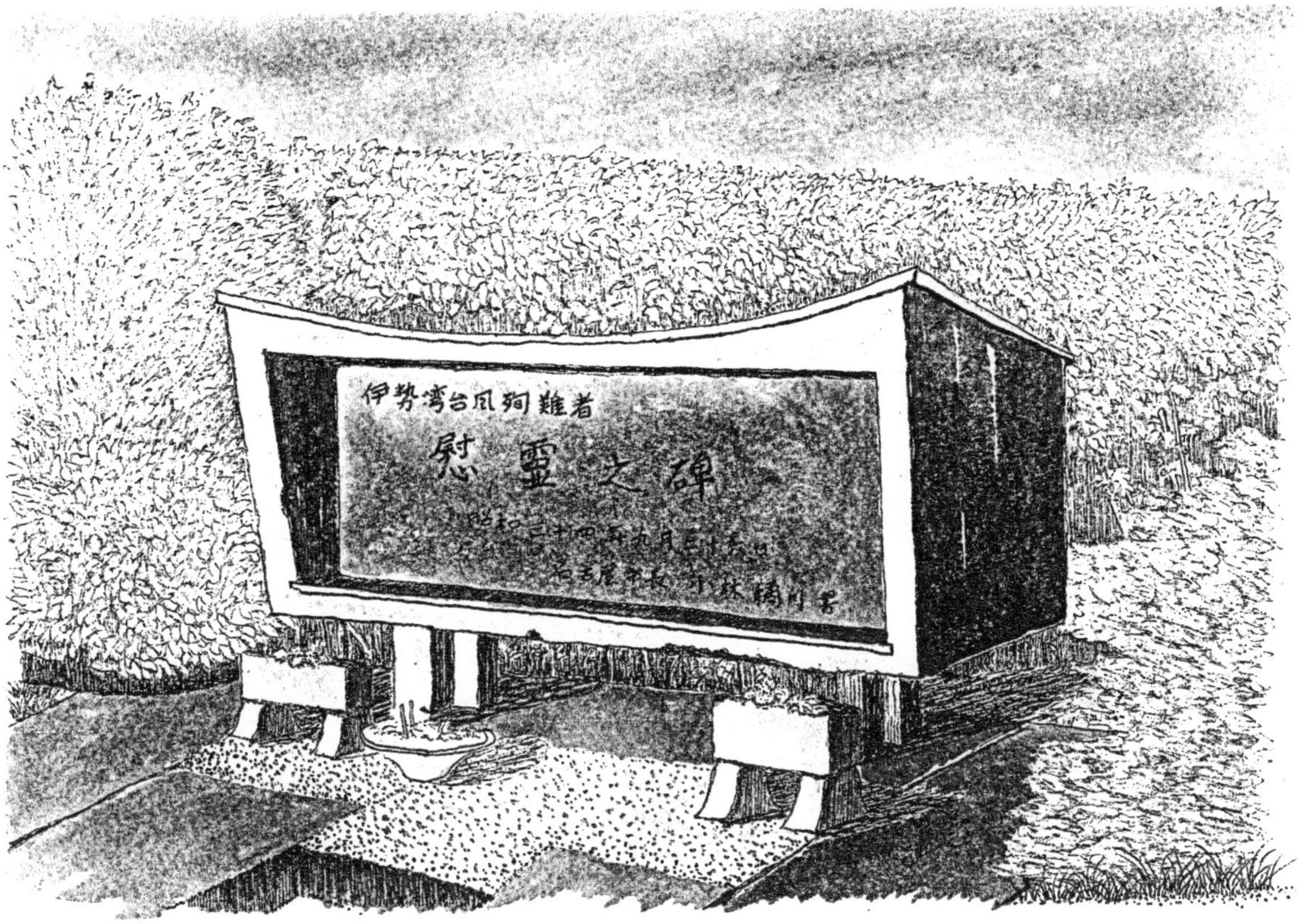


# 32 くつ塚《づか》

浜田町二丁目、浜田遊園地

浜田遊園地に建っている「伊勢湾台風殉難者《じゅんなんしゃ》慰霊《いれい》之碑《のひ》」を通称「くつ塚」と呼んでいます。伊勢湾台風は昭和三十四年九月二十六日、名古屋地方を襲い、その被害はいままでに例を見ないほど大きなものでした。特に、南区はその犠牲者が多く、一四一七名と名古屋全体の七五・六パーセントにも及びました。くつ塚のある宝学区だけでも大江川の堤防決壊のために三〇七名の死者が出、くつ塚付近では二八八名の人たちが濁流にのまれました。二週間後にやっと水が引いたとき、アシの根元やたんぼなどに取り残された長靴が集められ、その場所に花と線香が絶えませんでした。それを見た新聞記者が「くつ塚」を記事にして以来、「くつ塚」の名称が付けられました。

翌年、伊勢湾台風の教訓を現在に伝えるため、「伊勢湾台風殉難者慰霊之碑」が建てられました。毎年この地で九月二十六日には「伊勢湾台風くつ塚遺族会」(下村栄完《しもむらえいかん》会長・一二六世帯加盟)主催の慰霊祭が営まれています。なお、南区長杉戸さんは「伊勢湾台風資料室」の設立を市当局へ要望されています。ここへ常に高潮に悩まされてきた「新田の資料」も加えていただきたいものです。

# ㉝ 化《ばけ》物《もの》新《しん》田《でん》

加福町一、二丁目

加福町に化物新田という変わった名前の新田がありました。『名府《めいふ》太平鑑《たいへいかん》』という本の中に、「このアシカは天保《てんぽう》四年（一八三三）七月四日に新田の海に出没、六日、七日と近郷の人々が見物におしかけ、八月十八日に死ぬ」と記録されています。天保四年、この地方を襲った高潮で、又兵衛新田前（化物新田）の堤防が決壊し、志摩半島付近にいたアシカがまぎれ込んだものと思われます。

この新田は文政《ぶんせい》十二年（一八二九）名古屋の商人井筒屋伊助《いづつやいすけ》、川崎屋《かわさきや》藤助《とうすけ》、海東郡《かいとうぐん》八神《やがみ》八左衛門《はちざえもん》、愛知郡戸部村神主金原大和守《きんばらやまとのかみ》により開築されましたが、たび重なる災害にあい、やっと天保六年（一八三五）に完成したと伝えられています。完成後、間もなく内田忠蔵《うちだちゅうぞう》に新田を譲渡していますが、明治十三年（一八八〇）再築されるまで荒れるにまかせていたことや、アシカを化物にたとえて「化物新田」と呼ばれてきたようです。別名「当栄新田《とうえいしんでん》」「加福新田《かふくしんでん》」ともいいます。現地には新田時代の稲荷社《いなりしゃ》が名鉄大江駅北西の位置にあります。

## 34 忠《ちゅう》治《じ》神《じん》社《じゃ》

三新通四丁目

忠治新田内にある稲荷社を別名「忠治神社」と呼んでいます。この新田は享保《きょうほう》十二年（一七二七）熱田神宮神官田島肥後《たじまひご》が開墾《かいこん》に失敗し、その後、熱田田中町の井上忠次郎《いのうえちゅうじろう》が完成させました。その忠次郎の忠次（忠治）をとって忠治新田と呼んでいるようです。

現在、忠治神社は忠治橋南の遊園地にありますが、以前は三新通と元文通の東角にありました。この神社には滝定助《たきさだすけ》、春日井《かすがい》丈右衛門《じょうえもん》の献燈《けんとう》があり、両者が忠次郎の子孫井上忠治からこの土地を譲り受けたときのものだということです。また、昭和の初め神社に奉納された燈籠《とうろう》の台石に、当時の小作人六〇名の名前が刻まれています。

神社から北の道路を隔てた井上忠次郎屋敷跡に石垣が残っており、ここには新田で取れた米を納める郷倉《ごうぐら》もありました。

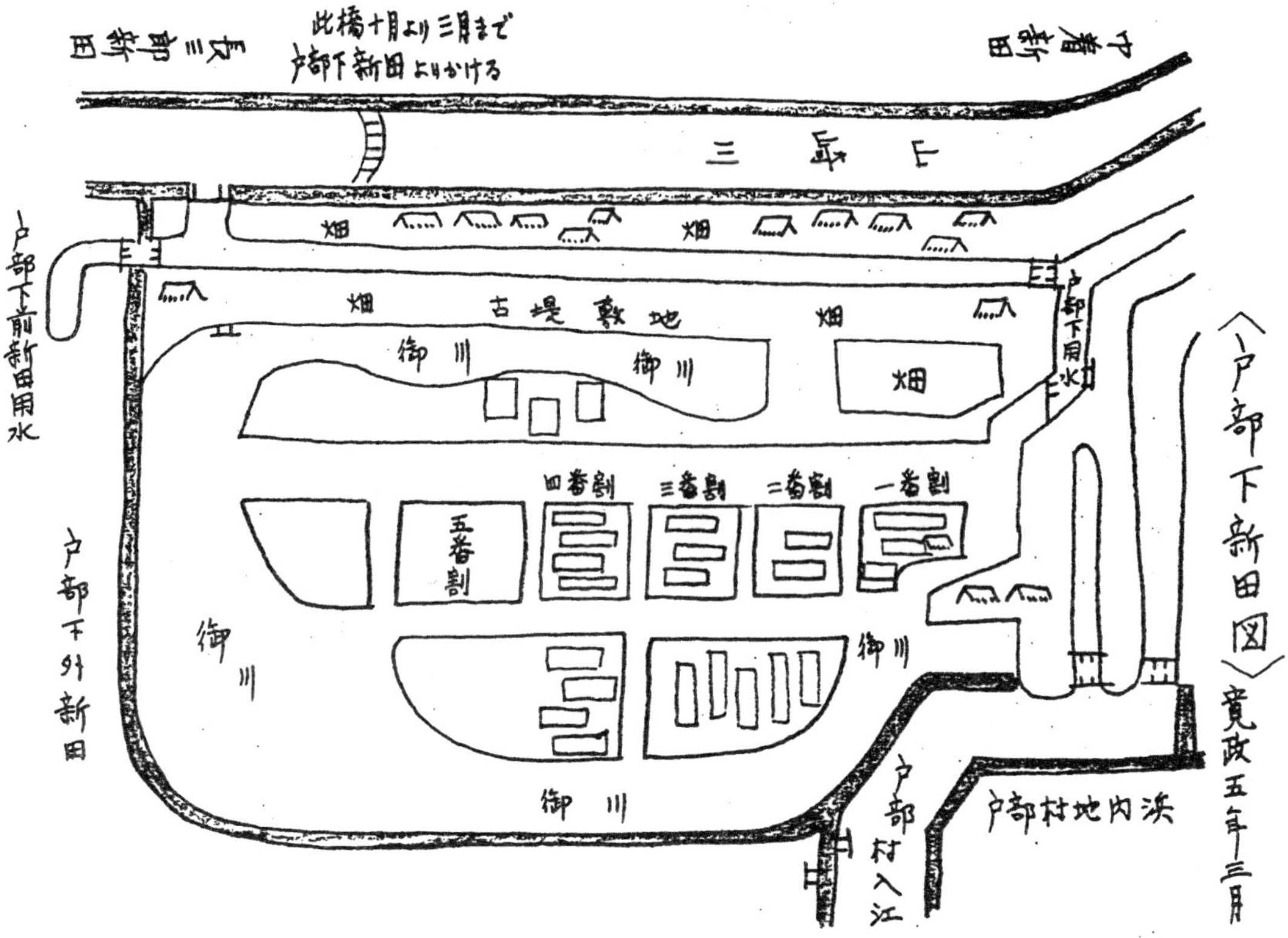


# ㉟ 戸部下新田絵図《とべしたしんでんえず》

戸部下新田は元禄《げんろく》十一年（一六九八）井戸田村牛右衛門《うしうえもん》、山崎村理兵衛《りへえ》、戸部村治左衛門《じざえもん》、熱田松左衛門《まつざえもん》が共同で開発に着手しましたが、暴風雨や高潮等のため難儀《なんぎ》をし、名古屋赤塚《あかつか》商人大野屋嘉兵衛《おおのやかへえ》により、享保《きょうほう》十三年（一七二八）完成しました。

この新田北の堤防沿いに「御川田《おかわだ》」と呼んでいた深田があり、ここはもと「御川」で徳川の殿様がカモ猟に来られた場所だと、土地の人たちに伝えられております。また、寛政《かんせい》五年（一七九三）の絵図に「御川」とあり、『尾張徇行記』に禁猟区の「元御留川《もとおとめがわ》」がありますので、正しく伝えられて来ている事柄です。

第二次大戦で焼失した国枝《くにえだ》さん宅に「殿様屋敷《とのさまやしき》」と呼ばれる葵《あおい》の紋のはいった屋敷があったそうです。上の図は山崎川が現在の祐竹橋《ゆうちくばし》から西へ、氷室町《ひむろちょう》、南陽通へ向かって流れていたことがわかる絵図でもあります。なお、戸部下神明社には昭和四十六年十月、中村新三《なかむらしんぞう》氏撰文で戸部下新田開築以来の歩みが碑に刻まれています。

## 36 御《お》替《かえ》地《ち》神《じん》社《じゃ》と竜《りゅう》神《じん》像《ぞう》

御替地町東一丁目

道徳新田は寛保《かんぽう》元年（一七四一）尾張藩により開墾された新田です。これは天白川の流れを山崎川（現在の出合橋付近）へ通していたのを、もとの天白川へ瀬替《せが》えするときに築かれた新田です。そのときの新田、すなわち替地として、名古屋赤塚町商人渡辺嘉兵衛《わたなべかへえ》（大野屋）に譲渡された地が道徳新田、一名「御替地新田」なのです。

この新田の神明社（御替地神社ともいう）の末社に竜神社があります。ここには江戸時代を代表する円空《えんくう》作の竜神像が祭られており、この像の背に「氏子の願いにより、安永《あんえい》九年（一七八〇）荒子観音よりお迎えした」と墨書きされています。高さ一三〇センチあり、木の節を竜の頭に見立てて刻んだ優れた作です。昭和四十二年、故中尾春衛《なかおはるえ》氏により世に出された「円空さん」は、以降、町内の総代の人により年一回七月に御開帳されて来ました。

## 37 道《どう》徳《とく》観《かん》音《のん》

観音町三丁目

道徳は大正十四年（一九二五）徳川家より松永安左衛門《まつながやすざえもん》、福沢桃介《ふくざわももすけ》等の財界人が譲り受けました。新田を埋め立て土地区画整理が行われると、現在の大江中学校付近で牧野撮影所《まきのさつえいじょ》が「忠臣蔵」等を作製し、月形竜之助《つきがたりゅうのすけ》や片岡千恵蔵《かたおかちえぞう》、エノケンなどの活躍したことが伝えられています。

また、道徳観音が道徳通南、人工の観音山頂に昭和十一年設立され、春、秋には小学生の遠足に、冬は若者のスケート場として多くの人を集め、道徳地区発展に役立ちました。当時、観音山に登ると、伊勢湾から南区一帯が一望のもとに眺められる清遊の地でもありました。昭和三十九年に取り壊され、観音様は近くの東昌寺《とうしょうじ》境内に移り、町名に観音町として残っています。

## 38 鷲《わし》尾《お》善《ぜん》吉《きち》翁《おう》頌《しょう》徳《とく》碑《ひ》

道徳新町五丁目、道徳新田

道徳前新田は約一二五ヘクタールと南区では最も面積の広い新田です。文化《ぶんか》十四年（一八一七）海西郡《かいさいぐん》（現在、海部郡）塩田村の豪農鷲尾善吉が開築に苦闘し、後に尾張藩御小納戸《おこなんど》所有になり、大正十四年（一九二五）新田が開放されるまでの記録が碑に刻まれています。この新田を譲り受けたのが松永安左衛門、福沢桃介ら著名な財界人で、名古屋桟《さん》橋倉庫《ばしそうこ》を設立して道徳の地を区画整理しました。

新田村時代の名残りとしては、豊田小学校西の稲荷社、その南にある弘法堂、それに道徳新町一丁目の大矢源一《おおやげんいち》氏宅庭にある「徳川地境《とくがわじざかい》」の碑などに見られます。昭和五十年ごろまで各所に残っていた堤防跡も、いまでは日清紡の会社の西側に道徳新田のものがわずかに残っているだけです。

明治二十二年（一八八九）の大暴風雨で熱田から知多半島西岸の新田が全部決壊したのに、道徳新田だけが浮島のように難をまぬがれたと伝えられています。これは周りの新田より堤防が強固に造られていた上に、一段と高く築堤されていたことによるといわれます。

## 39 氷《ひ》室《むろ》長《なが》冬《ふゆ》開《かい》墾《こん》地《ち》の碑《ひ》

豊田町氷室道西

氷室新田を開墾した氷室長冬の先祖は中島郡氷室村を領し、代々津島神社の神主を務めていました。安政《あんせい》三年（一八五六）名古屋若宮八幡社神主長冬は藩へ願い出て、東西に一五〇〇メートル、幅数一〇メートルの細長い旧山崎川跡へ新田を築きました。砂の多い川跡を水田化するのは大変難儀《なんぎ》な作業で、税が免除される鍬《くわ》下年季《したねんき》の期間が約四十年間も許されていました。新田北側堤防上の村社若宮八幡社境内には「氷室長冬開墾地」の碑があり、裏側に氷室長冬に協力した十名の名前が刻んであります。碑の下には長冬の奥さんが使用された銅の鏡が埋められています。

なお、二十年ほど前、神社西の堤防上に舟をつないだ大石が置かれていました。

# 40 紀《き》左《ざ》衛《え》門《もん》新《しん》田《でん》の大手堤《おおてづつみ》

三条町一丁目

紀左衛門新田は宝暦《ほうれき》四年（一七五四）熱田の加藤紀左衛門により開墾《かいこん》された新田です。海に面した新田堤防を「大手堤」と呼んで、海側へは現在のテトラポットに当たる角石を置き、波打ち際へは杭を打ち込み、その間に石を並べて直接堤防の土が波に洗われないように努めました。堤防下部の幅は約二五メートル、上部は約一〇メートルあり、そのしんには「鋼土《はがね》」と呼ばれる知多半島のねばり強い土が使われました。また、堤防の両側は竹を植えて蘆《よし》を茂らせて、高潮に備え常に堤防の補強に心を配ったようです。

南区には紀左衛門新田、道徳新田、大江新田の一部に堤防が残っています。でき得ればその場所を小公園化して保存し、先祖の苦心をしのびたいものです。

なお、二条町二丁目の紀左衛門神社の白竜社内には白竜大明神、役行《えんのぎょ》者《うじゃ》、庚申塚《こうしんづか》などがあり、その左手には青峰観音像もみられます。

# 近世の村絵図

## 尾張徇行記と付図

樋口好古《ひぐちこうこ》著　文政五年（1822）

尾張藩の司農監《しのうかん》（大代官）として領内各地の行政に当たった著者が多年の実地調査をもとにした記録である。付図は尾張徇行記に付けられたもので、各村ごと新田にまで及んでいる。天保十二年四月、尾張藩が各村々に提出させた村絵図と比べ、塚の言い伝え、土地の成立事情、土地の灌漑状況等まで絵図に具体的に記入されているものもある。なお、付図の所在については「あとがき」に記す。

## 近世村絵図凡例

| 木 | 橋 | 杁 | 民家 | 水路 | 境 | 道路 | |
|---|---|---|---|---|---|---|---|
| 青茶 | 茶 | 茶 | 茶 | 青 | 黒 | 赤色 | 原図 |
| 黒 | 黒 | 黒 | 黒 | 黒 | 黒 | 黒 | 写図 |

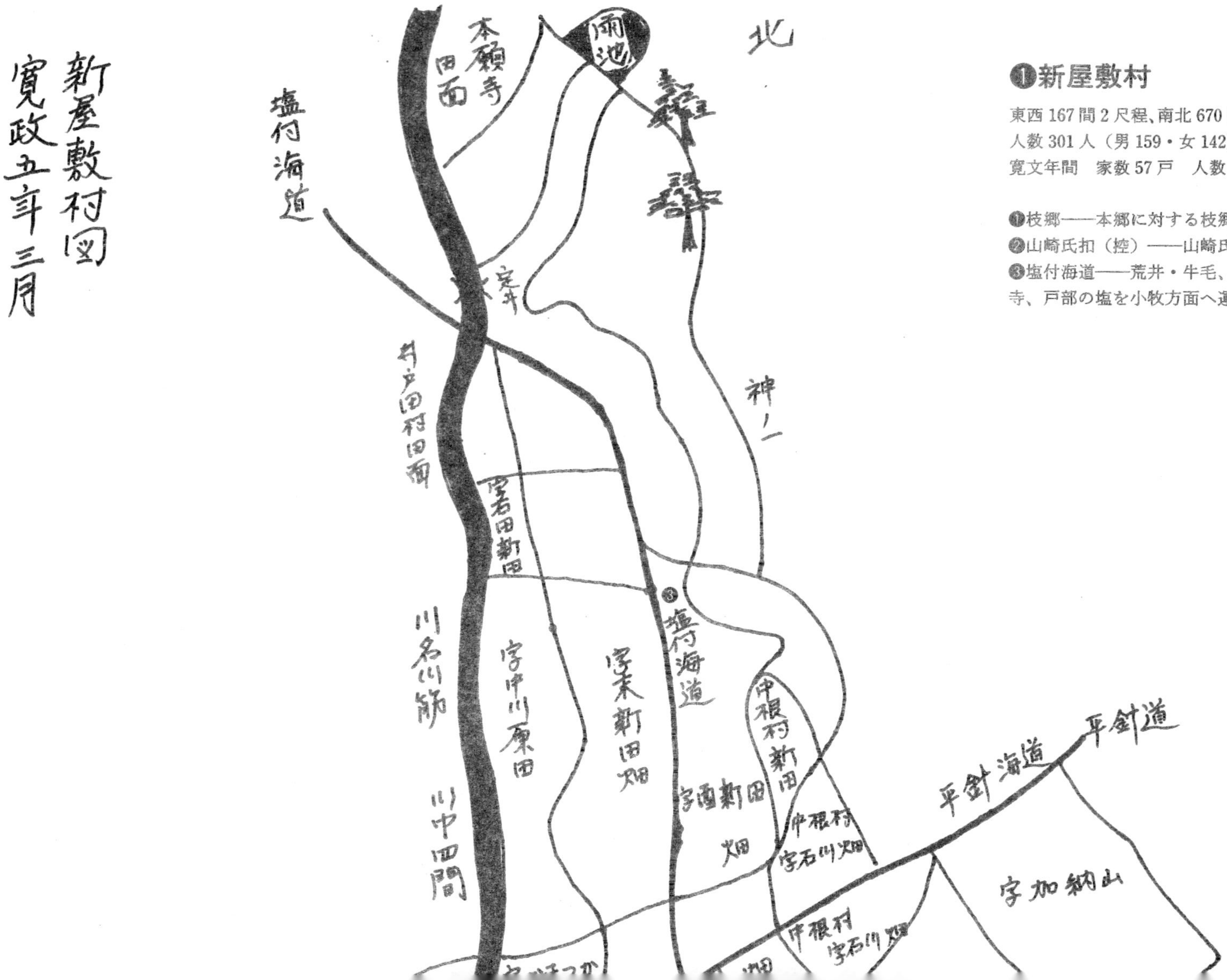


## ❶新屋敷村

東西 167 間 2 尺程、南北 670 間程　家数 77 戸
人数 301 人（男 159・女 142）　馬 5 匹
寛文年間　家数 57 戸　人数 295 人

❶枝郷——本郷に対する枝郷で、分村のこと。
❷山崎氏扣（控）——山崎氏の所領地の意。
❸塩付海道——荒井・牛毛、南野、本地、笠寺、戸部の塩を小牧方面へ運んだ道。

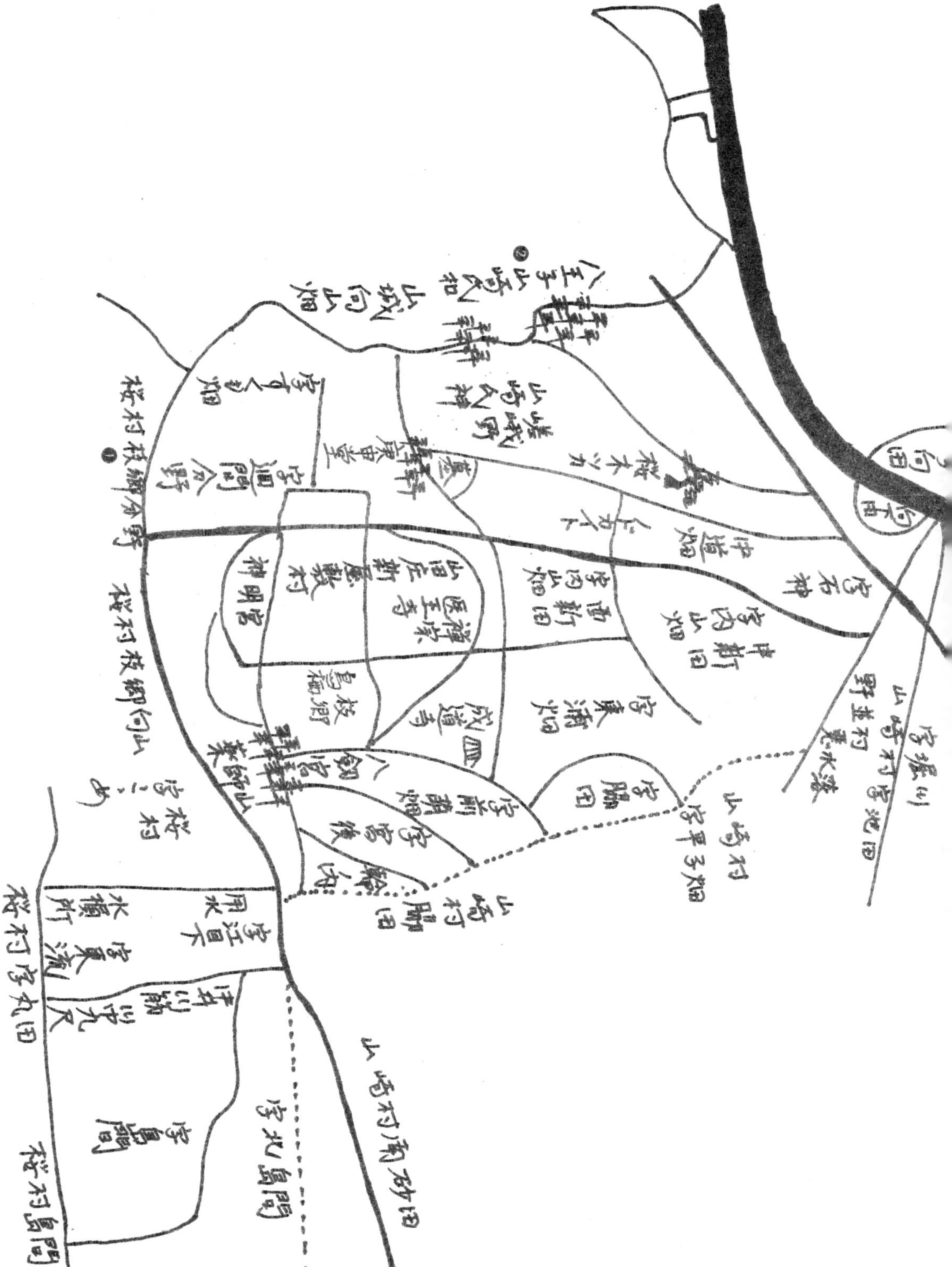
天白川
野並村田面

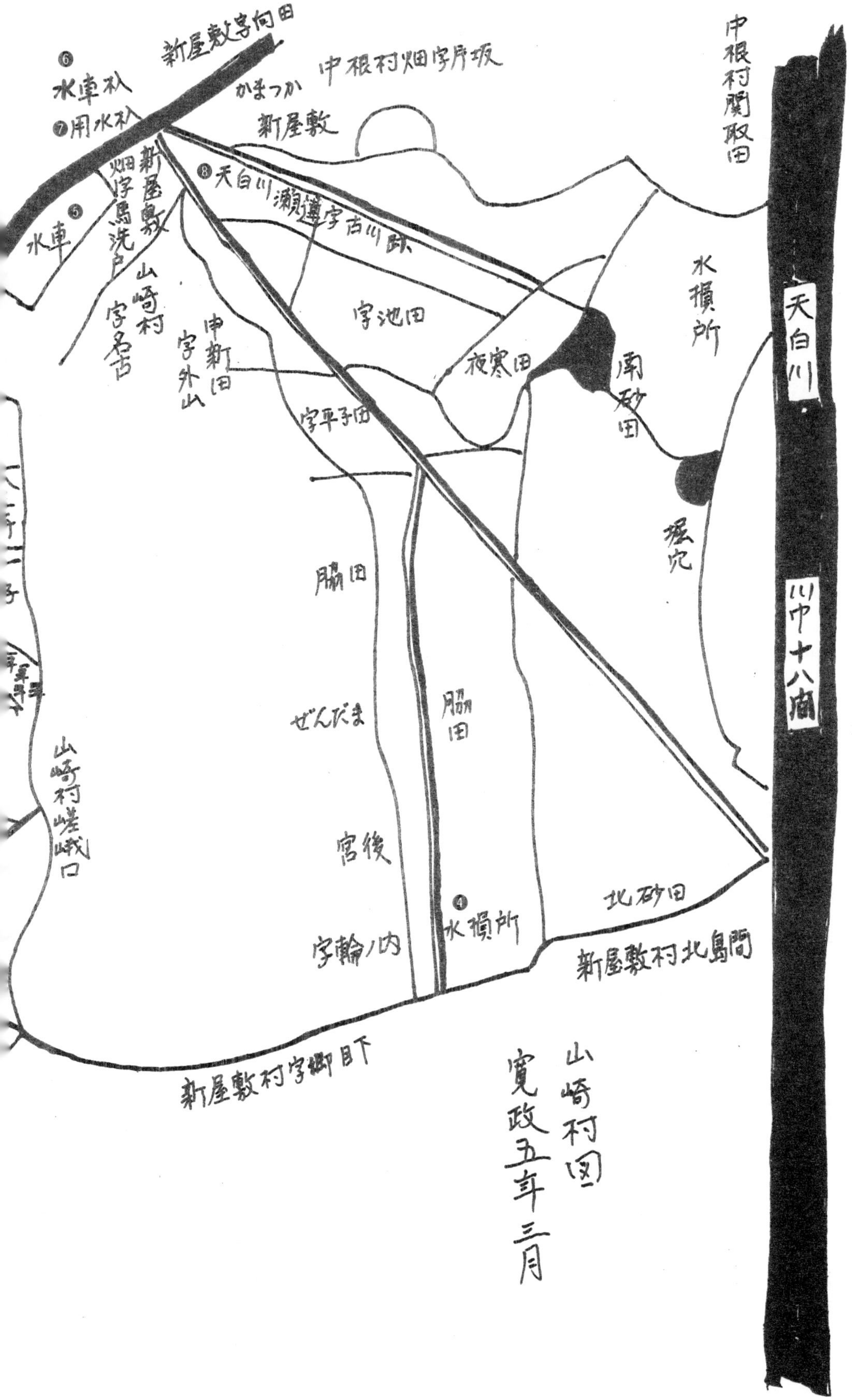
新屋敷字向田
中根村畑字戸坂
かまつか
新屋敷
⑥水車杁
⑦用水杁
⑤水車
新屋敷畑字鳥洗戸
山崎村字名古
⑧天白川瀬違字古川跡
字池田
中新田
字外山
夜寒田
水損所
南砂田
字平子田
堀穴
中根村関取田
天白川
川巾十八間
ぜんだま
宮後
④水損所
字輪ノ内
北砂田
新屋敷村北島間
新屋敷村字郷目下
山崎村嵯峨口
山崎村図
寛政五年三月

## ❷山崎村

東西9町48間、南北8町余(1町=60間、1間=約1.8m) 家数119戸 人数658人(男338・女320) 馬なし 塩浜今はなし

❶悪水落——使用後の汚れた水を流すこと。
❷雨池替地——ため池の土地の代替え地。
❸亥《い》新田——亥年に開いた新田。新田の頭に十二支を付けている新田は太閤検地以後の古い時期の新田といわれる。
❹水損所——水の被害を受けやすい所。
❺水車——明治24年の地図には山崎川および天白川から水を引いた水路側に6か所水車がある。
❻水車杁《いり》——水車を回すための水を取り入れる水門。この地方では小麦の製粉をした。
❼用水杁——灌漑《かんがい》用水を取り入れる水門。
❽天白川瀬違字古川跡——享保13年(1728)天白川の流れを山崎川へ替えて、約14年の間に17回も山崎川が決壊した。そのために流れを元の天白川に戻した。その名残りが古川跡である。

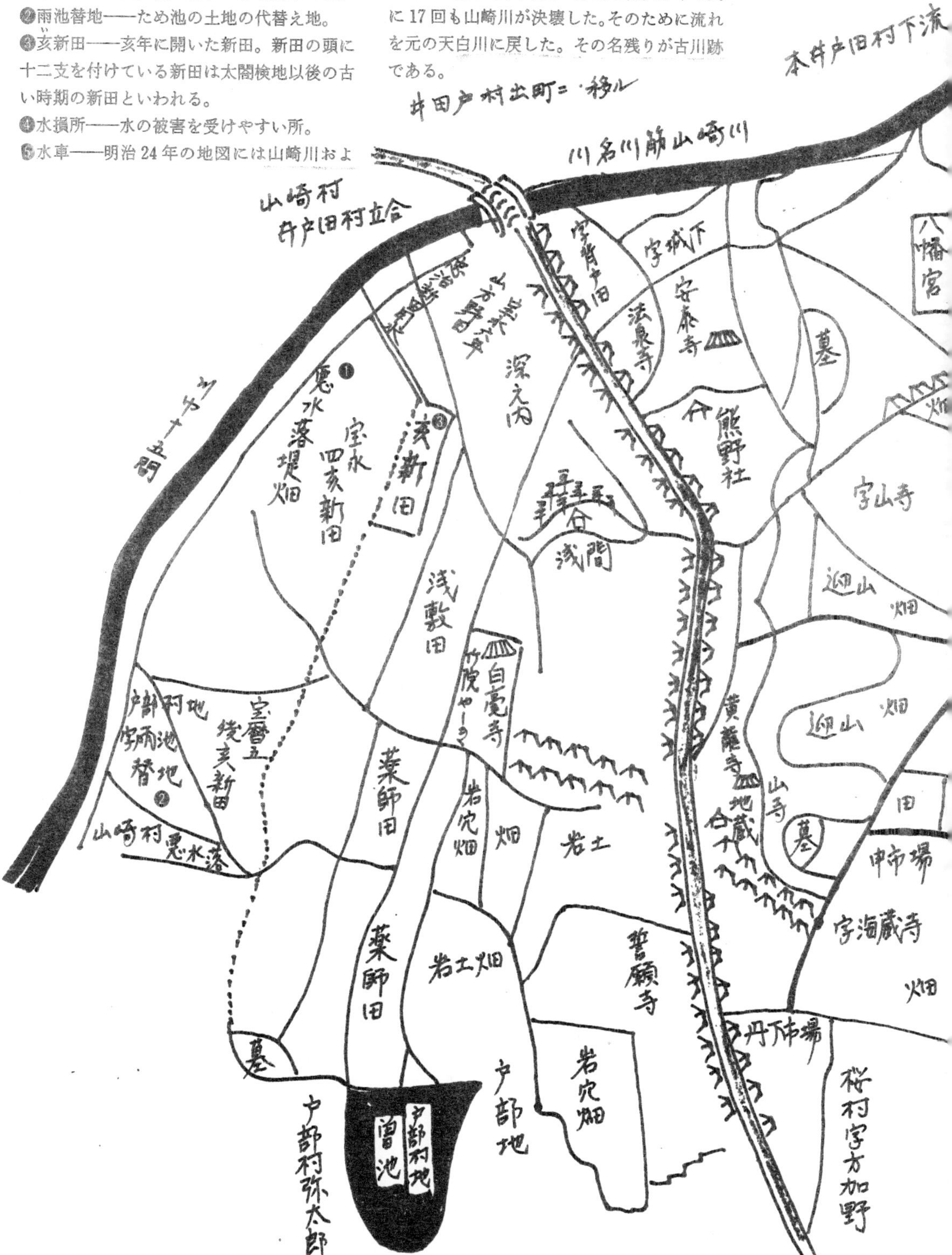

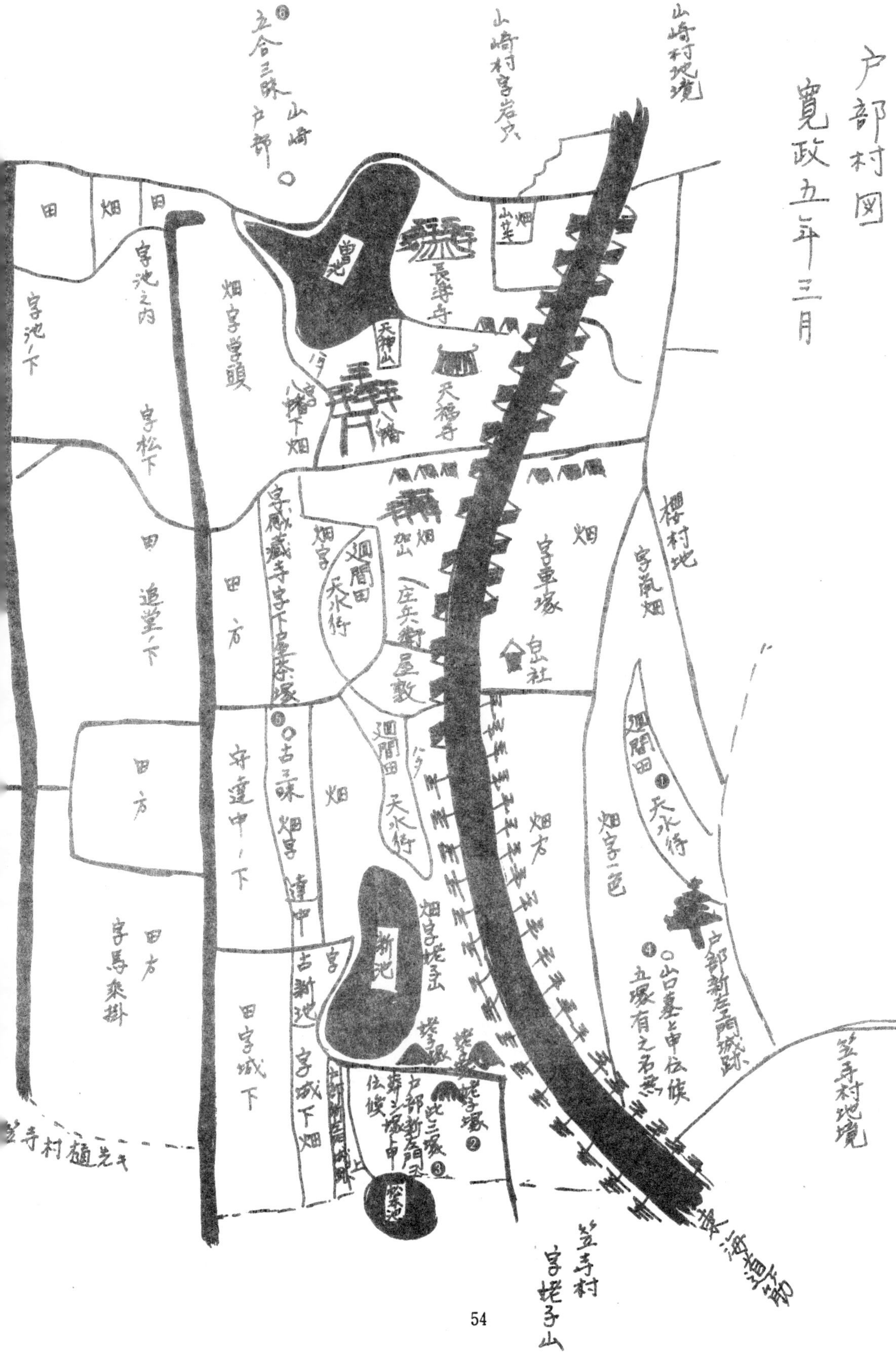
戸部村図
寛政五年三月
山崎村地境
山崎村字岩穴
山崎
戸部
五合三昧
曽池
長寿寺
天神山
八幡宮
八幡
天福寺
八幡下畑
田
畑
宇池之内
宇池ノ下
畑字学頭
宇松下
田
追堂ノ下
田
方
宇蔵寺下
宇蔵寺
畑字
廻間田
天水行
庄兵衛
屋敷
宇車塚
皇社
櫻村地
宇嵐畑
廻間田
天水行
畑方
畑字一色
古三昧
畑字
達中
宇達中ノ下
田
方
宇馬乗掛
田
方
新池
畑字姥子山
古新池
宇
田字城下
宇城下畑
姥子塚
戸部新左エ門城跡
五塚有之名無
山口基と申伝候
戸部新左エ門墓
此三塚
伝候
笠寺村地境
笠寺村
宇姥子山
笠寺村領
東海道

## ❸戸部村

東西７町余、南北５町余（１町歩＝約１ ha、１反＝約10 a、１畝＝約１ a、１歩＝約３ ㎡＝１坪） 家数114戸 人数452人（男229・女223） 馬なし 塩浜今５町４畝11歩
寛文年間 家数129戸 人数738人 馬６匹

❶天水待《てんすいまち》——雨水を待つ、狭い谷間の灌漑法。
❷姥子塚——うばこ塚。
❸戸部城主、戸部新左衛門の塚。
❹星崎城主、山口家の墓か、名がない。
❺古三昧《さんまい》——古い墓地のこと。
❻立合三昧——両村共同の墓地。
❼塩屋——塩田で作った濃縮海水から、塩を精製した作業小屋（中世～近世）。『尾張名所図会』に星崎の塩浜の絵あり。

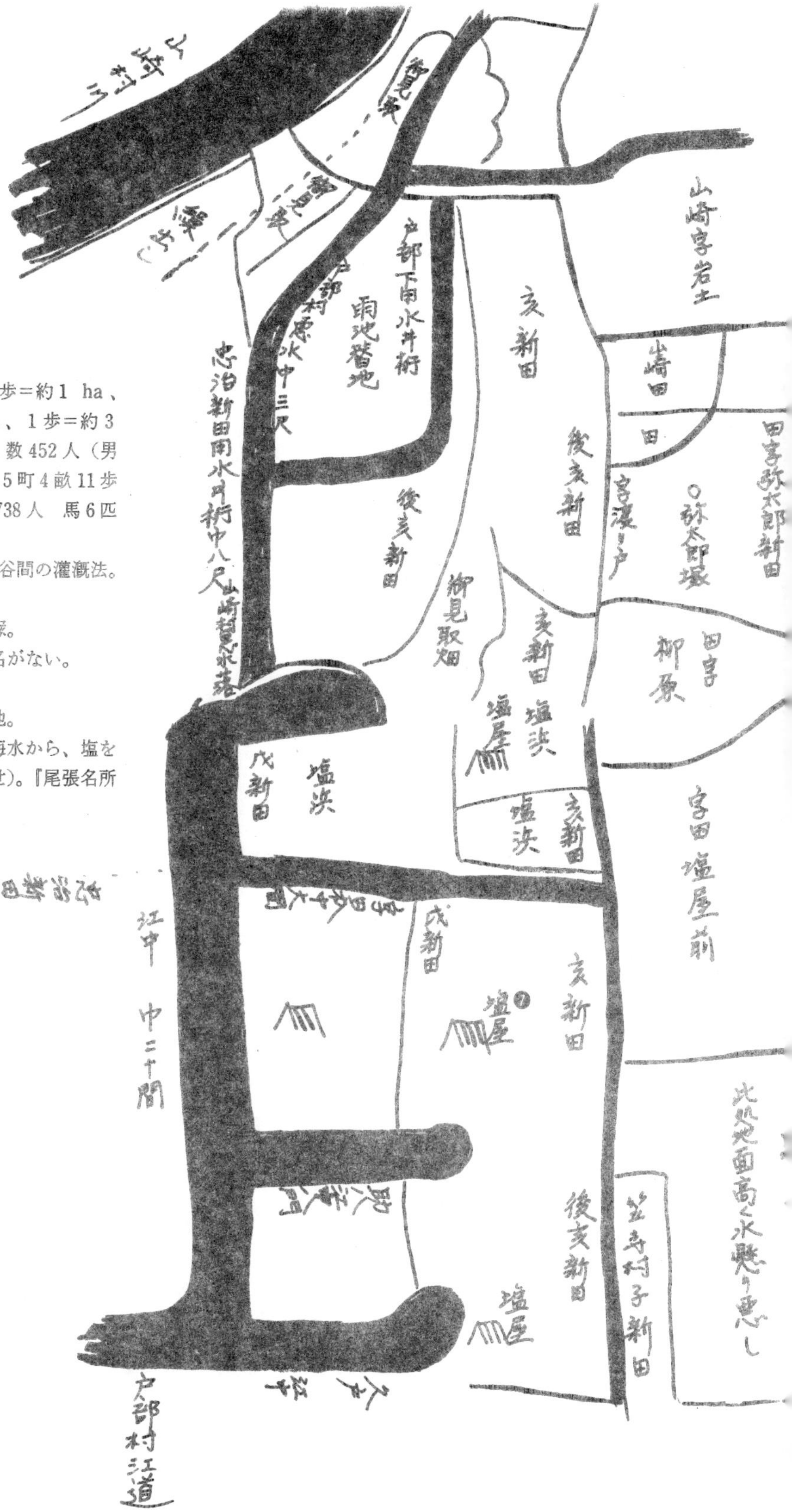

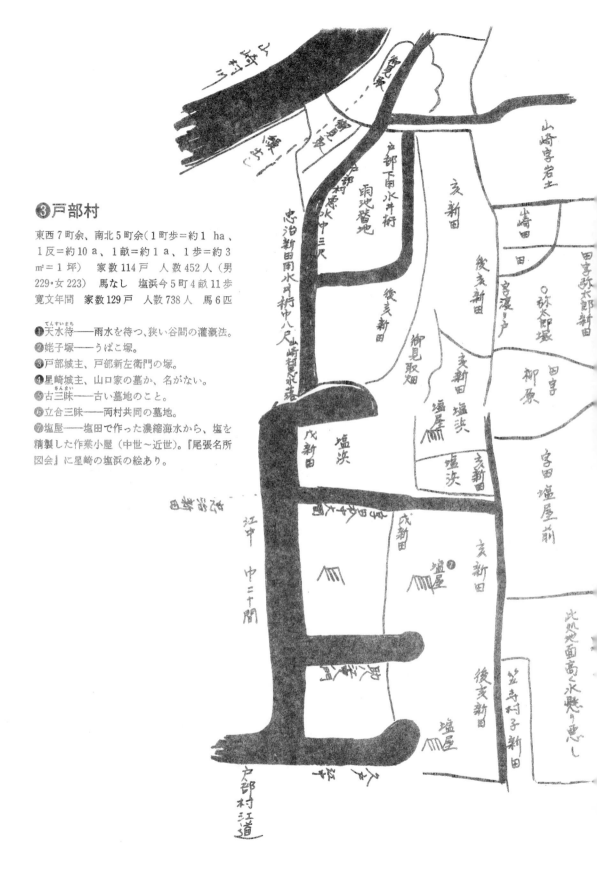

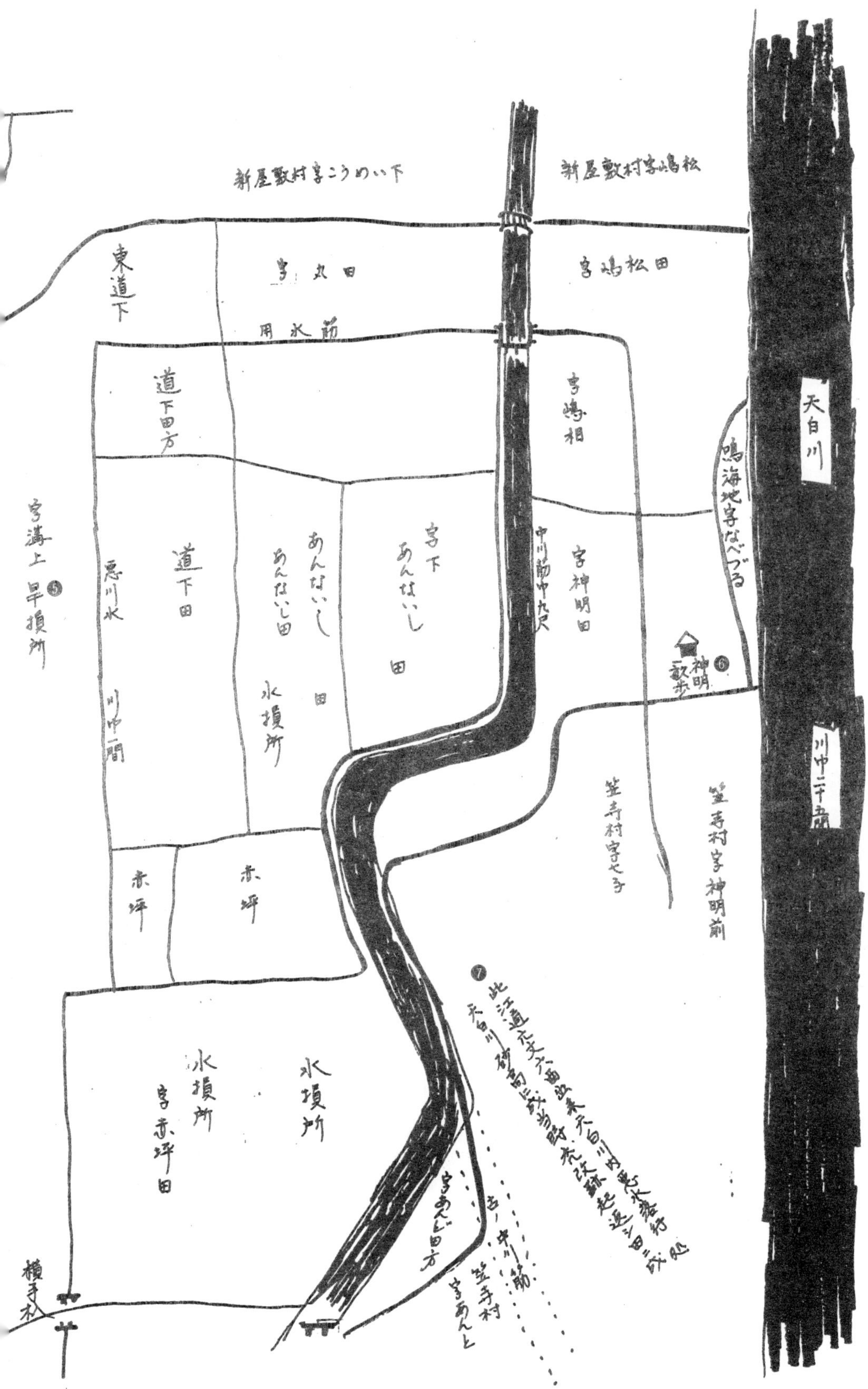

新屋敷村字こうめい下
新屋敷村字嶋松
字丸田
字嶋松田
東道下
用水筋
道下田方
字嶋相
天白川
鳴海地字なべづる
字溝上
早損所
悪川水
道下田
あんないし田
あんないし
田
字下
あんないし
田
中川筋巾九尺
字神明田
川巾一間
水損所
笠寺村字七子
笠寺村字神明前
赤坪
赤坪
水損所
字赤坪田
水損所
字あんじ田方
古ノ中川筋
笠寺村
字あんと
横手村

## ❹桜村

東西610間、南北470間　家数118戸　人数423人（男211・女212）　馬2匹

❶五畝御除——1畝＝1ａ。約5ａの土地の租税を免除すること。
❷見取——毎年坪刈りをして納米高を定めること。
❸一反九畝——1反＝約10ａ。
❹仙人塚——現在の呼続郵便局南、元浅間山にあったと伝えられる仙人の塚。
❺旱損所——日照りの害を受けやすい所。
❻神明一畝歩——神明社の敷地が1畝歩あること。
❼此江通元文六酉《とり》出来天白川内悪水落行処天白川砂高に成当時禿《つぶれ》改跡起返シ田ニ成——禿は不毛の場所の意。

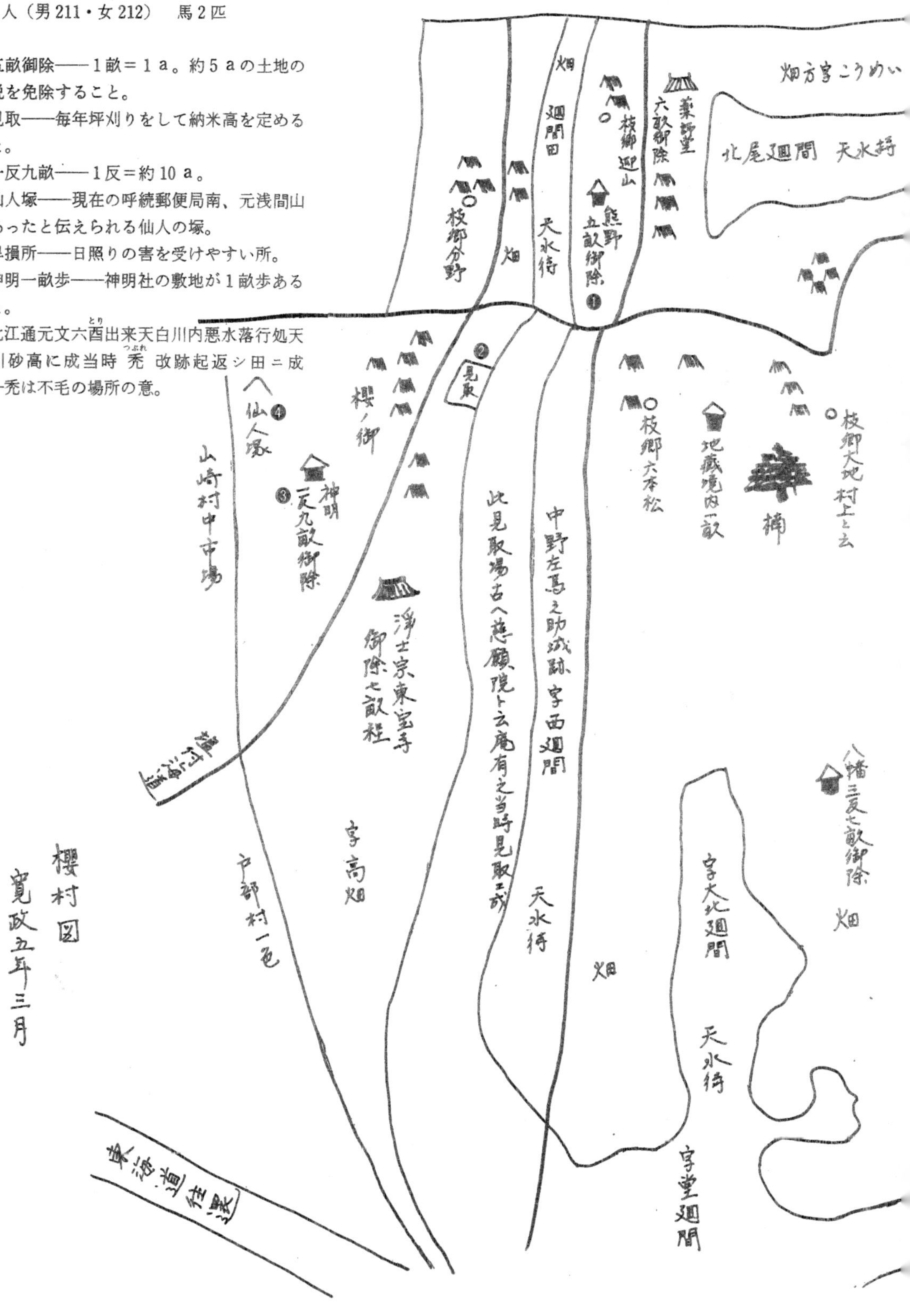

笠寺村図
寛政五年三月
尾張徇行記付図
(1793年)

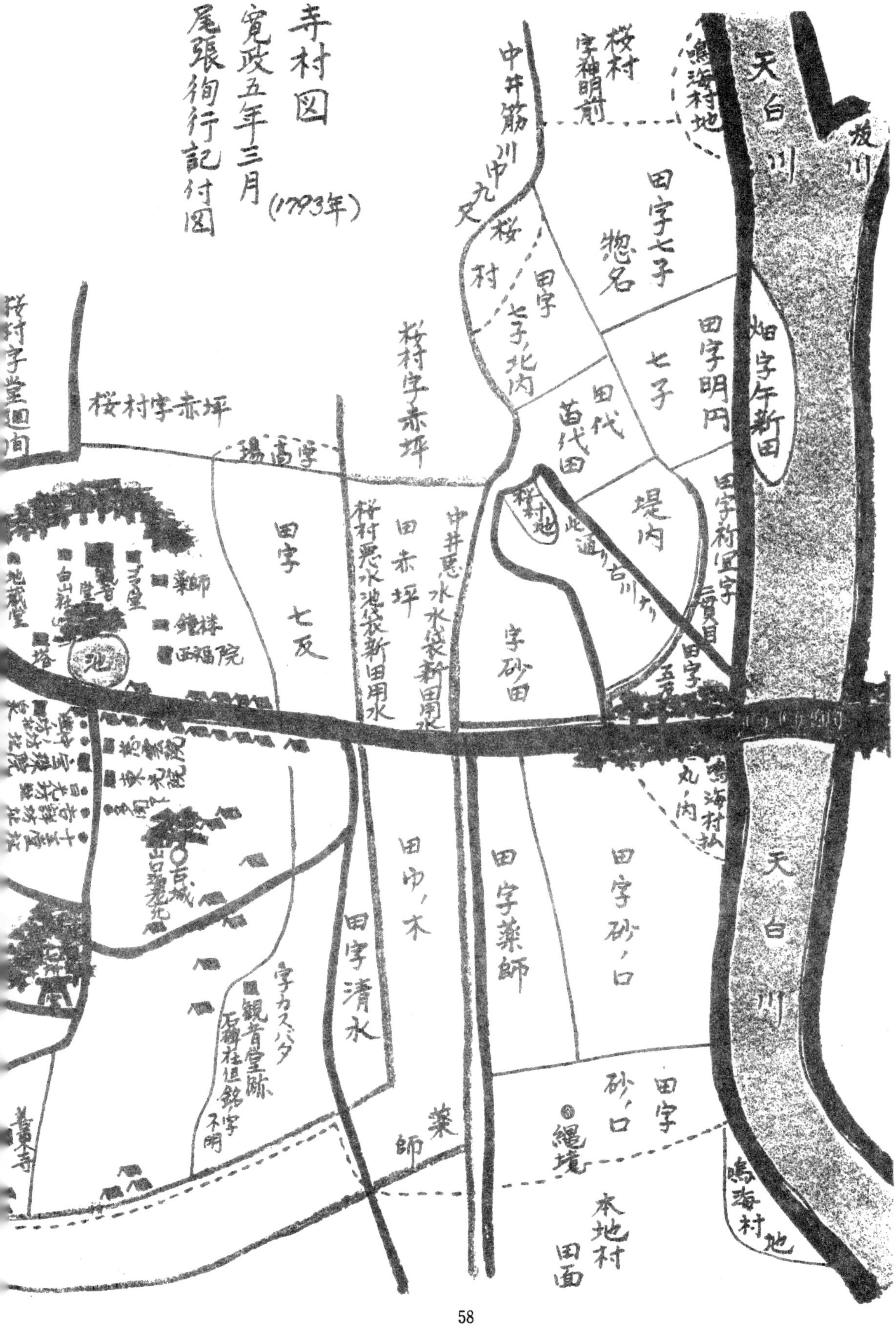

## ❺笠寺村

東西13町余、南北7町余　家数382戸　人数1371人（男672・女699）　馬5匹　塩浜今5町1反4畝25歩

寛文年間　家数293戸　人数1854人

❶塩浜——塩田のこと。

❷起方見取《おこしかたみとり》——今は見取であるが、近く高（収穫、収入、知行などの額）に入れられる場所。前の「桜村」に見取の説明あり。

❸縄境——縄を張って境界を決めること。笠寺村と本地村の境にある。

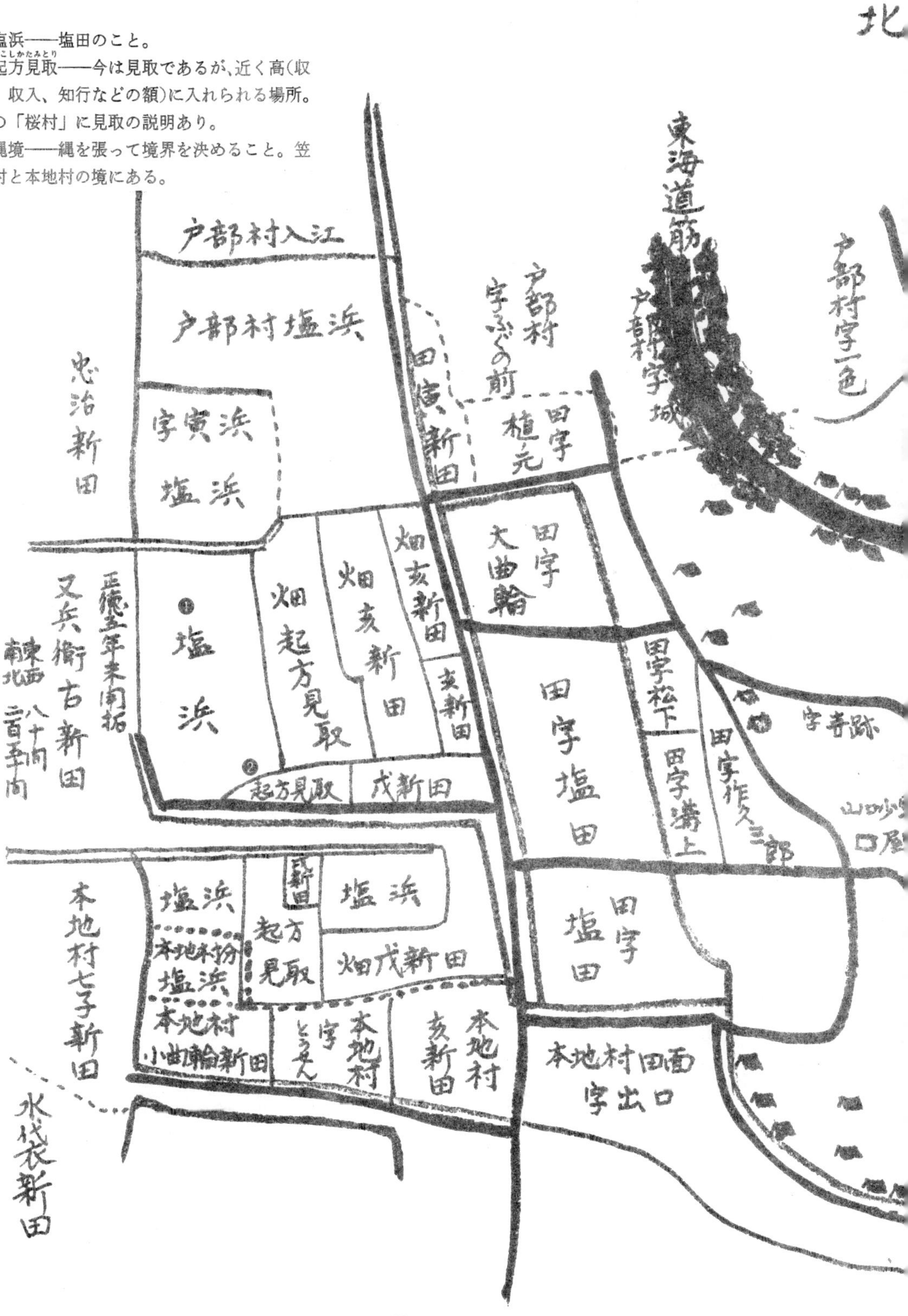

# 本地村図
寛政五年（一七九三年）
（尾張徇行記図）

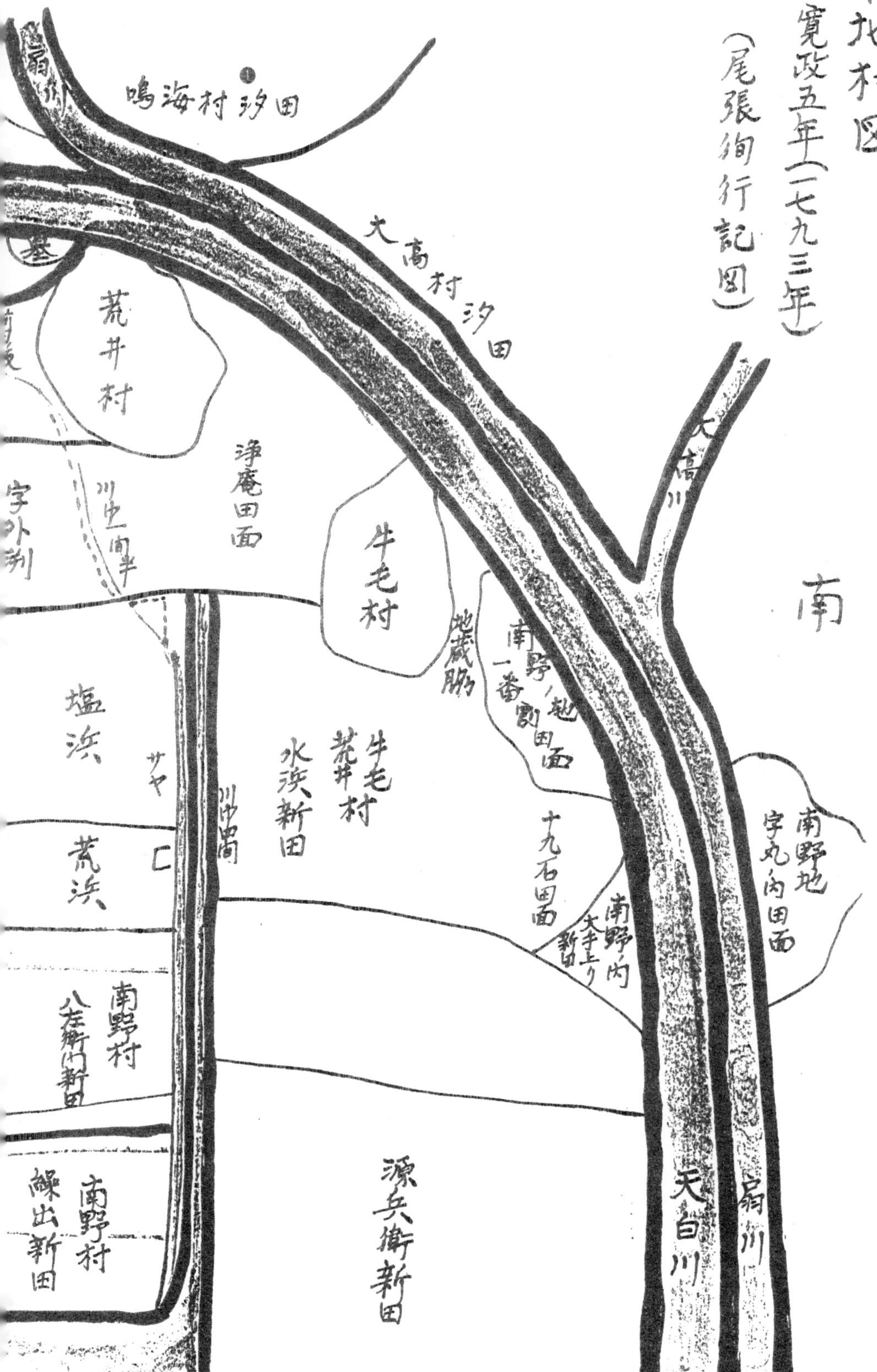

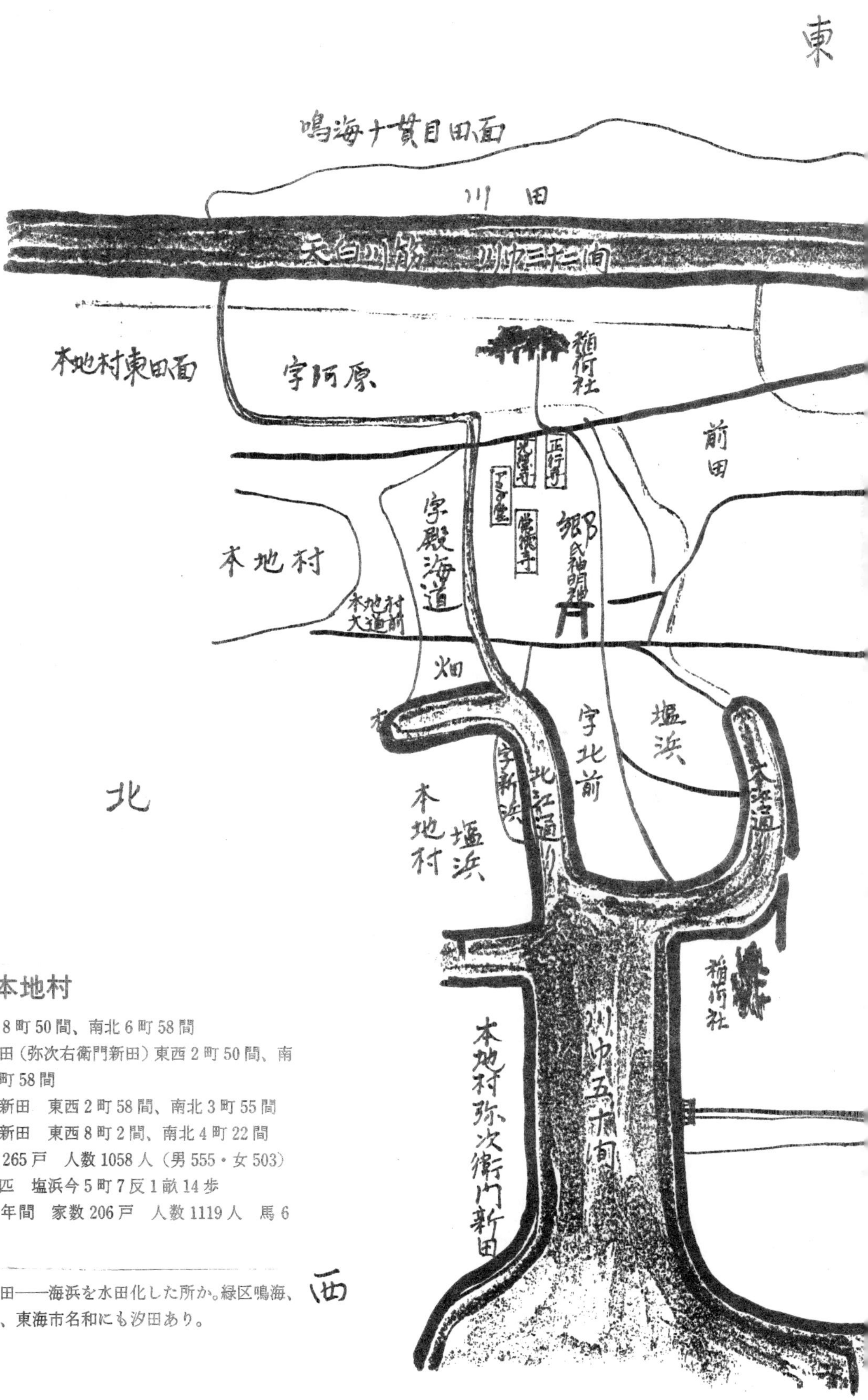


## ❻本地村

東西 8 町 50 間、南北 6 町 58 間
塩新田（弥次右衛門新田）東西 2 町 50 間、南北 6 町 58 間
七子新田　東西 2 町 58 間、南北 3 町 55 間
水袋新田　東西 8 町 2 間、南北 4 町 22 間
家数 265 戸　人数 1058 人（男 555・女 503）
馬 4 匹　塩浜今 5 町 7 反 1 畝 14 歩
寛文年間　家数 206 戸　人数 1119 人　馬 6 匹

---

❶汐田——海浜を水田化した所か。緑区鳴海、大高、東海市名和にも汐田あり。

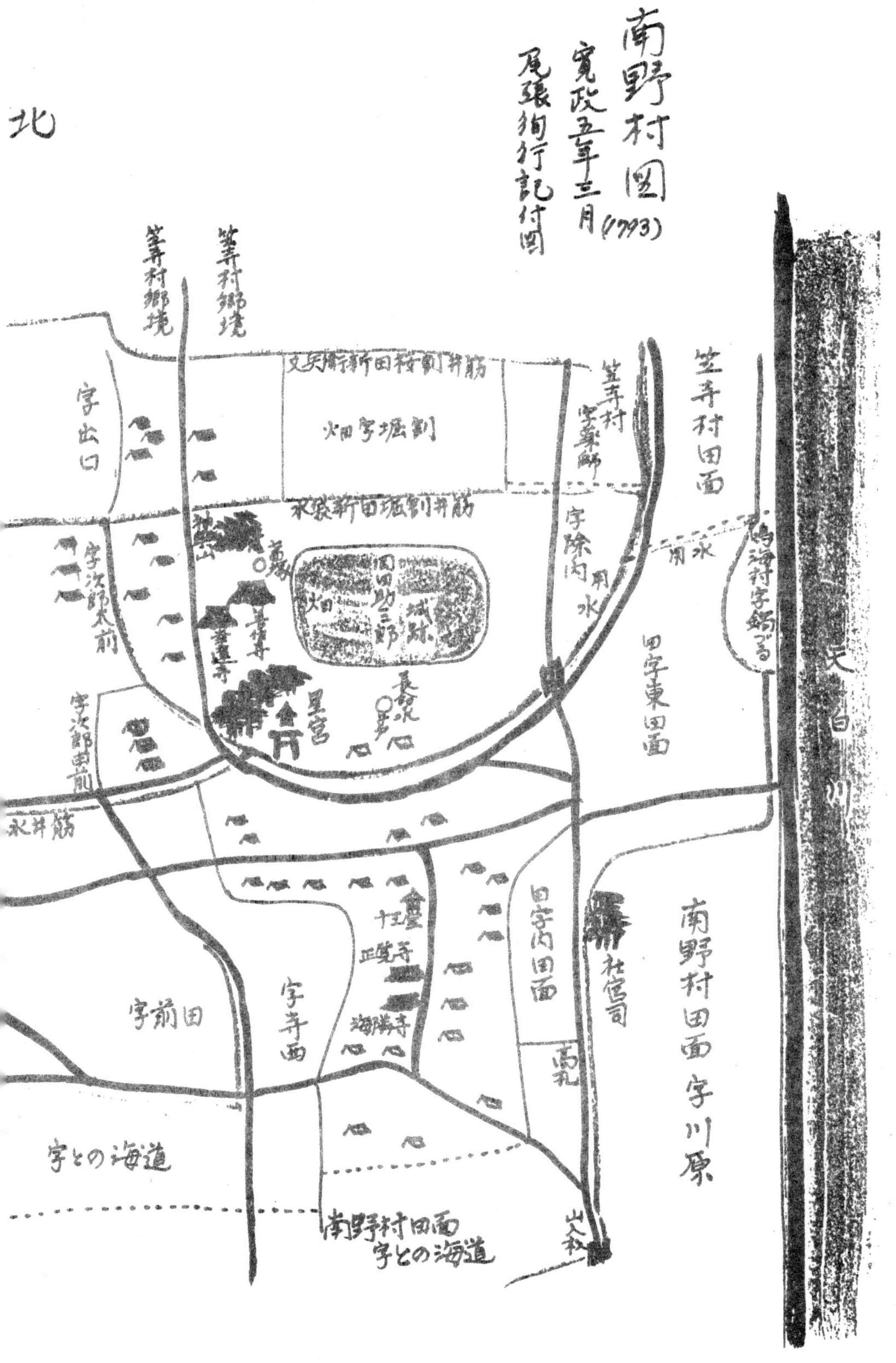

南野村図
寛政五年三月(1793)
尾張徇行記付図
北
笠寺村郷境
笠寺村郷境
笠寺村田面
字出口
畑字堀割
字次郎太前
字除内
用水
田字東田面
水井筋
字前田
字寺西
田字内田面
社宮司
南野村田面字川原
天白川
星宮
長命水
正覚寺
高札
字との海道
南野村田面
字との海道

## ❼南野村

東西 22 町、南北 6 町半　家数 205 戸　人数 830 人（男 405・女 425）　馬 2 匹　今は汐浜かせぎなし。

寛文年間　家数 195 戸　人数 1221 人

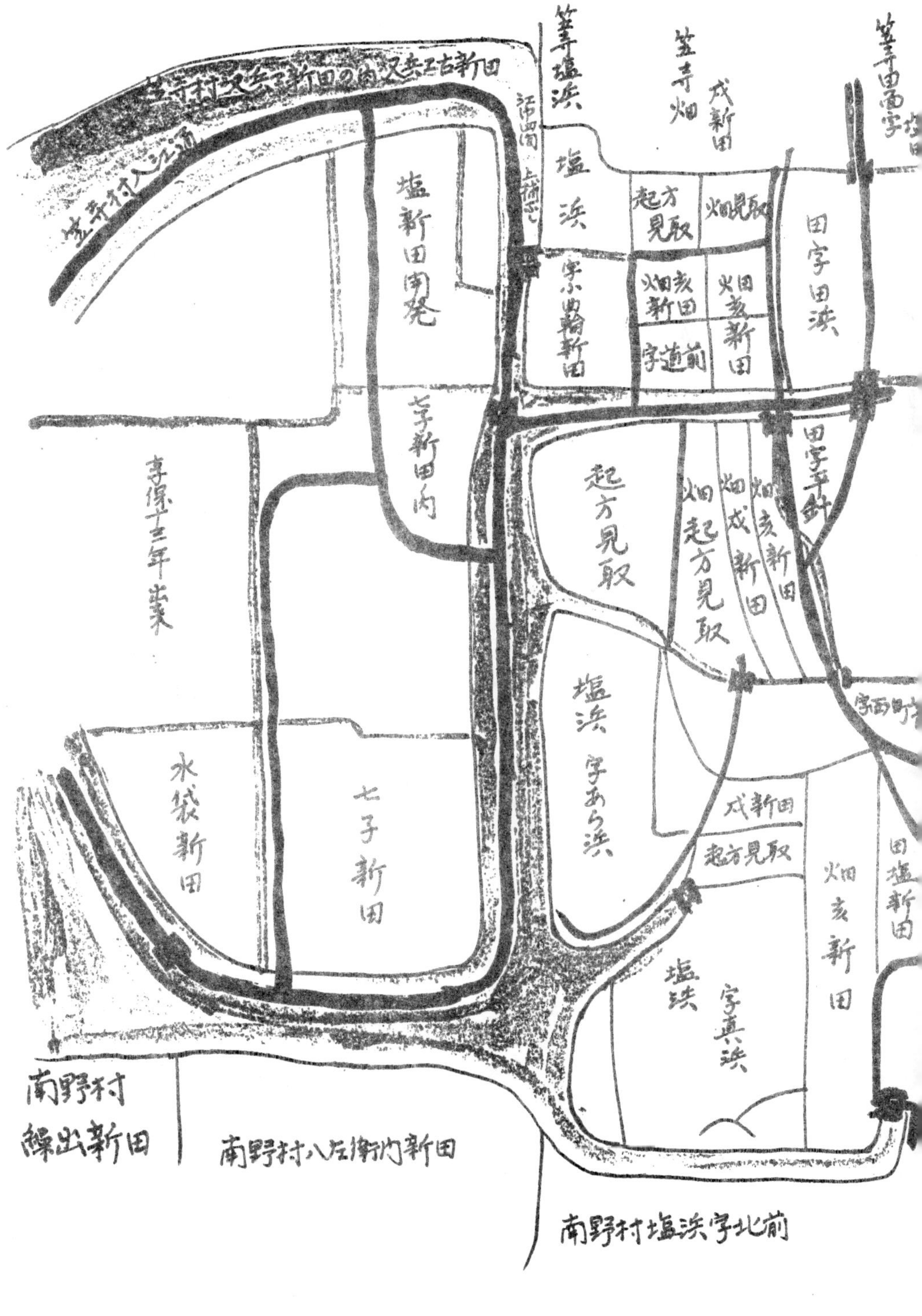

## ❽荒井・牛毛村

東西3町、南北11町　家数194戸　人数839人　馬1匹　今は塩浜なし
寛文年間　家数91戸　人数625人　馬5匹

❶鳴海伝馬新田——鳴海宿場所有の新田。
❷知多海道——知多へ往来する道のこと。古図には「知多郡道」ともある。

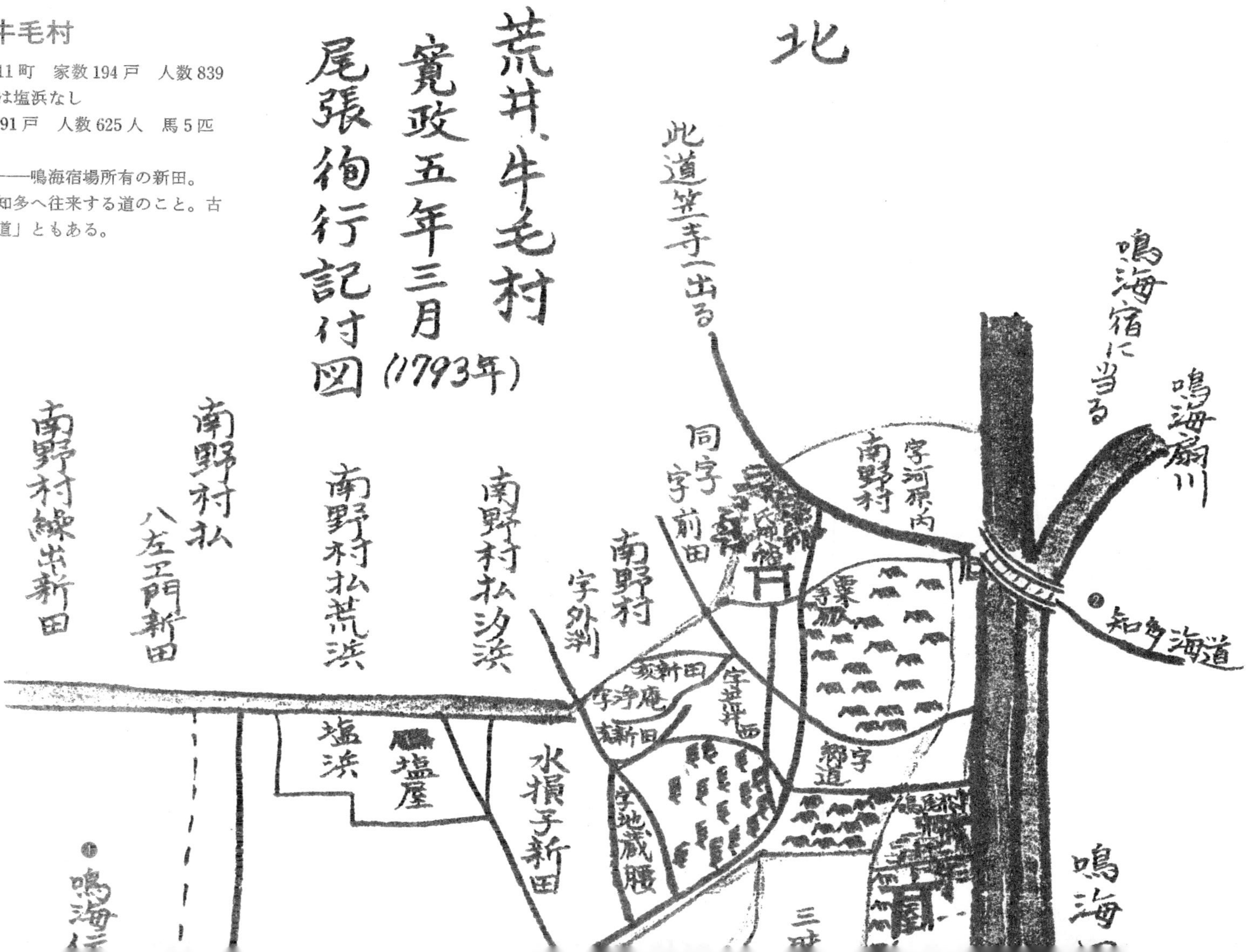

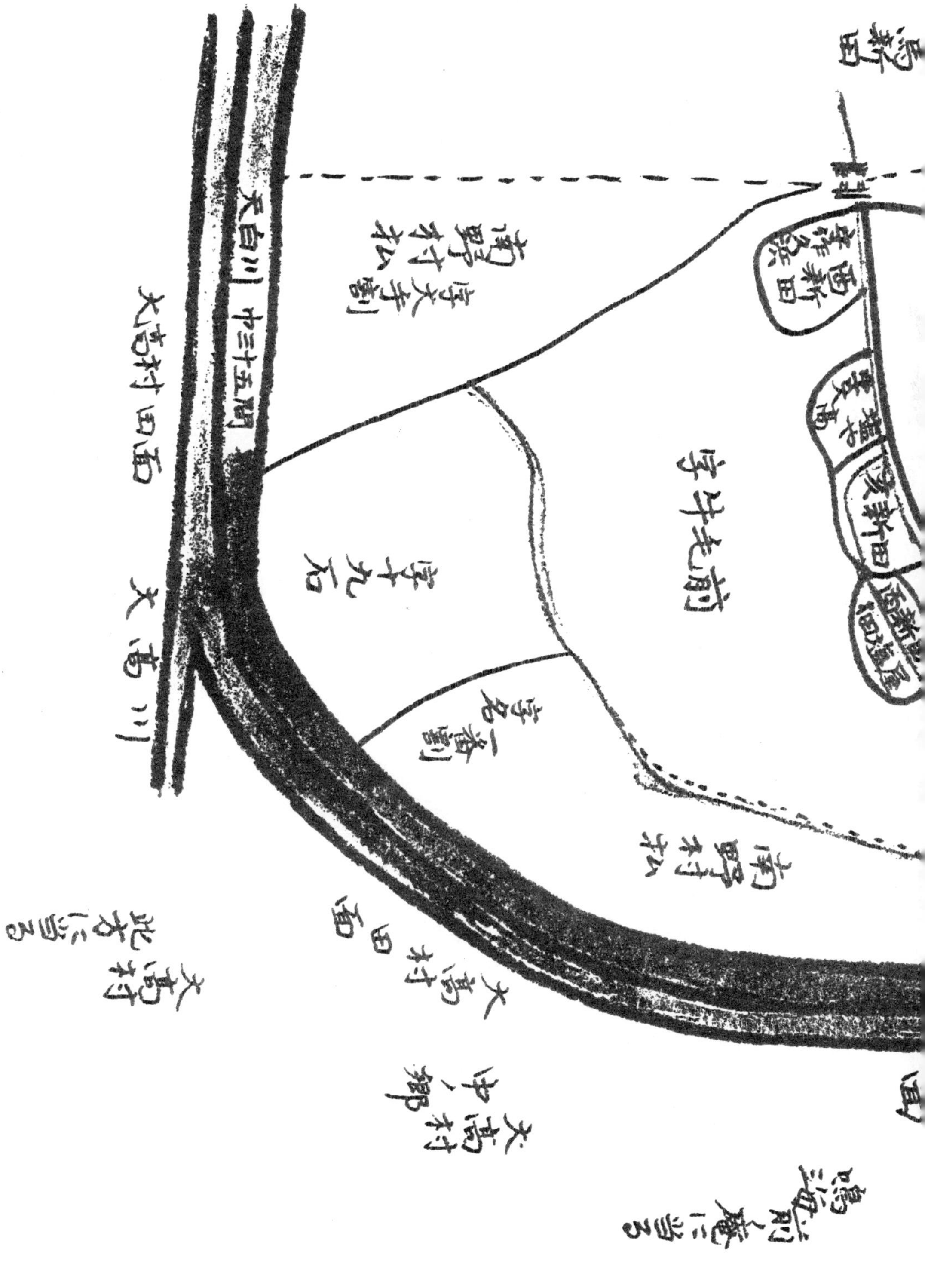
新田
西新田
字作久浜
塩や
字大高
新田
西新田塩屋
字牛毛前
南野村払
南野村払
字大手割
字十九石
字名一番割
天白川
巾三十五間
大高村田面
大高川
大高村田面
大高村
中ノ郷
大高村
此方に当る
鳴海前ノ庵に当る

# 名古屋市南区の明治24年当時における現況図

※①新屋敷村～⑧荒井・牛毛村の詳細は近世村絵図へ。

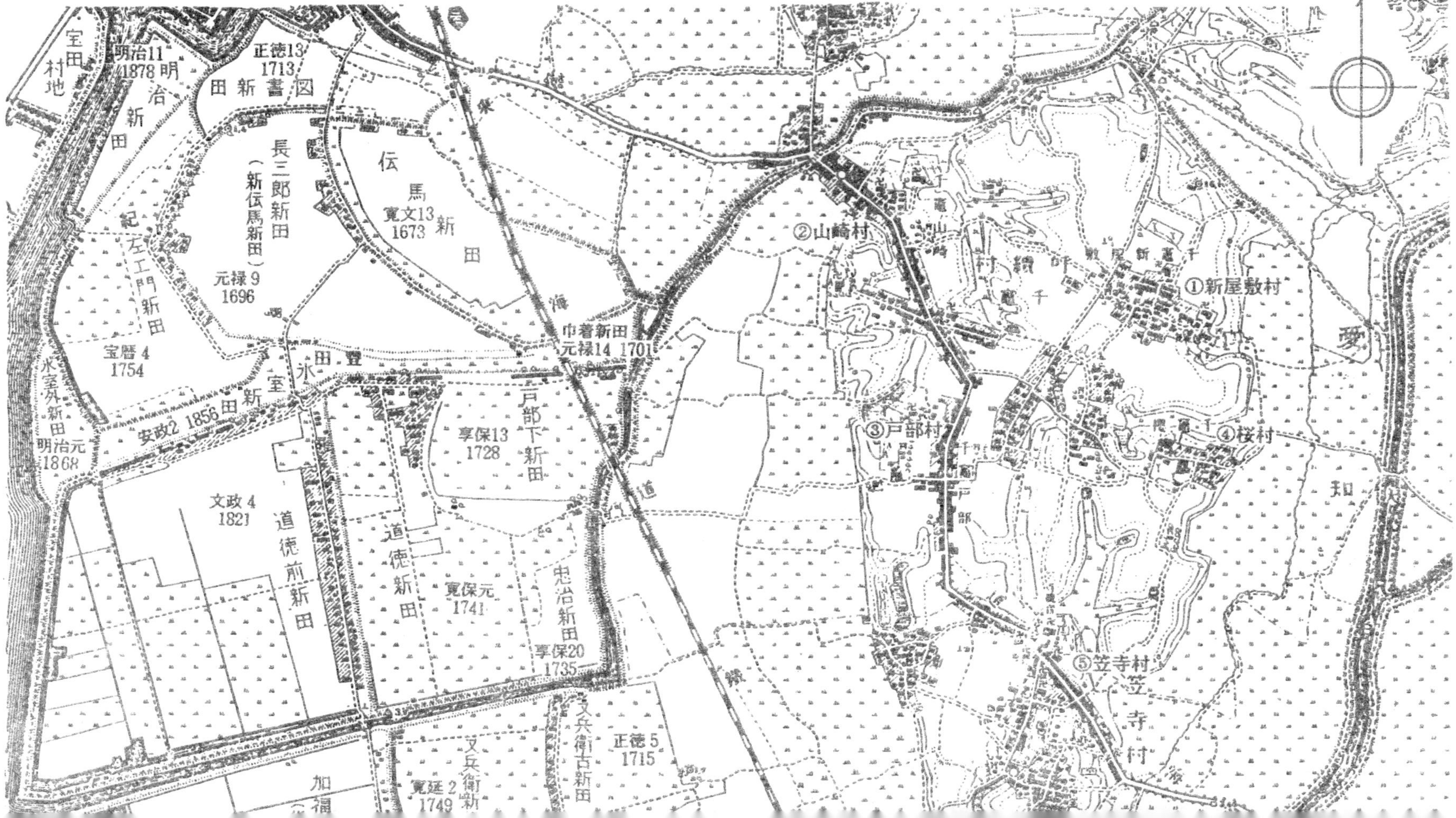

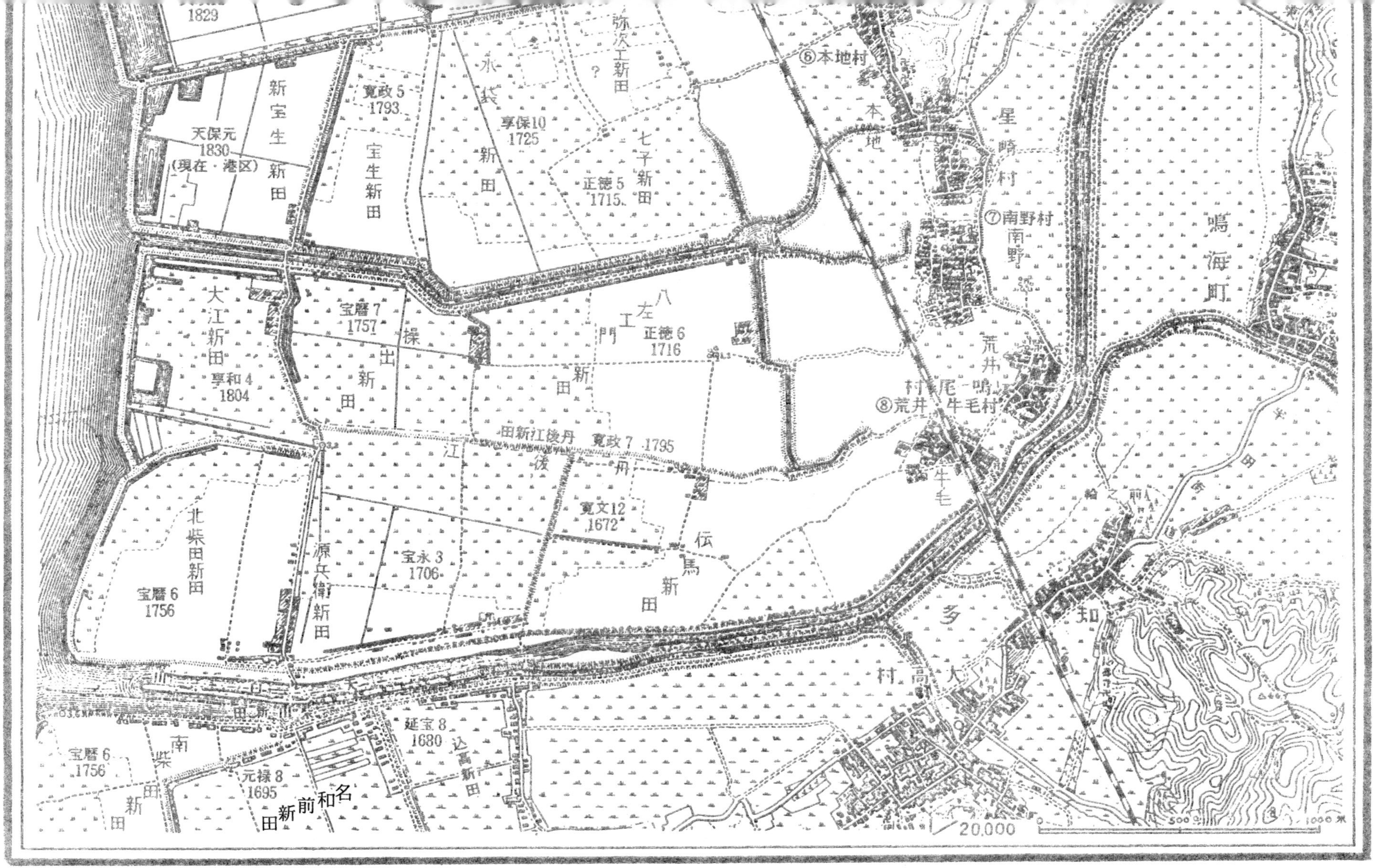

1829
天保元
1830
(現在・港区)
新宝生新田
寛政5
1793
宝生新田
水袋新田
享保10
1725
弥次工新田
七子新田
正徳5
1715
⑥本地村
本地
星崎村
⑦南野村
南野
鳴海町
大江新田
享和4
1804
宝暦7
1757
操出新田
八左工門新田
正徳6
1716
荒井
鳴尾村
⑧荒井
牛毛村
牛毛
丹後江新田
寛政7
1795
江後
北柴田新田
宝暦6
1756
源兵衛新田
宝永3
1706
寛文12
1672
伝馬新田
多知
大高村
延宝8
1680
込高新田
宝暦6
1756
南柴田新田
元禄8
1695
名和前新田
20,000

# 南区歴史探訪図〈旧街道周辺コース〉

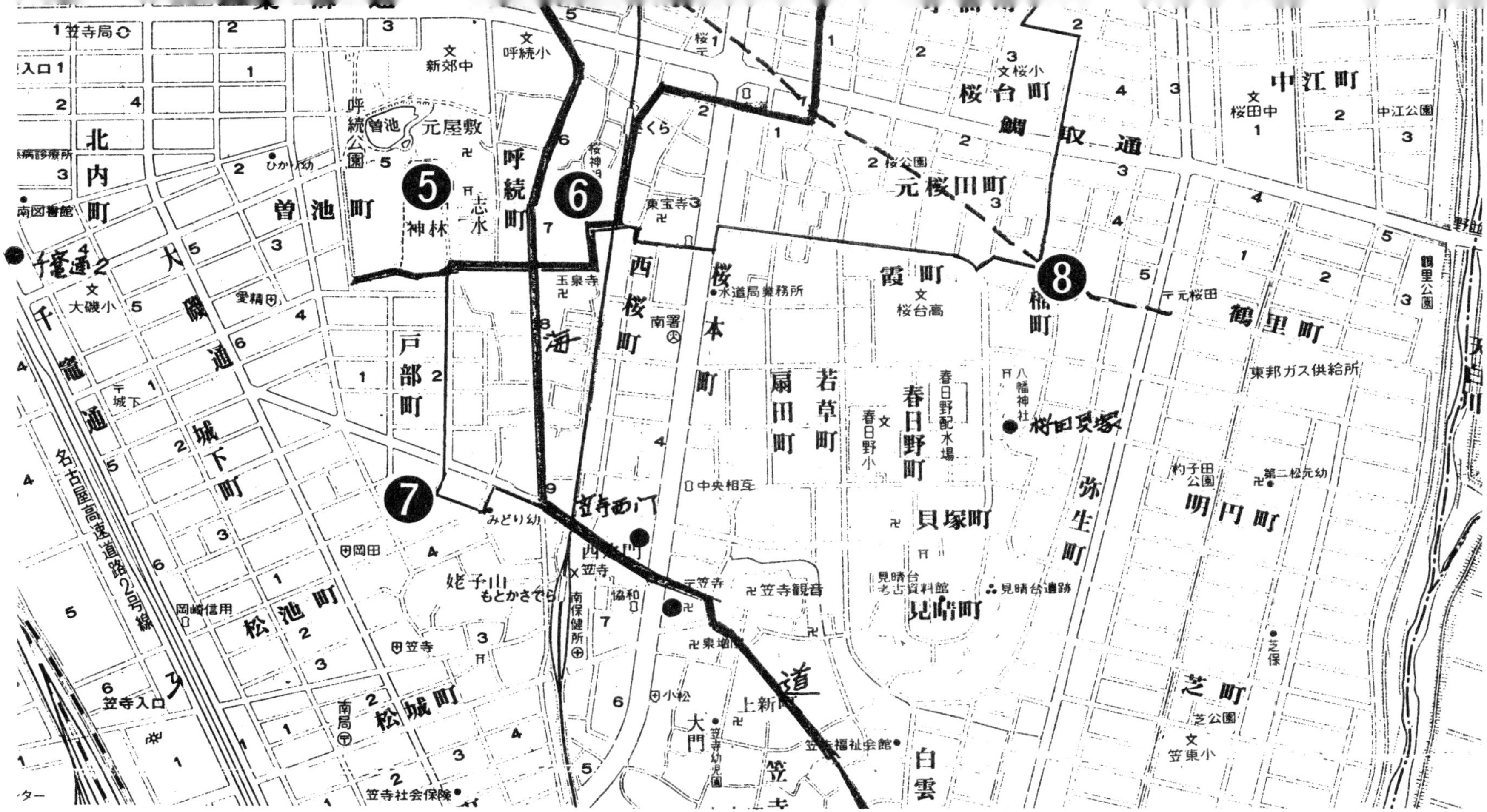

この地図はアルプス出版社版「名古屋市区分詳細図・南区」をもとに作りました（以下同）

❶白毫寺・鎌倉古道――❷熊野三社――❹鳥栖神明社古墳――❸成道寺・成田公夫妻墓碑――❽村上社（楠社）――❻桜神明社古墳――❺冨部神社――❼戸部新左衛門碑

# 南区歴史探訪図〈笠寺周辺コース〉

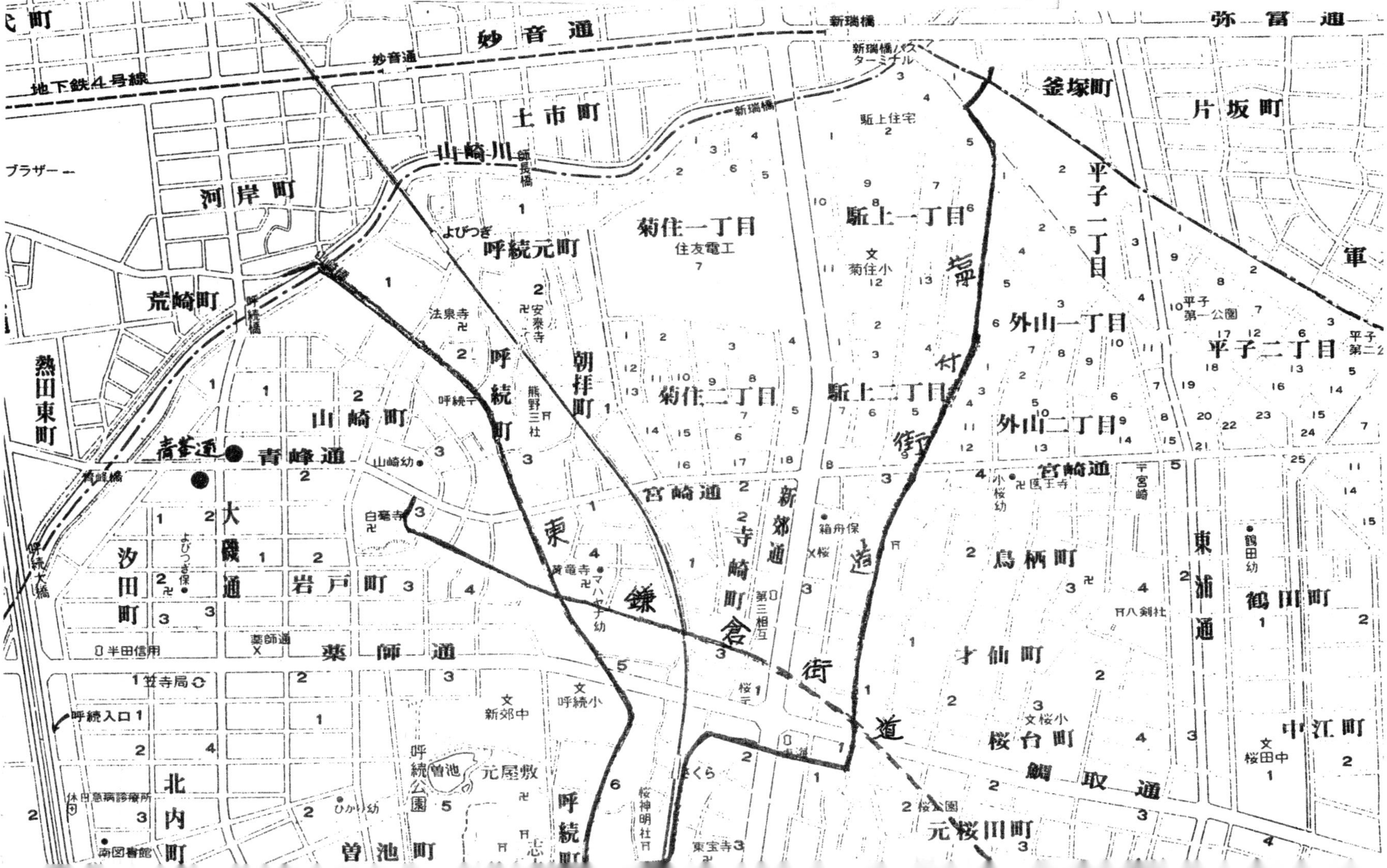

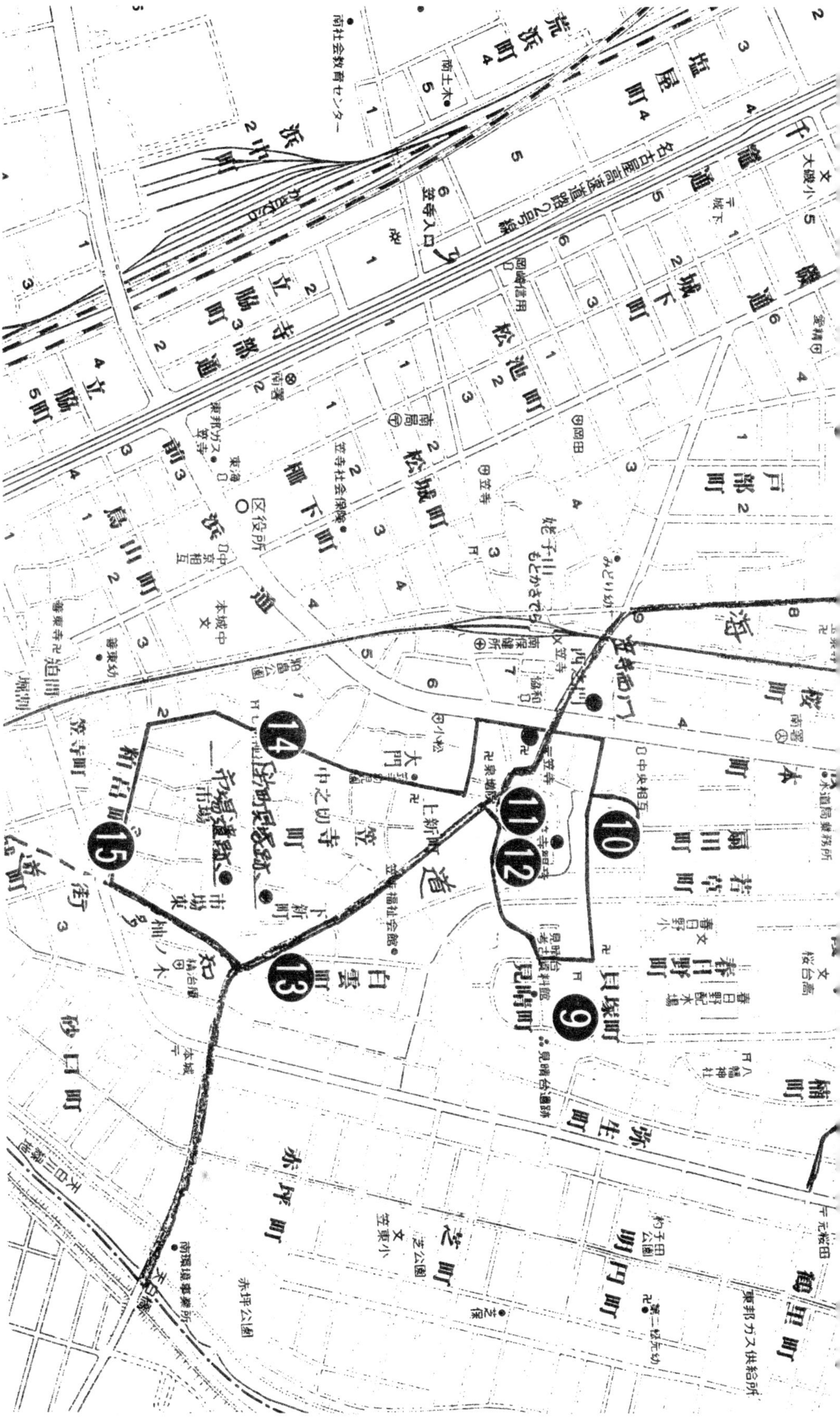


⑩法師場の小仏——⑨見晴台遺跡——⑪笠覆寺（笠寺観音）——⑫笠覆寺の五輪塔——⑬笠寺一里塚——⑮粕畑貝塚——⑭七所神社

# 南区歴史探訪図〈星崎周辺コース〉

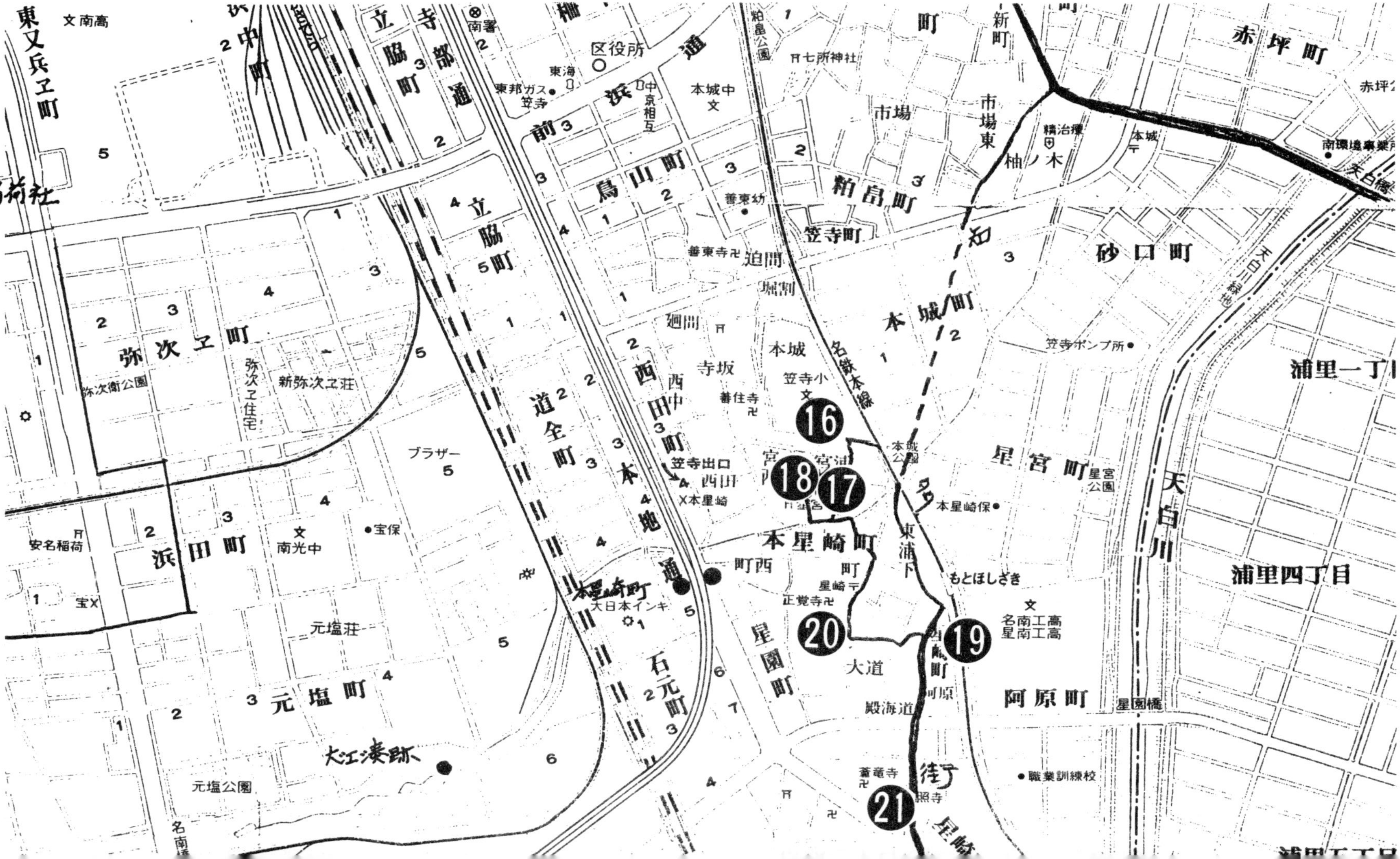

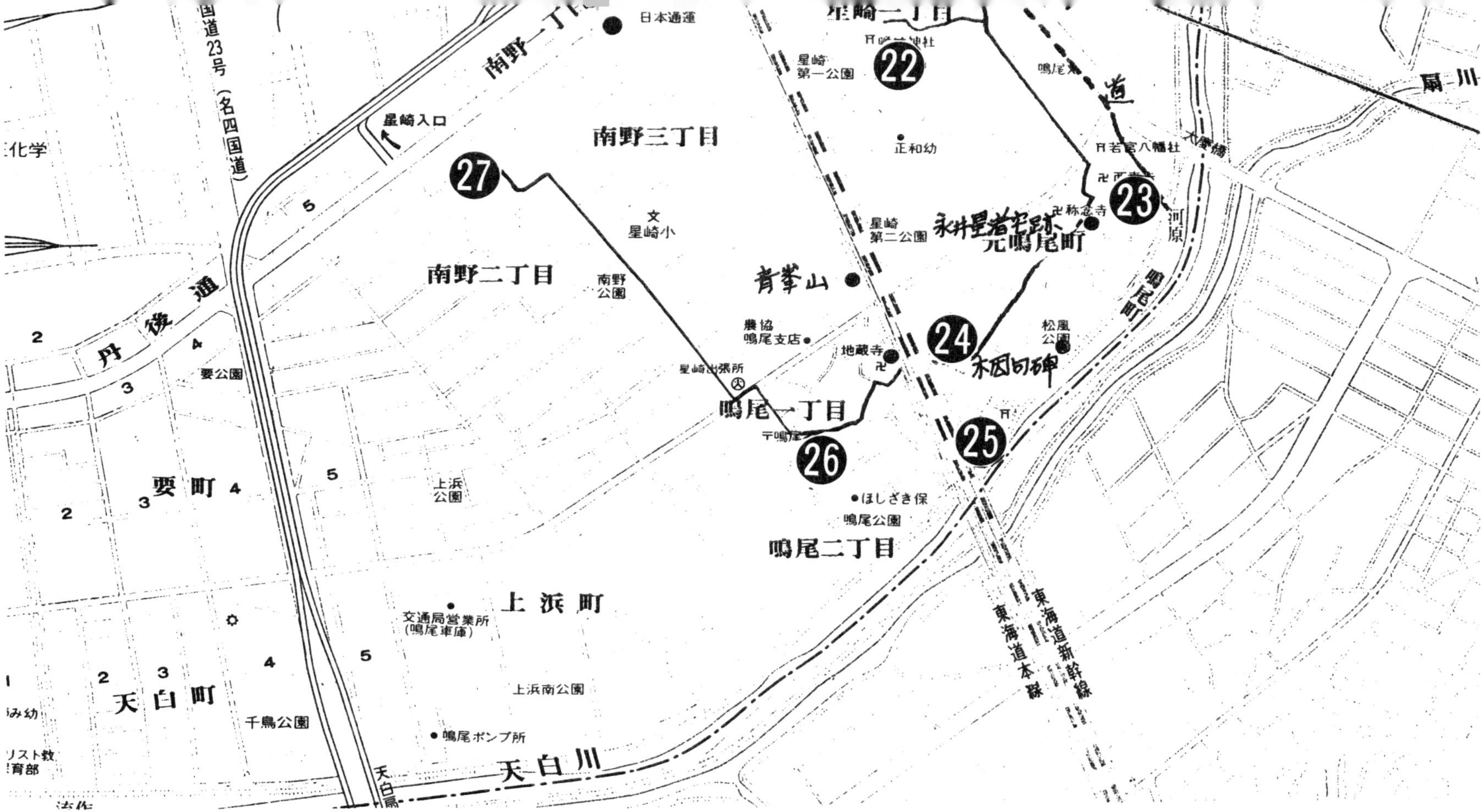


⑯星崎城跡——⑰長命井戸——⑱星宮と上知我麻・下知我麻神社——⑳青峰山観音堂（正覚寺）——⑲石神社——㉑知多郡道と地蔵堂——㉒喚続神社——㉓荷風追慕碑——㉔旧鳴尾学校（鳴尾農協事務所）——㉕牛毛神社付近——㉖新藤半兵衛之碑——㉗福井八左衛門先祖代々供養碑

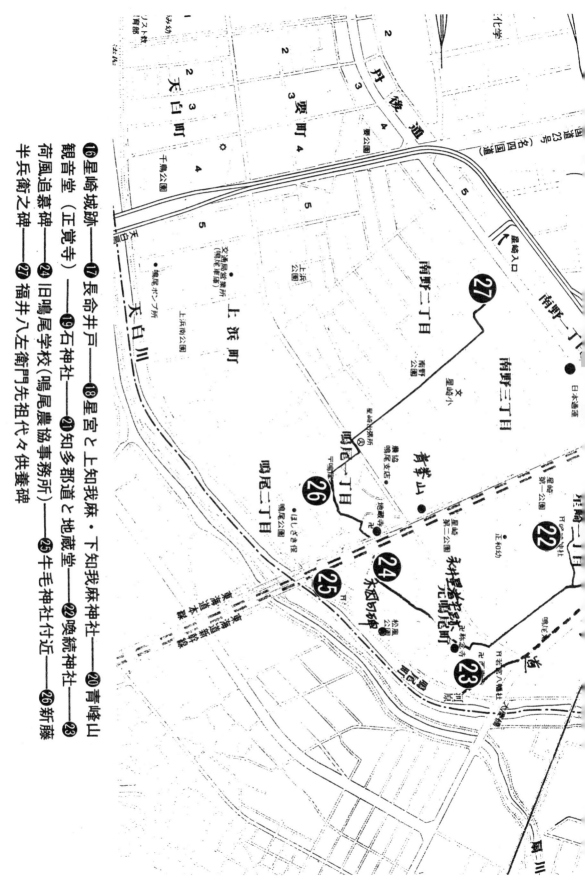

# 南区歴史探訪図〈新田南コース〉

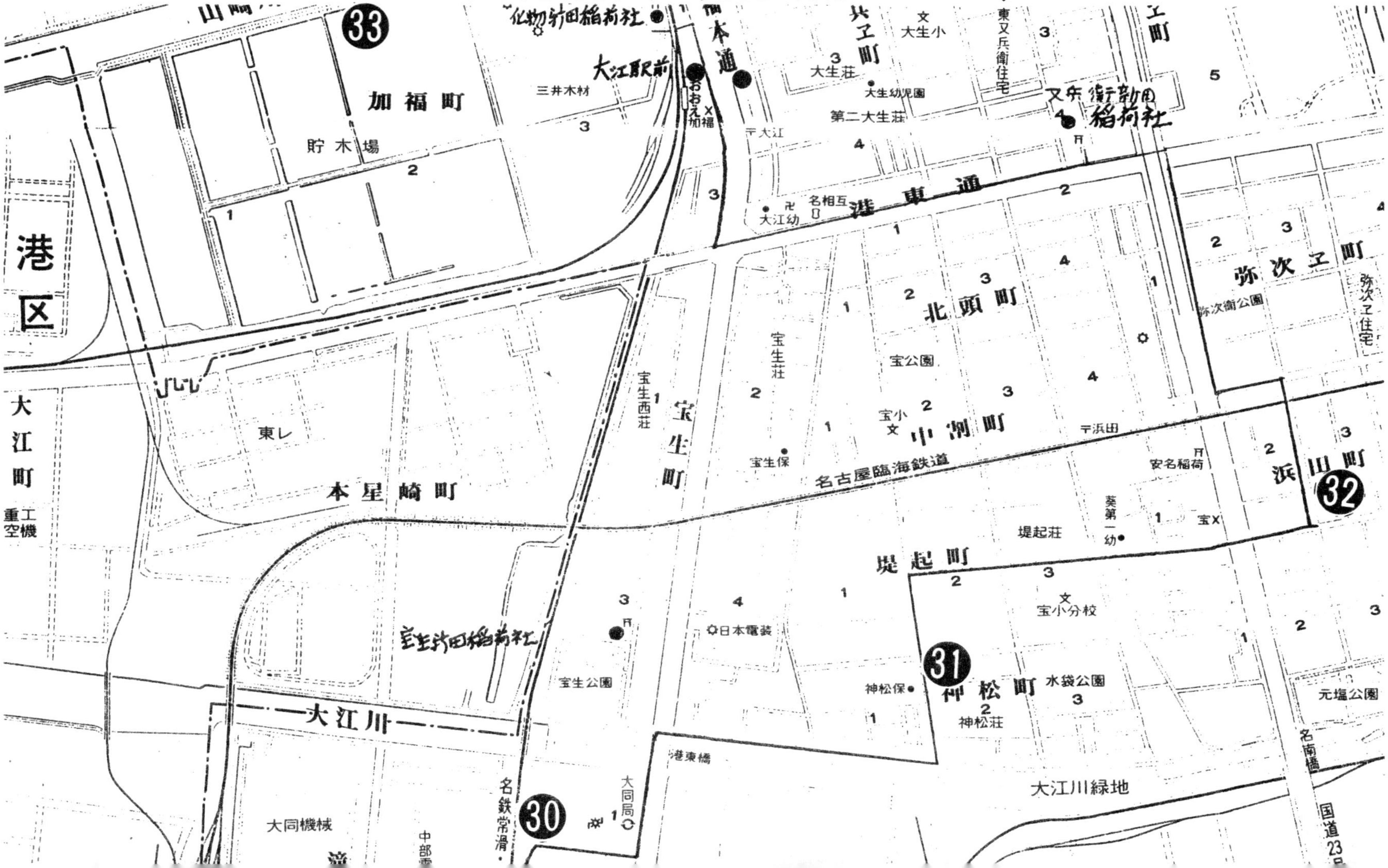

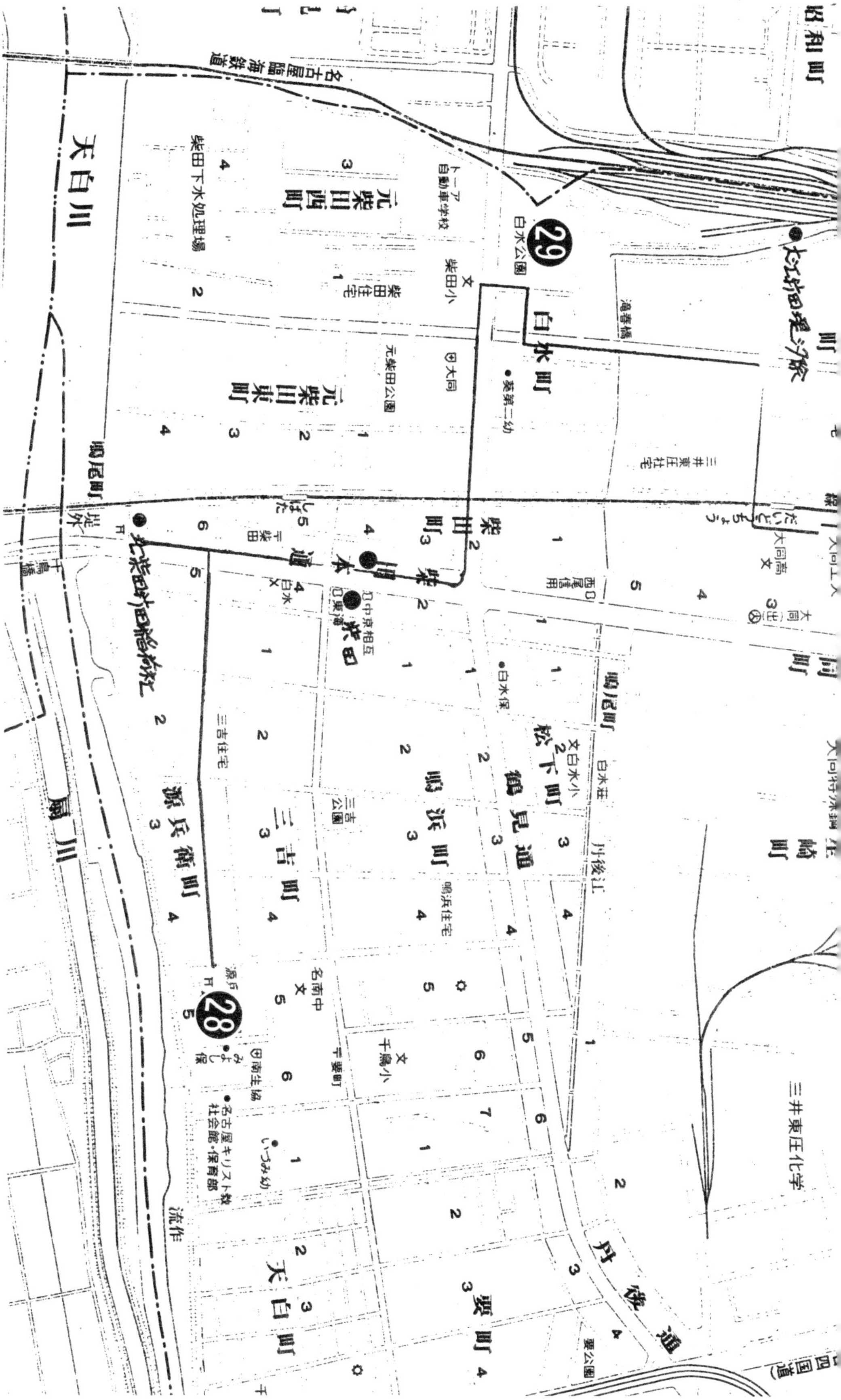


㉝化物新田——㉜くつ塚——㉛神松地蔵菩薩——㉚阿千輪兼吉之碑——㉙北柴田新田樋門——㉘源兵衛新田・須佐之男社

# 南区歴史探訪図〈新田北コース〉

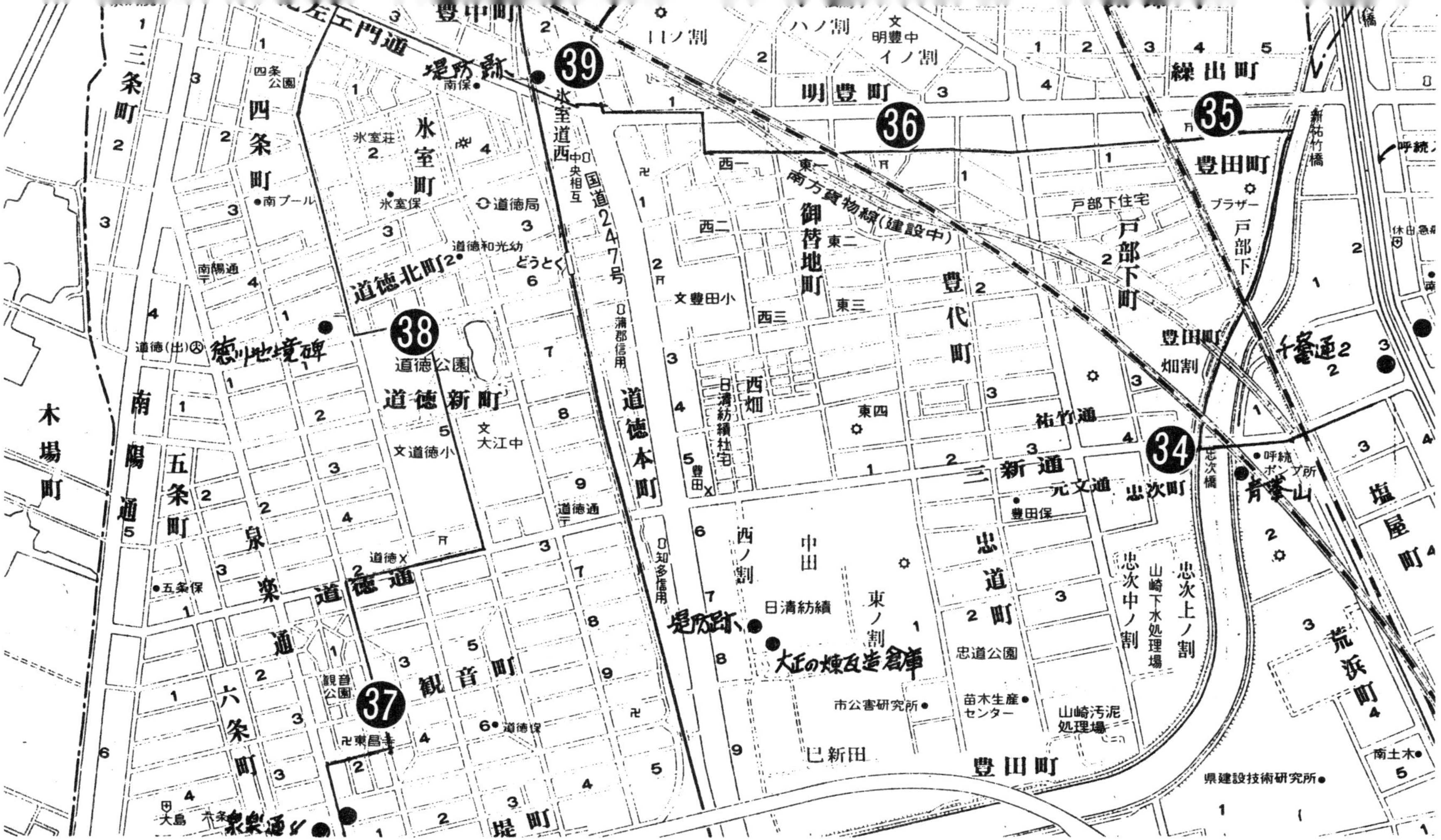


㉞忠治神社——㉟戸部下新田絵図——㊱御替地神明社と竜神像——㊴氷室長冬開墾地の碑——㊳鷲尾善吉翁頌徳碑——㊲道徳観音——㊵紀左衛門新田の大手堤

●この本を作った人々

文・南区の新田図・南区歴史探訪図
**池田陸介**
住所　東海市名和町八幡東一六
生年月日　大正十三年二月一日
勤務先　名古屋市南社会教育センター

絵・南区史跡案内図
**桜井克郎**
住所　名古屋市南区大磯通六―九
生年月日　大正九年九月二十八日
勤務先　元・清水建設

近世の村絵図（写図）
**久保田千代子**
住所　名古屋市南区呼続町六―四六
生年月日　昭和十三年三月二十二日
主婦

**玉腰靖子**
住所　名古屋市南区岩戸町一―四〇
生年月日　昭和十五年十月十五日
主婦

**鈴木義子**
住所　名古屋市南区鳥山町三―二〇
生年月日　昭和十六年八月十七日
主婦

# 南区の地名

## 目　次

ページ

この記事は中日新聞発行の「南ホームニュース」に一九九〇年四月から九一年九月にかけて連載されたものです。

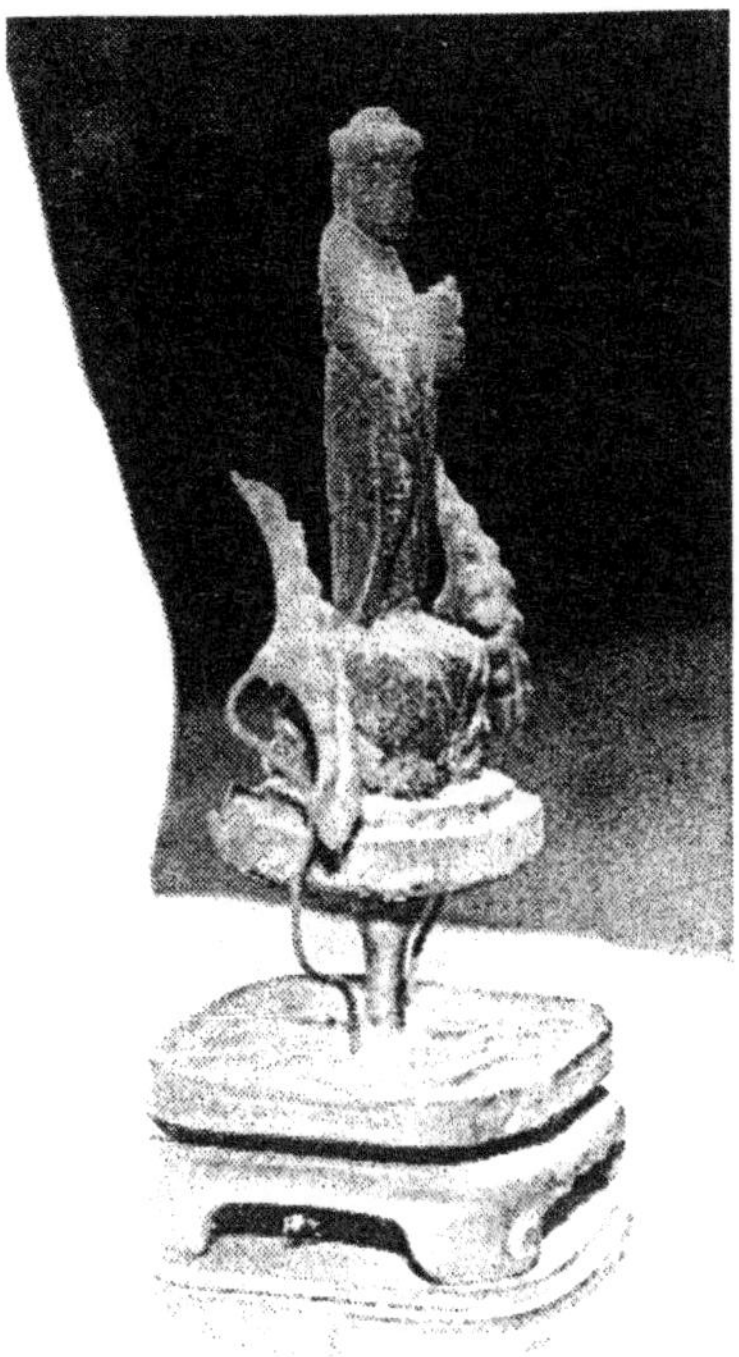

服部小平太の『持念仏』高さ12センチ
⑪荒井・牛毛参照

# 南区の地名

〔はじめに〕

地名は、人間が集まり住み着いたところにつけたものです。

南区は、名古屋市の中でも最も古くから人が住んだところで、七千年前の粕畑貝塚・市場遺跡が、そのことを教えてくれます。

南区の地名の文字は、万葉集・高市連黒人の「桜田へ田鶴鳴きわたる年魚市潟潮干にけらし田鶴鳴きわたる」に出てくる桜田・年魚市潟が最初です。また日本書紀にも、熱田社付近のことを吾湯市村と呼んでいます。

この「南区の地名」では、千年以上も続いている地名から、つい最近土地区画整理事業により生まれた地名までおってみます。

（池田陸介・郷土史家）

## 南区の地名 ①

### あゆち潟

あゆち潟は、万葉集に二首歌われている。一つは、

――桜田へたず鳴きわたる年魚市(あゆち)潟　潮干にけらしたず鳴きわたる――

桜田は、桜付近を読んだ歌で、現在楠の大木のある村上社と、近くの八幡社に歌碑がある。

二首目は岩戸町白毫（びゃくごう）寺にある歌碑の

――年魚市潟潮干にけらし知多の浦に　朝こぐ舟も沖による見ゆ――である。

古代のあゆち潟は、現在の中村・熱田・瑞穂・南・緑区の低地一帯を指し、伊勢湾北部の「海っ道」でもあった。

あゆちは湧水(わきみず)の地という説もあり、古代の愛智（知）郡が現在の愛知県名のおこりである。

（池田陸介・郷土史家）

## 南区の地名 ②

### 桜（さくら）

桜のさく、くら共に谷または狭を指し、谷間のことをいうと、多くの地名辞典にある。

前記万葉集、桜田の地も桜で笠寺丘陵の東辺に当たる。江戸時代の絵地図・明治二十四年地形図に、幾つかの谷があるのに気付く。現在の鯛取通、および数カ所の坂道になって残っている。昔廻間（はざま）とも呼ばれていた。

奈良から平安時代歌われた「催馬楽（さいばら）」に桜に住んだ人、桜人（さくらびと）が出ている。また十世紀頃の辞典「和名抄(わみょうしょう)」に、尾張国愛智郡作良(さくら)郷(村)とある。

元桜田町東宝寺境内に、桜村の歴史を刻んだ「桜固本碑」がある。

（池田陸介・郷土史家）

## 南区の地名 ③

### 千竃(ちかま)

塩を作った竃が、千も並んでいた所という意味か。

千竃は、江戸時代の文書・村絵図には出て来ない。

明治十一年山崎・桜・新屋敷・戸部の四村を併せて千竃村となる。また明治二十二年前記四村の大字名に、それぞれ千竃が見られる。この千竃が、私たちに慣れ親しまれて来た地名のようだ。

現在は、国道一号線沿いに千竃通で残っている。

南区に、千竃の地名がなぜ登場したか。一つは平安時代の愛知郡千竃郷をこの地とした。(中村区南部ー中川区の一部)。また当時この地に上知我麻、下知我麻神社があり、この知我麻(ちかま)を千竃にした説。それに鎌倉時代からの塩の産地説だ。

(池田陸介・郷土史家)

## 南区の地名 ④

### 本地(ほんぢ)

笠寺台地の南、天白川左岸にあり、本土・本国という意味がある。

千竃の上・下知我麻神社があった所で、祭神は尾張連(むらじ)十一代目乎止与命(おとよのみこと)・その妻真敷刀婢(ましきとべ)。尾張国に関係深い土地であったようだ。現在は両社とも、熱田神宮に移されている。

本地は、鎌倉時代笠寺観音の文書に、はじめて出てくる。また江戸時代の村絵図から明治十一年まで、本地村とある。戦国時代の星崎城(現笠寺小学校)も、本地村にあった。

現大江川緑地公園東づまりは、江戸時代は港として栄えた所。現在国道一号線沿いに、本地通りがある。

(池田陸介・郷土史家)

## 南区の地名 ⑤

### 笠寺（かさでら）

天白川・山崎川に挟まれた台地上南に位置する。

笠寺は笠覆寺（りゅうふくじ）、別名笠寺観音が、その名のおこりのようだ。平安時代、鳴海の長者に仕えていた玉照姫（泉増院に像）が、笠を観音様にかぶせた話から、その名が伝えられている。

笠寺観音には国の重要文化財、妙法蓮華経文・愛知県文化財の銅十一面観音像・金銅厨子等がある。また境内に、芭蕉春雨塚・切支丹燈籠や五輪塔・宝篋印塔を集めた愛智塚等が見られる。

なお約二百㍍南に高さ三㍍、径十㍍の笠寺一里塚がエノキの巨木と共に残っている。

（池田陸介・郷土史家）

## 南区の地名 ⑥

### 戸部（とべ）

山崎川左岸にあり、かつては台地沿いに北から曽池（約三㌶）新地・松本池と、広く沼地帯が続いていた。これが戸部の地名のおこりのようだ。

戸部村は鎌倉時代に熱田社領としてその名が見え、江戸時代初め建てられた富部神社に、富部の名もある。ここ本殿の銅板屋根が美しく、桃山時代様式を伝えて国重要文化財に指定されている。となりの長楽寺には市文化財指定の懸鏡が、戸部村塩田で使われた汐汲桶と保存されている。また戦国時代今川義元方の部将戸部新左衛門の戸部城があり、今は約三百㍍東方に、戸部城跡・戸部新左衛門碑が残されている。山崎川左岸には江戸時代築かれた戸部下新田が、戸部下町名である。（池田陸介・郷土史家）

## 南区の地名 ⑦

### 呼続（よびつぎ）

よびつぎの浜は南北朝時代の歌「鳴海潟夕浪千鳥たちかへり　友よびつぎの浜に啼くなり」に出てくる。

なお鎌倉時代の笠覆寺文書にも「呼続の浦」とあるので、よびつぎの浜は古くからの呼び名であったようだ。また室町時代の完祇の紀行文に「よびつぎの浜には、海士の家居あり、塩屋かづかづ見えたり」ともあり、南区が中世から塩田地帯であったことを思わせる。

江戸時代には呼続村はなく、明治二十二年豊田村と千竈村に統合された山崎・桜・新屋敷・戸部村を合わせ呼続が誕生した。地形的には山崎川を挟んで瑞穂台地と笠寺台地の間の低地を呼続の浜と呼んでいる。現在の呼続町は山崎川から本笠寺駅付近までである。

（池田陸介・郷土史家）

## 南区の地名 ⑧

### 山崎（やまざき）

天白川と山崎川に挟まれた位置にあり、江戸時代天白川の流れを山崎川に換えた場所でもある。

平安末に山崎源蔵が、この地に住み、山崎村にしたと江戸期の徇行記にある。この山崎村の氏神は熊野三社といわれる。戦国時代信長の家臣佐久間信盛の山崎城は現在の安泰寺である。

鎌倉街道沿いに年魚市潟勝景碑と、知多の浦を詠んだ万葉歌碑のある白毫寺がある。また地蔵院には鎌倉期の鋳鉄製湯浴地蔵がみられ、隣の黄竜寺には菅原道真の真筆画像が伝えられる。

山崎川師長橋近くに青峯山石仏堂があり、昭和初期まで船着場があった。山崎橋は東海道に掛かる。

（池田陸介　郷土史家）

## 南区の地名 ⑨

### 新屋敷（しんやしき）

山崎川と天白川の間、東西は山崎村にかかり、南は桜村に接し、ほぼ中央を塩付街道が通る。新屋敷の地名は、農民が出屋敷をつくった所としてつけたのではないか。江戸期から明治十一年までの村名である。

この地は戦国時代に新屋敷西城（現医王寺）、鳥栖城（現成道寺）があり、古代の神明社古墳、八剣社古墳が緑の地を残している。

塩付街道は荒井牛毛・南野・本地・笠寺・戸部の塩を戦国・江戸時代に小牧方面へ送った道としてよく知られている。

この村は尾張藩士四人の給地で、土地はやせ小百姓ばかりであったと徇行記にある。成道寺には鳥栖城主成田公夫妻墓碑がある。

（池田陸介　郷土史家）

## 南区の地名 ⑩

### 南野（みなみの）

天白川下流右岸にある。笠寺台地の南部にひらかれた村として名付けられた。

江戸時代から明治十一年まで南野村とある。村内の阿弥陀堂・神明天王社は、太閤検地（一五九〇頃）前免租地とあるので古い。氏神は喚続神社で、社宝として日本最古の隕石がある。

中世以降の塩田地帯の南野製塩遺跡が南野町一・三丁目にみられる。江戸時代初め塩屋二十七・塩田二十二町歩余（約二十二㌶）とあったが後期塩浜はなくなる。

その後、塩浜から海側にかけ八左衛門新田・繰出新田・大江新田が開築された。現在この地に名四国道が通り、東から三井東圧化学工場・大同特殊鋼・大同工業大学・名鉄電車・JR・名古屋臨海鉄道がみられる。（池田陸介　郷土史家）

## 南区の地名 ⑪

### 牛毛（うしげ）荒井（あらい）

牛毛、荒井は天白川河口にできた砂州上にあり、中世以降の集落のようだ。

荒井の地名は全国的にひろがり、愛知県内にも数多く見られる。牛毛は、めずらしい地名だが、牛尾とも書く。ともに砂州上にできた、新しく開かれた地と解釈できるようだ。

江戸時代「牛毛と荒井は二村なり、文化年間より、牛毛・新井と呼ぶ」とあり、明治九年まで牛毛荒井村とある。現在の鳴尾町一帯を指す。

この地は現在も静かなたたずまいを各所に残し、西来寺の永井荷風追慕碑、荷風の先祖永井星渚出生地、明治四年の建物旧鳴尾学校舎、桶狭間合戦に功のあった服部小平太屋敷跡等が見られる。

（池田陸介　郷土史家）

星崎城図に本地村枝郷荒井村・牛毛村とあり年代不明

## 南区の地名 ⑫

### 星崎（ほしざき）

荒井・牛尾・南野・本地・笠寺・戸部・山崎を星崎七カ村とする慶長十三年（一六〇八）の記録がある。

JR東海道線を挟んで南北百㍍に及ぶ塩浜で、鎌倉期から江戸時代にかけて塩が生産されたところである。

尾張名所図会の『星崎の塩浜』は当時の情景をよく表している。この塩浜でつくられた塩は前浜塩とも呼ばれ、塩は街道により尾張・美濃・信濃方面へ送られていた。

塩と海に関する地名を明治初年の字（あざ）図に見ると荒浜・高塩屋・曲輪（くるわ）・磯浜・汐田・内塩家等がある。笠寺駅付近の立脇は戦国時代部将の所領帯刀（たてわき）曲輪から採った地名である。

（池田陸介　郷土史家）

南区の地名 ⑬

## 天白川（てんぱくがわ）

天白川の名は天白橋付近に天白大明神が祀ってあったのがその由来という。

南区の天白川流域一帯は古代あゆち潟の一部で、堤防が整えられるのは信長の天正十五年（一五八七）頃から家康の慶長九年（一六〇四）東海道を大改修した頃のようだ。後天白川口付近に伝馬新田（寛文十二年・一六七二）をはじめとして、新田が海側へつくられる度に堤防は延長された。

江戸期絵図には天白川沿いに砂田・島間・鍋弦・丸ノ内・砂ノ口・阿原・川田・河原がある。明治初年の字図には大堀・河跡・清水・中島・島合・鍋弦・丸ノ内・砂ノ口・鍋釣・天白添・砂田・阿原・河原・川田の地名がある。川が作った地名でおもしろい。

（池田陸介　郷土史家）

南区の地名 ⑭

## 山崎川〈1〉（やまざきがわ）

山崎村の名をつけた川。源は千種区猫ケ洞付近。南流して新瑞橋付近から南区に入る。江戸時代に天白川の流れを、平子橋付近から山崎川へ変えたことがある。十四年間に十七回も決壊し、落合橋の名を残す。明治二十六年の地図に、落合橋から師長橋付近にかけて七カ所水車場が見られる。山崎・戸部村等で取れた小麦を製粉した。昭和十八年から三十年まで水車町の地名が残っていた。

山崎川には師長橋の上（かみ）、呼続大橋の上、忠治橋の東に青峯観音の石仏堂がある。江戸時代から昭和の初め頃まで船着場として栄えた所である。呼続大橋上の石仏は、場所を移動しているが青峯通の名を残している。

（池田陸介・郷土史家）

## 南区の地名 ⑮

### 山崎川〈2〉（やまざきがわ）

安政三年（一八五六）前の山崎川は新祐竹橋から西へ、紀左エ門通りを抜け中京病院付近で海へ流れていた。その川敷へ氷室新田が築かれたので山崎川は現在の流れになった。明治二十六年の地図は豊生橋付近で南から西へ直角に流れていた。そのため堤防がよく切れ、大正の工事時に船に土のうを積んで沈めた工法が見られたという。

道徳橋は明治三十年架けられたが以前は渡し舟で行来した。道徳前新田絵図には現・名鉄鉄橋付近に舟江（港）があり、伊勢参宮の船も出た。大正末には山崎川沿いに日清紡績・浅野セメント・大同製鋼・三菱内燃機関が進出し、名古屋南部工業地帯発祥の地になった。

（池田陸介・郷土史家）

## 南区の地名 ⑯

### 鎌倉街道（かまくらかいどう）

岩戸町三丁目白毫寺（びゃくごうじ）には知多の浦を読んだ万葉歌碑が「あゆち潟勝景」の大きな碑と並んで建っている。この付近から東へ名鉄線路まで約六百㍍の間に鎌倉街道はその面影を残す。道幅は狭く、道路脇の空地で鎌倉期の茶碗を採集した。

中程で東海道を横切ると左手に鎌倉時代の「湯浴地蔵」を祭る地蔵院がある。その隣には菅原道真の真筆画像を所蔵する黄竜寺の高い山門が見える。ここから百㍍程で街道筋は消える。

次の目標は約一㌔離れた楠町の村上社である。ここにも、あゆち潟と桜田を歌った万葉歌碑がある。樹齢千年の巨大なクスノキがそびえ、古代を思わす。

（池田陸介・郷土史家）

## 南区の地名 ⑰

### 東海道〈1〉（とうかいどう）

　南区に残る東海道は天白川に架かる天白橋からである。昭和の初めまで松並木が美しかった。今は、その面影はないが山崎川の山崎橋まで約三・五㌔の道筋は残されている。

　天白橋から約五百㍍右手に名古屋市唯一の「笠寺一里塚」が残っている。直径十㍍・高さ三㍍の円丘上に幹の傷（いた）みにもめげず大きなエノキが立っている。

　まだ格子戸の見える街並みを過ぎ、坂を登りかける右側に「笠寺観音」の山門がそびえて見える。道路の左側には自分の笠を取って観音様にかぶせたという玉照姫の像を祭る泉増院が石段上にある。少し急な坂を登り切った右手が笠寺観音西門で、六の日の市は人の出が多い。

（池田陸介・郷土史家）

## 南区の地名 ⑱

### 東海道〈2〉（とうかいどう）

　西門前を左へ二百㍍程で名鉄の踏切。明治二十六年地図ではここが墓になっている。尾張志に「戸部一色城主・愛智助右衛門一族の墓」とある。ここの宝きょう印塔・五輪塔は笠寺観音墓地へ移されている。踏切から西へ約百五十㍍に戦国時代の部将「戸部城主・戸部新左衛門碑」もある。

　街道を大きく右へ曲がる辺りから約五百㍍名鉄線路沿いに桜神明社古墳がある。珍しく周濠が北側に半周残っている。ここから西方に二百㍍国重要文化財、銅葺きの美しい屋根の富部神社が見える。

　薬師通りを越えると⑯に載せた地蔵院がある。ここから五百㍍で手洗石「松巨嶋」で知られる熊野三社へ着く。街道は山崎橋へ。

（池田陸介・郷土史家）

南区の地名 ⑲

## 大江川（おうえがわ）

大江川は東海道線西・元塩町から川口まで約三・五キロメートル。中井用水路は大江川へ注ぐ水路である。水源地は天白区下八事下池で天白・瑞穂・南区の丘陵地よりの水を集めて中井用水路・大江川へ入る。全長約十一キロメートル、これを大江川と呼んでいいのではないか。現在かんがい用水の役割を終えて中井用水緑地に、また入江になっていた大江川は大江川緑地として一部公園化されている。

中井用水路は江戸時代絵図に中井筋・中井悪水・水袋新田用水とある。また此江通り元文六年（一七四一）出来とあるので本地村の七子新田（一七一五）、水袋新田（一七二五）へ灌漑用水を送る水路としてつくられたものと思う。

（池田陸介・郷土史家）

荒井若宮八幡社に、永代常夜燈・永井太左ヱ門大江弘江天保九年刻字銘

南区の地名 ⑳

## 大江（おうえ）

大江の地名は大江川・山崎川口南の大江町、名鉄の大江駅、道徳新町の大江中学校、名鉄大同駅付近の大江新田（一八〇四）と比較的広い範囲に見られる。

大江川の元は近世初め頃の海岸の湊（みなと）であった。ここには本地、南野村等の船が集まり「万場の渡し」の応援に「津島祭の車船二十数艘の船」が出ている。

この大江湊は、海側へ七子、水袋、宝生新田と、また南側へ八左ヱ門、操出、大江新田が出来ていく度に、入江として西へ進出していった。

大江中学校の大江は昭和二十三年内田橋から柴田までの唯一の中学校と誕生した時、大江川の大江を採った名である。

（池田陸介・郷土史家）

## 南区の地名 ㉑

### 知多街道〈1〉（ちたかいどう）

寛政五年（一七九三）の絵地図に知多海道。尾張名所図会には知多郡道とある。起点は東海道笠寺一里塚南、辻地蔵堂である。ここから天白川、国道一号線に架かる大慶橋南まで約二㌔の距離になる。土地の人は阿原道・鳴海前之輪への道とも言う。明治三十年（一八九七）北から内田橋・道徳橋が山崎川に、千鳥橋が天白川に架橋された。そのため知多街道の賑わいは東海道熱田橋西百㍍の所から新田堤防を経て千鳥橋へ移る。この起点に昭和五十年頃まで江戸道・新知多郡道（明治二十一年）の道標があった。のち大正九年（一九二〇）内田橋より氷室新田へ新道ができ、新田堤防を道路にした知多街道がほぼ完成する。

（池田陸介・郷土史家）

## 南区の地名 ㉒

### 知多街道〈2〉（ちたかいどう）

明治二十四年陸地測量部の地図には道徳橋・千鳥橋の部分に渡しの記号が入っている。当時を知る古老から、川守りの手で舟が出されていたことを聞いた。

なお安政三年（一八五六）の絵図に旧山崎川（現戸部下町・氷室町を西へ流れる）を春から秋は徒歩で渡り、冬は橋を架けるとある。

この知多街道が名古屋市南部の幹線道路となるのは大正十四年（一九二五）徳川家領、道徳前新田開放からでもある。福沢桃介等の「桟橋倉庫株式会社」が設立され、昭和三年、現道徳公園付近に牧野映画撮影所。昭和六年、カフェー・コーヒー・玉突・洋食堂が並ぶ道徳銀座通り。道徳公園等が次々と出来、南部工業地帯に文化の燈をつけた。

（池田陸介・郷土史家）

## 南区の地名 ㉓

### 塩付街道（しおつけかいどう）

江戸期、南野・牛毛・荒井・戸部・山崎・笠寺・本地を星崎七カ村と呼んだ。中世から近世にかけてここの星崎塩浜で塩がつくられた。

この塩は各村々にある塩倉へ集められ、馬の背にのせられて尾張・美濃・信州の各地へ送られた。この道が塩付街道である。起点は明らかでないが昭和五十年ごろまで笠寺町松本に南北十一間、東西三間の高い塩倉が残っていた。

街道と名を残している場所は戸部神社南の坂道を登り——東海道を横断—桜神明社前—東宝寺西—ほぼ直線に鳥栖神明社西—野並村悪水落の塩付橋—瑞穂区に入る。瑞穂公園、昭和区石仏町、川名町、東区出来町へ出る。途中に塩付通・汐路町の地名が残る。

（池田陸介・郷土史家）

## 南区の地名 ㉔

### 新田（しんでん）

南区には海側を堤防で囲み、中を干拓して造った新田が二十四カ所ある。この面積は南区の約二分の一あり、ほとんどがゼロ㍍地帯である。昭和三十四年の伊勢湾台風では水没した場所になる。そのためか、米作りや役所への文書等と共に、高潮や洪水と闘った記録が残されている。

新田には開築者名が多くみられ、北から図書（づしょ）・紀左エ門・長三郎・氷室（ひむろ）・祐竹（ゆうちく・別名戸部下）・忠治・又兵エ古・又兵エ新・弥次ヱ・八左エ門・俊広（別名大江）・北柴田・源兵衛と十三もある。また造った人の行為・願いを表したものとして道徳・道徳前・加福・宝生がある。

これら新田名は町・通・団地・橋等に残っている。

（池田陸介・郷土史家）

## 南区の地名 ㉕

### 伝馬新田（てんましんでん）

尾張藩は東海道の熱田・鳴海宿場の入用金助成のため旅人に人馬を用意する伝馬役人に新田を築立させた。これが南区の北と南にある熱田の伝馬新田・鳴海伝馬新田である。ともに寛文十三年（一六七三）、寛文十二年の開築で南区では古い時期の新田である。今は伝馬の地名はない。

北の伝馬新田の地は昭和六十年十一月、豊一・豊三丁目と改名された。ながい間土地の歴史を語って来た地名が消えた。

南の伝馬新田の地は鳴海の要池から用水を引いていたので要町と命名。また新田が天白川に沿っていたので天白町と名を残している。

改名される地名にも昔を偲ぶ名がほしいものだ。

（池田陸介・郷土史家）

## 南区の地名 ㉖

### 八左衛門新田（はちざえもんしんでん）

この位置は現在南野二・三丁目と三井東圧化学工場が入り、ほぼ中央を南北に国道二十三号名四国道が走っている。

南野村庄屋福井八左衛門は塩田による塩生産に見切りをつけ、正徳六年（一七一六）新田開発を行った。工法を大高村山口源兵衛に学び、知多の黒鍬と呼ばれる人たちで工事が行われた。開発後に度重なる高潮のため借金が増え、妻子を新田小屋に残して海部郡あたりで作男として生涯を終えたと伝えられている。星崎一丁目常徳寺に八左衛門の娘が父のために建てた墓碑がある。また大正三年（一九一四）村人は『福井八左衛門先祖代々供養塔』を元弘法堂前に建ててその遺徳をしのんでいる。

（池田陸介・郷土史家）

南区の地名 ㉗

## 源兵衛新田（げんべえしんでん）

この位置は天白川沿いの源兵衛町から北へ三吉町・鳴浜町・松下町まで入る。

知多郡大高村庄屋、山口源兵衛が堀川の運上権を持つ材木商、神戸分左衛門の資金援助を得て宝暦三年（一七〇六）完成させた。新田内の須佐之男社に当時植えたイチョウの大木が立っている。源兵衛は新田へ用水を通すため大高村へ源兵衛池、清水池、蛇池を造って天白川底へ伏越し工事をしている。

山口家は周防国（山口県）出身で山口修理盛年は星崎城主であった。山口源兵衛家は秀吉の頃大高の代官庄屋となり、代々大高村の庄屋を務めて来た。なお本殿左側に約九〇㌢の力石があり「源兵ヱ新田村方・二矢之□」と刻まれている。

（池田陸介・郷土史家）

南区の地名 ㉘

## 又兵衛新田（またべえしんでん）

山崎川が南から西へ大きく流れを変える南側一帯を又兵衛新田といい、現在の東又兵ヱ町である。西側には又兵衛新々田があり、ここを西又兵ヱ町という。

前者は正徳五年（一七一五）、後者は寛延二年（一七四九）共に笠寺村土豪・加藤又兵衛勝貞により開築された。新田当時の名残りは稲荷社境内のクスの大樹と手洗石に見られ、東又兵ヱ町四丁目にある。昭和六十年まで東又兵ヱ町一丁目の畑地・又兵衛屋敷跡に、径が六十㌢余もある石垣の石が見られたが今はない。

現在東又兵ヱ町一帯は巨大な円形ドームの総合体育館を中心に県建設技術研究所・県立名古屋南高等学校・市の南社会教育センター・南保健所等がある。

（池田陸介　郷土史家）

南区の地名 ㉙

## 忠治新田（ちゅうじしんでん）

山崎川を横切る東海道新幹線の下に忠次橋がある。そこから西へ戸部下・道徳・忠治新田の三新田が接する三新通が延びる。その三新通から南へ通ずる元文通（山崎川に架かる豊生橋へ抜ける道）を狭んで東に山崎下水処理場、西へ山崎汚泥処理場が並んでいる処が忠治新田であった。

この新田は享保十二年（一七二七）熱田神宮神官田島肥後が開発に失敗し、熱田田中町の井上忠次郎が完成させた。忠次郎の忠次が町・橋名に残って新田名は忠治である。新田内には新田を譲渡された滝定助・春日井丈右衛門と、小作人六十人の名が刻まれた献燈が忠治神社にある。また山崎川右岸下の井上忠次郎屋敷跡に石垣が残っている。

（池田陸介　郷土史家）

南区の地名 ㉚

## 氷室新田（ひむろしんでん）

安政三年（一八五六）名古屋若宮八幡社神主・氷室長冬は藩に願い出て東西に一・五㌔、幅約百㍍の旧山崎川跡へ新田を築いた。山崎川の流れを変えてつくったので瀬違新田ともいった。川底を新田化したため水田耕作に難儀し、免税期間が四十年も許されたという。

昭和五十年頃まで新田堤防跡は道徳北町一、二、三丁目付近に竹薮として残っていたが、今は若宮八幡社のみとなった。この境内には「氷室長冬開墾の地」の碑が建ち、十人の協力者の名が刻まれている。

新田の位置は山崎川の新祐竹橋から西へ国道247号線（旧知多街道）を横切り、南西に氷室町から南陽通りにかけた幅百㍍程の細長い場所である。

（池田陸介・郷土史家）

南区の地名 ㉛

## 紀左衛門新田（きざえもんしんでん）

新田の位置は旧知多街道・南陽通りがほぼ南北に走り、中央を東海道新幹線により東西に横切られている。

宝暦四年（一七五四）熱田の豪族加藤紀左衛門により開築され、文化の頃、戸数十五・人口七十七の記録がある。新田名を堀川に架かる紀左衛門橋・紀左ヱ門通・紀左衛門神社に残している。この神社はもと神明社といい、天照大神を祭神として境内に津島社（疫病の神）、秋葉社（火の神）、稲荷社（稲の神）、塩釜社（安産の神）等を祭っている。また鳥居東のお堂には役行者（えんのぎょうじゃ）、庚申塚（こうしんづか）、青峯観音、白竜大明神の碑等が並び、新田の人々の信仰を今に伝えている。

（池田陸介・郷土史家）

南区の地名 ㉜

## 戸部下新田（とべしたしんでん）

山崎川の西、豊田・戸部下町にひろがる。この新田は元禄十一年（一六九八）着手したが開築に難儀を重ね享保十三年（一七二八）完成している。別名祐竹新田と呼ばれ、現在新祐竹橋、祐竹通にその名を残す。

江戸時代の絵図に広い範囲「御川」とあり、徳川の殿様がカモ猟に来られた場所と知られている。尾張絢行記には「元御留川」（禁猟区）とある。また第二次大戦で焼失した民家が葵の紋入りの屋敷であったことも伝えられている。なお旧祐竹橋たもとで「郷倉」が大正の頃まで年貢米の倉庫として使われていた。新田北に戸部下神明社があり、末社津島社は江戸時代〝はやり病〟が流行した時に勧請（かんじょう）したといわれている。

（池田陸介・郷土史家）

## 南区の地名 ㉝

### 道徳新田（どうとくしんでん）

この位置は国道二四七号線の東、御替地町、豊田町にひろがる。南に日清紡績、公害研究所があり、山崎川に接している。

寛保一年（一七四一）東西四百㍍・南北一㌔㍍に尾張藩が開築した。この新田を御替地新田ともいう。それは天白川下流の天白古川新田を取りつぶし、名古屋赤塚町渡辺嘉兵衛にこの地を譲り渡したからである。文化九年（一八一二）道徳新田に名を改めた。新田北に土地守護の神明社、別名御替地神社がある。古い時代を示す太いクスの木が茂り、円空作の竜神像が荒子観音より迎えられ竜神社（水）にある。他に秋葉社（火）、津島社（疫）、池鯉鮒社（田の虫）、稲荷・熱田社（豊作）の神々も祭られている。

（池田陸介・郷土史家）

## 南区の地名 ㉞

### 道徳前新田（どうとくまえしんでん）

道徳新田の西、海側に出来たので道徳前新田という。東西を国道二四七号線（旧知多街道）と南陽通、南北を山崎川と道徳北町に囲まれる。面積百二十㌶、南区第一の新田で小中学校の運動場が百余りも入る。

文化十四年（一八一七）海西郡塩田村鷲尾善吉の開築によるが、後に尾張藩御小納戸（徳川家）所有になり、大正十四年（一九二五）一般に開放された。電気王と呼ばれた松永安左ヱ門、福沢桃介等が名古屋桟橋倉庫を設立して道徳の地を開発した。

昭和の初め、現大江中学校、道徳公園付近に牧野映画撮影所、乗馬練習所、ボクシングジム等があり、人工の観音山に道徳観音も設けられ伊勢湾が展望できた。（池田陸介　郷土史家）

## 南区の地名 ㉟

### 加福新田（かふくしんでん）

名鉄常滑線大江駅の西側で三井木材、港木材倉庫ゴルフ場、貯木場一帯をいう。

天保四年（一八三三）高潮で新田堤が決壊し、アシカが入り近郷の人々が見物におしかけた。後日漁師により捕らえられ、大須の見せ物小屋へ渡されたが間もなく死ぬと記録にある。クジラ（熱田魚市場）、オットセイ（大江駅）の骨が発見されていることから、江戸時代伊勢湾で海の哺乳動物が見られたようだ。

この新田は文政十二年（一八二九）名古屋商人井筒屋伊助、川崎屋藤助等により開築されたが、度重なる災害にあい、やっと天保六年（一八三五）内田忠蔵により完成した。明治十三年（一八八〇）再築される。当栄・加福新田の名を残す。

（池田陸介　郷土史家）

## 南区の地名 ㊱

### 水袋新田（みずぶくろしんでん）

この位置は港東通、大江川緑地に挟まれ、北から北頭、中割、堤起、神松町が入る。ほぼ中央を東西に名古屋臨海鉄道が走る。

享保十年（一七二五）本地村庄屋中村弥次右衛門がこの新田約二十一町歩を開築した。弥次右衛門は東の弥次右衛門（単に弥次衛ともいう）新田も開き、享保十八年善住寺（現笠寺小西）本堂を再建、墓は五百石以上の武士の墓と同格といわれる。また当地産の前浜塩を有名にした。江戸時代の絵図に、大江川通り堤防上に大松が描かれ、その下に加霊松神社の絵がある。また現港東通に樋木江という海へ通ずる水路がある。

さらに昭和四十三年土地条件図では北頭、堤起町に約三㌃ずつの水田跡もみられる。

（池田陸介・郷土史家）

## 南区の地名 37

### 北柴田新田（きたしばたしんでん）

この位置は東が柴田本通、西は名古屋臨海鉄道に囲まれ、北から南へ白水、元柴田西、元柴田東町が入り、千鳥橋の西に鳴尾町の一部が入る。北柴田新田は天白川を隔てた南柴田新田（現東海市）と共に名和村庄屋小島庄助らが開築し、後に納屋町柴田屋新兵衛に引き継がれたといわれる。

弘化四年（一八四七）の絵図に南北新田共、宝暦四年（一七五四）開築とある。この絵図には稲荷大明神（現稲荷社）、人家七戸、天白川底から南柴田新田へ用水をおくる伏越、扇川中堤防にかかっている念仏橋、樋門（白水公園内に明治三十八年築造の樋門があった）などが描かれている。前記扇川中堤防は昭和六十年からの工事で取り除かれ、千鳥橋東の宮本造船所もなくなった。

（池田陸介・郷土史家）

## 南区の地名 38

### 宝生新田（ほうしょうしんでん）

この新田は水袋新田の西側に寛政五年（一七九三）開築された。北は港東通り、南は大江川緑地、西は名鉄常滑・河和線に囲まれ、ほぼ中央を南北に国道二四七号線（知多街道）が通っている。

天保十二年（一八四一）尾張藩へ御蔵入する時、庄屋庄左衛門から代官所へ出された絵地図によると、新田は用水路により北から笠寺村分、本地村分、南野村分に三分されている。氏神の神明社は笠寺村分の北西部にあり、昭和十四年に宝生町三丁目、宝生公園の北に移されている。

明治四十五年（一九一二）伝馬町―大野町間に開通した愛知電鉄（現名鉄）は当時は単線で新田内には星崎駅があった。

（池田陸介・郷土史家）

## 南区の地名 ㊴

### 大江新田（おおえしんでん）

現在地は北を大江川、東が名鉄常滑・河和線から国道247号、西は港区との境界線で名古屋臨海鉄道、南が滝春橋の掛かる水路に囲まれる。大部分が滝春町で大同機械、中部電力社宅、三井東圧社宅、大同工業大学がある。

文化三年（一八〇六）菱屋太兵衛が開発し大江新田としたが、名古屋石町の善右衛門が譲り受けて俊広新田とする。この新田は塩害で難儀をし、江戸期の絵図には十五本の汐貫用水路がある。徇行記には「瓜を作り売り出す」とある。

名鉄大同駅の東に明治四十年阿千輪兼吉笠寺漁業組合理事長の碑があり、名産あゆち海苔の産地を示す。

（池田陸介・郷土史家）

## 南区の地名 ㊵

### 明治新田（めいじしんでん）

堀川と新堀川の分岐点付近より南、明治一丁目一帯を明治新田といった。ここは明治十一年（一八七八）小見山峰法により開築された。海側は熱田から山崎、天白川口あたりまで泥・砂礫のため、はいがい・かき・ちんめ（さるぼう）の繁殖場として知られていた。また明治四十年から海苔の養殖もはじまり、昭和十三年には生産額が全国一。

明治新田内には愛知県水産試験場が明治三十五年に設立され、ぼら・こい・うなぎ・すっぽんの養魚池もあった。

明治四十三年堀川沿いに熱田電気軌道線が神戸橋東と東築地間二・四キロ通ったが昭和十五年廃止された。

（池田陸介・郷土史家）

## 南区の地名 41

### 本城町（ほんじょうちょう）

本城は星崎城を言い、戦国時代名古屋南部から知多半島北部を代表する城であった。城に関した地名は、明治初年の字図に羽城・城下・城・柵下・本城・堀割・町とみられる。また現在の地図にも本城町・本城・堀割・町・城下町が残っている。

戦国時代には笠寺台地上には十の城があった。北から①山崎城（安泰寺）②新屋敷西城（医王寺）③鳥栖町（成道寺）④桜大地掛北城（桜小東へ百五十㍍）⑤桜中村城（東宝寺東二百㍍）⑥戸部一色城（本笠寺駅北百五十㍍）⑦戸部城（岡田病院）⑧市場城（七所神社東二百㍍）⑨寺部城（七所神社北百㍍）⑩星崎城（笠寺小）である。カッコ内は現在地

（池田陸介・郷土史家）

## 南区の地名 42

### 鳴尾町（なるおちょう）

明治十一年（一八七八）天白川右岸に並ぶ牛毛荒井村・丹後江新田・伝馬新田・源兵衛新田・北柴田新田・柴田屋新田・神徳新田を合併して鳴尾村と呼んだ。

明治三十九年、笠寺村・星崎村・鳴尾村が笠寺村に統一され、大正十年、名古屋市に編入し南区鳴尾町が生まれた。現在、鳴尾町名は白水小学校の北、千鳥橋の西、天白川の河原の三カ所に残されている。また元鳴尾町・鳴尾一・二丁目もある。

鳴尾のおこりは桶狭間合戦時、今川方が天白川堤防上の鳴尾松付近に上陸したと伝えることからだ。鳴尾公園に元禄期の木因作「此松に鳴の名はあり蝉の声」の句碑がある。

（郷土史家・池田陸介）

## 南区の地名 ㊸

### 滝春町（たきはるちょう）

名鉄常滑・河和線大同駅の西側、中部電力社宅、大同機械・三井東圧社宅、大同工業大学一帯を滝春町という。

明治初年の大江新田村図は東から上ノ切・中ノ切・下ノ切に分けられ、ほぼ下ノ切の部分が、昭和二十四年滝春町になった。

明治の笠寺村役場の記録に「星崎村大字星崎地内海面貳町七反七畝歩ヲ笠寺村大字星崎ノ地域内へ編入セントス……所有者春日井丈右衛門・滝定助他一名、明治三十九年」が残されている。また忠治新田稲荷社にも春日井丈右衛門・滝定助献灯籠が見られる。滝春町名は滝定助・春日井丈右衛門の頭文字をとったと思う。

（郷土史家　池田陸介）

## 南区の地名 ㊹

### 田古屋（たこや）

田古屋の地名がないのに現在も笠寺学区には田古屋通学団・田古屋公民会があり、祭りの山車に宮元田古屋が見られるがなぜか。

次に挙げる田古屋が残っていた。❶善住寺北共同墓地仏像に、元禄七甲戌十月十五日念仏同行廿六人・本地村内多古屋。❷同墓地大正六年春諸虫群霊供養塔、田古屋十四講中の石柱。❸田古屋山車蔵。❹尾張徇行記本地村一、此村ハ一村立ノ所ニテ四組ニ分ル上ハ迫間・田古屋・町組・大道組ト云フナリ。❺明治十五年愛知県郡町村字名調、本星崎村に田古屋先、現道全町四丁目で田古屋の西隣。古い地名で田小屋と同義語か。

（池田陸介・郷土史家）

## 南区の地名 ㊺

### 曲輪（くるわ）

中世から近世にかけて山崎・戸部・笠寺・本地・南野・荒井・牛毛の星崎七か村に百町歩余（約百㌶）の塩田があった。そこは堤防で囲んだ入浜式塩田で曲輪と呼んでいた。

明治十五年愛知県郡町村字名調と、南区字図に諸輪・諸輪一ノ割・二ノ割・三ノ割・四ノ割が、塩屋町三、四、五丁目と千竈通四、五、六丁目にあった。また松池町一、二、三丁目と、松城町一、二丁目に上六曲輪、下大曲輪、小曲輪。弥次ヱ町四、五丁目、浜田町四丁目に小曲輪、甚左曲輪がみられた。現在の立脇町も水野帯刀の帯刀曲輪の名残である。曲輪の地名は廓（くるわ）の悪所観から消えたようだ。

（池田陸介・郷土史家）

## 南区の地名 ㊻

### 釜塚（かまづか）

新瑞橋バスターミナルから山崎川を隔てて釜塚の地名が残っている。明治初年の字図には釜塚・富士塚（新屋敷村）・姥子塚・茶塚・愛知塚（戸部村）・申塚（牛毛村）の字名がある。一部土を高く盛り上げて築いた塚は大正の頃まで残存していたようだ。現在旧東海道の道程を示す笠寺一里塚は東海道筋に今もある。

現在でも塚のつく地名は全国に多く見られ、南区だけでも釜塚（山崎村）・桜木ツカ（新屋敷村）・弥太郎塚・三基の姥子塚・山口墓と申伝候五塚有之名無（戸部村）・仙人塚（桜村）と十二の塚が江戸時代絵図に残っている。

これらの塚は中世の有力者の墓で、塚名が地名となったものだ。

（池田陸介・郷土史家）

## 南区の地名 47

### 一色（いっしき）

戦国時代の戸部一色城主愛智助右衛門吉清を一色愛智入道とも呼び、一色の地名と関係があるようだ。一色氏は足利尊氏支族一色範氏から室町幕府の要職にあり、三河・尾張には『一色』の地名が多い。

笠寺観音文書には建長二年（一二五五）北一色・文安三年（一四四六）星崎一色・文明十五年（一四八三）一色愛智があり、一色と笠寺観音の関係が見られる。

寛政五年（一七九三）絵図に戸部村字一色、天保十二年（一八四一）には笠寺村字一色とある。明治十七年調べの字名と地籍図には東海道の東に戸部一色城跡、その東へ字愛智塚、字西一色、字東一色と並んでいる。その他は笠寺観音北西桜本町・西桜東に位置する。

（池田陸介・郷土史家）

## 南区の地名 48

### 甚徳新田（じんとくしんでん）

文化十一年（一八一四）北柴田新田の西へ柴田前新田が、二十六町一反歩（約二十六㌶）名和村庄屋小島庄助・柴田新田庄屋久米蔵らにより築造された。後に甚徳・神徳新田と改められた。弘化四年（一八四七）庄屋庄右衛門により天白川沿い畑地に十戸の家と甚徳神社・墓地が描かれている。この新田が安政二年の高汐で水没し「甚徳越し」と呼ばれ、被害にあった人々が北柴田・源兵衛新田へ入村している。

昭和三年、埋め立てられて八号地になり港区船見町となっている。昭和二十四年、牛毛神社に合祀されていた神徳神社は元へ戻された。伊勢湾台風の被害地、貯木場があった所だ。

（池田陸介　郷土史家）

## 南区の地名 ㊾

### 南陽通（なんようどおり）

南区の西端に当たり、北は新堀川の内田橋から、南は山崎川右岸の七条町に至る通りをいう。明治四十三年（一九一〇）道徳前新田の海側に埋立地五号地が完成した。その時、山崎川の川口北岸に山田才吉翁が木造五階建の料亭南陽館、教育水族館を設立した。また新堀川の神戸橋から堀川沿いに東築地まで熱田電気軌道線が引かれた。その為『南陽館』は広く知れ渡った。昭和十五年内田橋―『南陽通』八丁目間を市電が開通した。

南区には新田名を付けた丹後通・祐竹通（戸部下の別名）・加福本通・道徳通・柴田本通・三新通（忠治・道徳・戸部下の三新田）等がある。

（池田陸介・郷土史家）

## 南区の地名 ㊿

### おわりに

地名は人間が集まり住み着いたところにつけたものですと始めた『南区の地名』も今回で終えます。

『太平記』に登場する一色右馬之助の一色が戸部一色・笠寺の一色に関係するのか。（注）昭和六十二年山崎川に架けられた豊生橋は新しく生まれたものです。『南区の地名』は南区の歴史を教えてくれます。

現在私たちは地下に先祖の残した遺跡があるとわかると、それを保護活用する『文化財保護法』という法律を持っています。また遺跡を壊さなければならない時は法に基づいて調査記録され市民に知らされます。地名もかくありたく、大切にされたいものです。

（池田陸介・郷土史家）

（注）荘園時代、公事《くじ》を免除され、年貢だけを出す田地を「一色田」とも言っている

# ふるさと散歩

# 南区

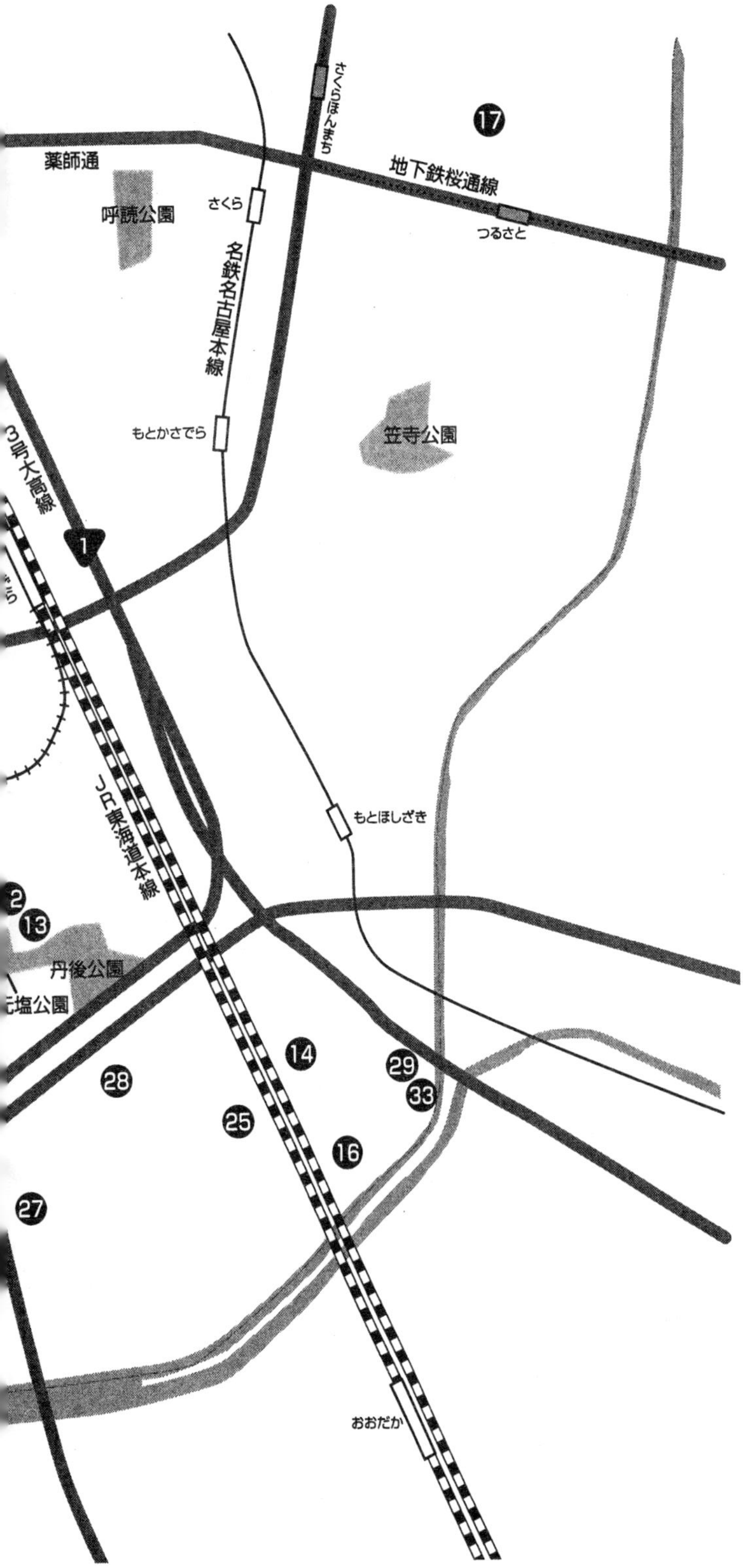


もくじ　南医療生活協同組合「健康の友」ふるさと散歩より

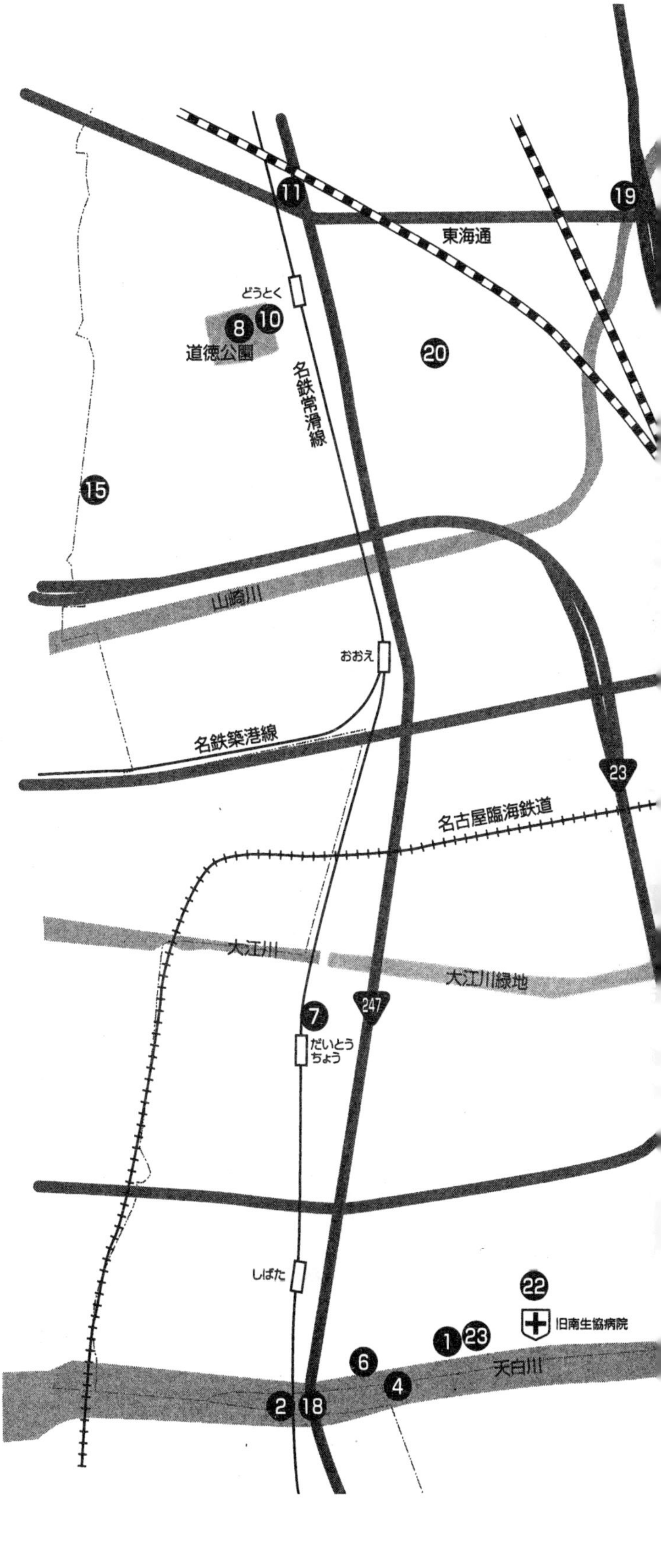
11
19
東海通
どうとく
8
10
道徳公園
20
名鉄常滑線
15
山崎川
おおえ
名鉄築港線
23
名古屋臨海鉄道
大江川
大江川緑地
247
7
だいとう
ちょう
しばた
22
旧南生協病院
1
23
6
天白川
4
2
18

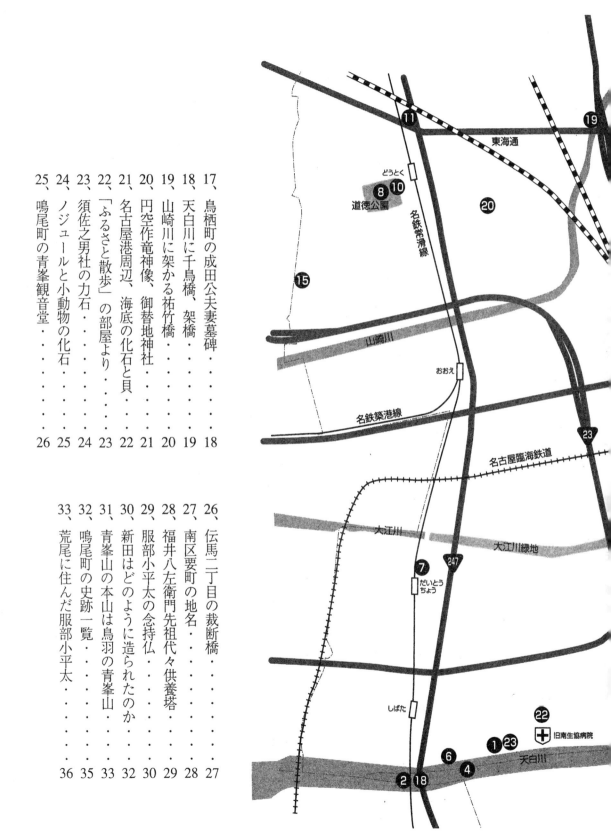

①　02年3月号

# 源兵衛新田奉願御新田境図

下図は、源兵衛新田（1706年完成）を造る時、尾張藩へ出す願書に添えたものです。その東の馬持《うまもち》新田は馬《ま》新田ともいい、鳴海宿《しゅく》助成のための新田です。この二つの新田の上に、南生協病院は建っています。

※用語・記号　本田は新田より古い田。新田は海岸州を干拓《かんたく》して造った田。塩浜＝入浜式塩田をいう。呼続から荒井牛毛で尾張国の大部分の塩を作った。

≡＝葭《よし》が茂った海岸。江筋《えすじ》は海水が入った入江で湊でもあった。

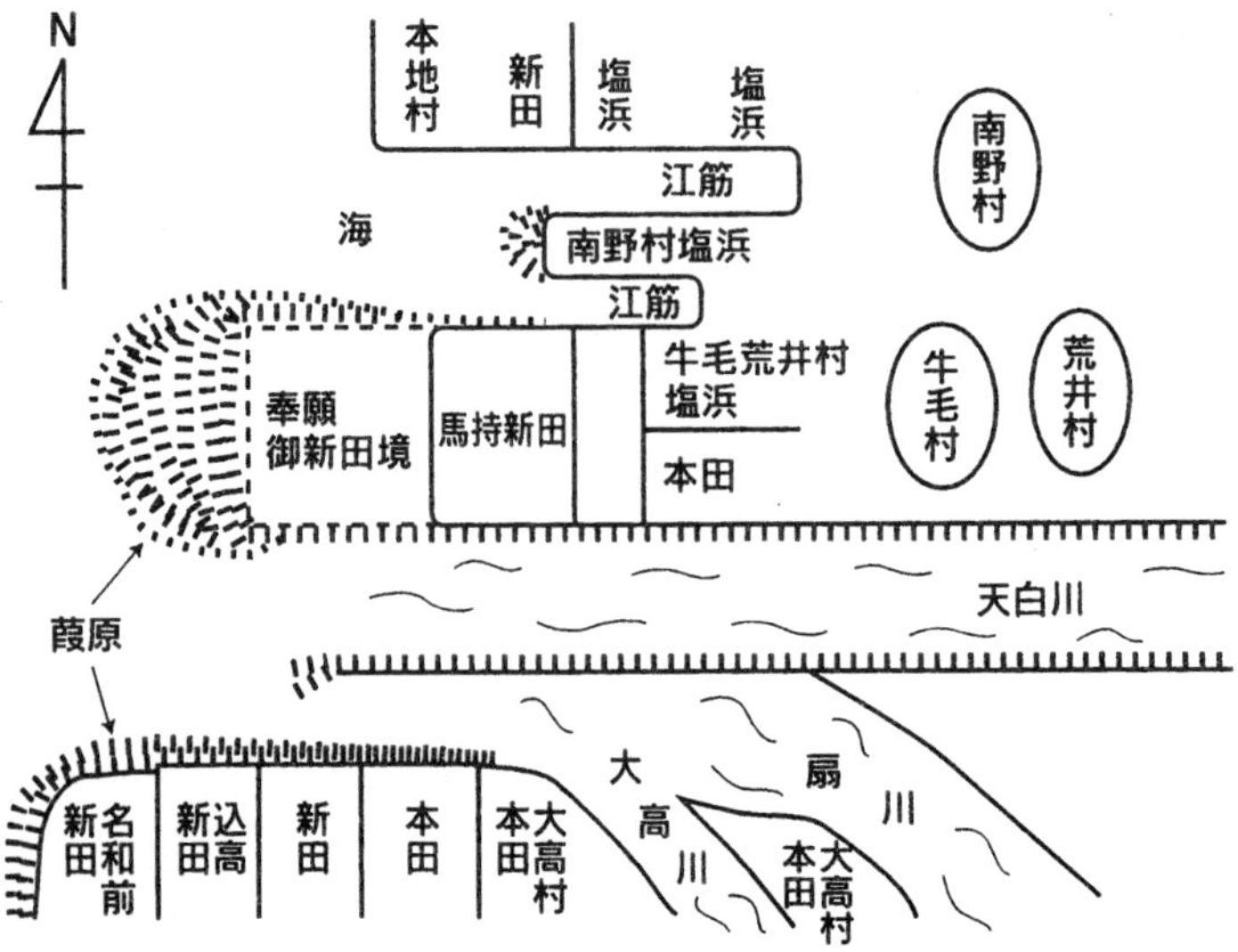

# ② 02年9月号 天白川橋梁を渡る愛電（現名鉄）の電車

天白川橋梁を渡る　写真は、1912（明治45）年開通当時のものです。松坂屋（当時いとう呉服店）の広告が入った、愛知電気鉄道株式会社の「電車発着時間表からーを取りました。

駅名　伝馬・道徳・星寄《ほしざき》・名和村・加家・大田川・尾張横須賀・寺本・古見・日長・新舞子・大野町。

片道賃金　伝馬から道徳まで三銭、星崎《ほしざき》八銭、名和村十銭…新舞子三十一銭、大野町三十三銭（当時そば三銭、小学校教員十円から十二円、はがき一銭五厘。）

始発時間午前六時、大野着は七時三分。終発時間は午後八時四十分。

写真、愛電木橋のうしろの木橋は1897（明治30）年、天白川に架橋されたものです。

# ③ 02年10月号 庄内川川口の「永徳スリップ」

第二次大戦中、**愛知航空機**永徳工場で製作された海軍の水上飛行機が、おろされた場所が永徳スリップです。

水上偵察機「瑞雲《ずいうん》」、特殊攻撃機「晴嵐《せいらん》」は舟の形をしたフロートをつけた水上飛行機でした。

「晴嵐」は大型潜水艦へ乗せられて、パナマ運河攻撃用につくられた特攻飛行機でした。

永徳スリップは残っており、幅三一メートル・長さ七〇メートル。中央線を示す白い石が海に向って一列に並んでいます。最近、堤防修理のため取り壊わしの話が出ていますが、珍しい戦争遺跡として、残す努力がほしいものです。うしろは稲永スポーツセンターです。

④ 03年3月号

# 今はない扇川の木橋

昭和10年（1935）の頃、扇川の木橋（下の写真）の上を、トロッコ列車が走って源兵衛新田・八左エ門新田等を、現東海市名和の山土で埋めました。現在の源兵衛町から三吉町を経て、松下町星崎町あたりまで。三井化学・大同製鋼もそのお陰げで建設されました。

当時標高四十㍍の山が、つるはし・すきでくずされトロッコ列車で、一二㌖から三㌖のところを運ばれたのです。今から思えば気の遠くなるような話です。

作業場址（現名和中学北）には、事業を担当した柴田の安井さんが『安名稲荷社』を建立しました。扇川の木橋は、名和と柴田・鳴尾の地を結んだ橋です。

扇川、込高新田、源兵衛新田をつなぐ木橋。昭和10年頃つくられ、昭和50年頃まで残っていたが、扇川改修工事（平成）で壊された。昭和50年の写真（池田）

⑤ 03年 5月号

# 日本最初の教育水族館 港区竜宮町に

昭和2（1927）年東海市聚楽園に大仏殿を建立した山田才吉翁は、明治43（1910）年、港区竜宮町に名古屋教育水族館と旅館南陽館を開設しております。

そのため、熱田の内田橋から東築地へ、堀川沿いに二・四㌔の電車を走らせました。一年目は約四十五万人の入場者があったといいます。

後、大正元（1912）年の台風と高潮で建物は倒壊し、大正9（1920）年、現東築地小学校の地に二つの建物は再建されました。魚類は千三百点。入場料は大人十銭、小人五銭。名古屋だけでなく、県内各地から多くの人々を集めました。

昭和10（1935）年、知多半島新舞子の東京大学付属水族館へ、魚類は贈られたそうです。

名古屋教育水族館　本館正面

⑥ 03年6月号

# 千鳥橋北の「宮本造船所」

天白川下流の右岸、千鳥橋北に、昭和50年（1975）頃まで、宮本造船所がありました。

私が見た宮本造船所は、工場内は艀船《はしけ》が上げられて、溶接の火花でいつも活気がありました。

この艀船は、昭和30年（1955）代には名古屋港一帯で活躍し、貨物船と桟橋を往き来して荷を運んでいました。

その仕事がコンテナ船に移り、現在では二十八隻に減り、宮本造船所は役割を終えたのです。

3月号のふるさと散歩⑫「今はない扇川の木橋」は、「トロッコが通ったのでなく、込高新田堤防から天白川を横切る橋で、場所は現在の愛知県工業用水管を渡す橋です。」という投書を頂きました。ありがとうございました。

天白川・川岸上の宮本造船所
ポンポン船と泥船

⑦ 03年7月号

# 阿千輪兼吉之碑《あちわかねきちのひ》

大同町三丁目・名鉄大同駅東側・神明社境内にこの碑はあります。

表には「興業・笠寺漁業組合・愛知県知事・小幡豊次書」の刻字が見られます。裏側―中程右すみに「昭和三年（一九二八）三月建立」の文字が読み取れます。他の字は、石質が黒と白のまだら色で、刻みが浅い為か殆んど読めないのが残念です。

「愛知県水産試験場六拾年史」に依れば、大正11年（1922）この地の「あゆち海苔」養殖は、その産額・品質とも全国に知られ、その名は有名になりました。

阿千輪兼吉は、明治40年（1907）以来、組合の代表として海苔養殖事業に活躍したが、現在の海苔生産は、知多半島先端部へ押しやられています。

桜井克郎　絵　高さ　260㎝

## ⑧ 03年8月号 道徳公園のクジラ

現在の道徳は、尾張徳川家の土地でしたが、大正14年（1925）に福沢桃介・下出民義さんらがつくった名古屋桟橋倉庫へ売り渡されました。その後、道徳は区画整理され道徳公園に、クジラ池とクジラが造られました。

数年前に、名古屋港・堀川へシャチが入って来て、大勢の人が集って大歓迎しました。伊勢湾にはオットセイ・アシカ・クジラ等が入って来ており、江戸時代に捕鯨船が活躍したという記録も残っています。道徳公園のシンボル、クジラを造った人は、道徳の人、**後藤鍬五郎**さんです。この人は聚楽園の大仏や長浦のタコも造ったえらい人です。このクジラは道徳は海だったことを現在、将来に伝える大切な文化財です。みんなで守ってください。

⑨ 03年9月号

# 名古屋港を建設した奥田助七郎

熱田の沖、遠浅の泥海を現在のように日本一の大貿易港に造り上げたのは奥田助七郎さんです。

名古屋港は、名古屋市・東海市・知多市・飛島村・弥富町に拡がり、名古屋市の面積の三分の一もあります。

港の機能を果たすには、船が往来する水路そして港湾内で、船を横づけして旅客の乗降や貨物の揚げ下ろしをする埠頭《ふとう》が必要です。

この埠頭の護岸を安く強固に造るために、奥田助七郎さんは、服部長七さんの人造石工法を採り入れました。

写真は、堀川河口の人造石堤防です。これは割石と割石（花崗岩）を石灰・種土（ねん土）・砂で固めたもので、人造石と呼んでいます。

名古屋港の堤防は、助七郎・長七さんの合作と言えます。

下は人造石堤防の一部。

⑩ 03年11月号

# 南区最大の新田を切り開いた 道徳前新田の人々（2）

道徳公園北側に高さ二一〇センチの台座上に、安山岩の大きな「文政4年（1821）鷲尾善吉翁頌徳碑」があります。寛政4年（1792）海西郡塩田村（現八開村）の善吉さんが自費で新田を開築したが、度重なる風水害の為修復が出来ず尾張藩徳川家の御小納戸に差し出しました。また、その後の災害でも農民は、海草や魚貝類を食糧として苦難を乗り切りました。特に明治22年（1889）熱田から知多半島五十余町村は水没したが、道徳前新田のみ難を逃れ、大きな島の様に残されたと伝えられています。災害記録は昭和34年（1959）の伊勢湾台風まで、十数回を数え海側新田を護ることが如何に大変だったか、それを語っています。

この地へ入植した人々を挙げます。堀川下流の牛立村より大矢（4戸）・福島・鬼頭。笠寺・本地・南野村より水野・二村（2戸）・小島（2戸）・稲葉・鶴田（2戸）・成田・久野・荒川。大高村より服部・浅井・山口・荒川。津島町付近より渡辺・安井（2戸）・横井・佐野・中野・山田。荒子村より安井。道徳新田より坂野・中井。佐屋村市江より見田。西尾村より小川。鳴海村より浅野。丸米村（現中川区）より森。船渡場より森。富田村より竹内。熱田新田より鬼頭・安藤等の人々で、子孫の方々は道徳に住んでおられます。
先祖の氏名は碑の裏に刻字してあります。

堤防上にあった「徳川地境」の石柱
大矢輝浩氏宅

道徳橋より東を望む（昭和42年）

# 氷室長冬と協力者を刻んだ氷室新田碑（3）

安政3年（1856）名古屋若宮八幡社神主氷室長冬は、藩に願い出て東西一・五キロメートル、幅数十メートルの細長い旧山崎川跡（紀左衛門通）へ新田を築きました。その協力者は加藤金右衛門（山崎村）佐野文吉（飛島村）神田周右衛門（不）不阿部吉助（十四山村）大矢柳蔵（道徳前新田）伊藤善七（立田村）渡辺善次郎（立田村）鬼頭半左衛門（不）不佐野伊兵衛（飛島村）鬼頭善九郎（中島村）の十名で、玄武岩の碑に刻字してあります。

この新田は川跡を水田化した為、大変難儀をし税が免除される鍬下年季が、約四十年も許されました。

碑のある氷室若宮八幡社は旧堤防上約三百㎡あり、碑の建立は明治37年（1904）南区では最も古い時期のものです。境内には昭和9年（1934）の鳥居・常夜燈・手洗石・狛犬・社標（村社）があり、高さ十メートル余のムクノキが繁っています。

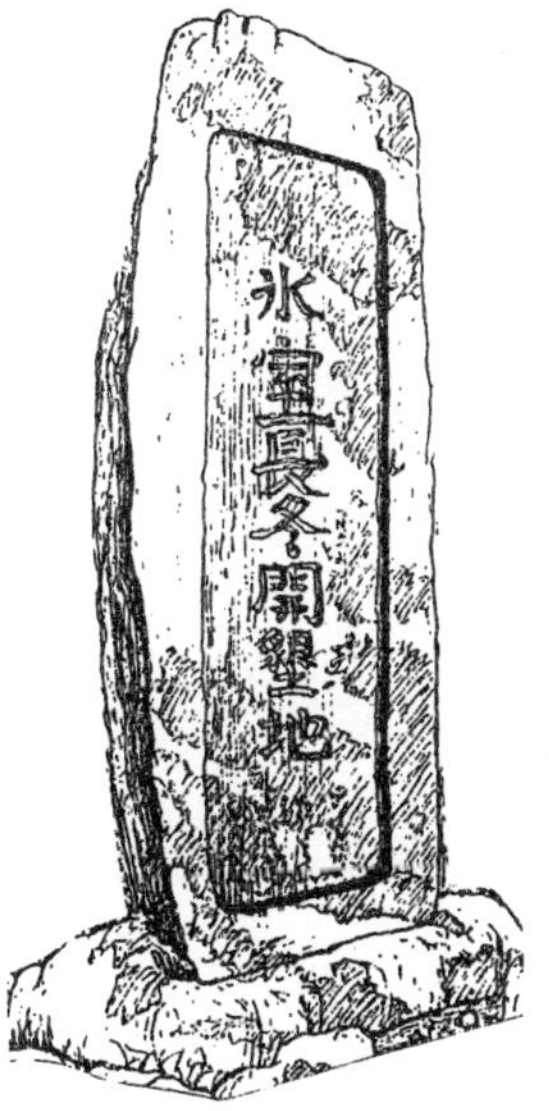


桜井克郎絵　高さ280㎝
市バス停「氷室」すぐ西

⑫ 04年1月号

# 南区の先祖が生産した尾張の塩 ①

荒井（元鳴尾町旧名）永井家の塩倉を出発した星崎の塩は、南野・星崎・笠寺・戸部・山崎の村々を塩付街道で、中山道・瀬戸街道・飯田街道を経て信州方面へ送られ広範囲の人々に役立ちました。

『十六夜《いざよい》日記』弘安3（1280）頃に塩を作った呼続浜辺りを描き、『夫木《ふき》和歌集』は延暦3（784）に鳴海潟の塩釜を歌っています。元禄4（1691）オランダ商館員・ケンペルが紀行文に「笠寺の浜辺に塩釜を所々に散見した」と、数百年にわたり続けられて来た塩作りの風景が示されています。

特に江戸時代の『尾張名所図会』の星崎の絵、『尾張徇行記』の記録は、昭和26（1951）年3月と12月に、星崎塩浜資料保存会三十四名の応援を得て、三渡俊一郎・荒川泰市・伊藤鈔伍・大江中学歴史クラブ・池田陸介が水田の下に残る、塩田塩釜に科学の眼で証明しました。次回で塩田、塩釜に働く人々を取り上げます。

『尾張名所図会』
「星崎」塩焼き小屋・働く人々

# ⑬ 04年2月号 塩田・塩釜・働く人 尾張の塩（南区）②

入浜式塩田は、粘土まじりの砂で地盤を固めて、その上へこまかい砂をまく。満潮時には、水門の堤防から海水を導き入れ次第に地盤にしみこませ上の砂まで上って来て、塩の結晶をつくる。一日か三日目位に砂をかき集め沼井《ぬい》に入れ、濃い海水をとる。

この濃い海水を、塩焼小屋内の塩釜（石釜）へ入れて煮詰めると塩が出来る。

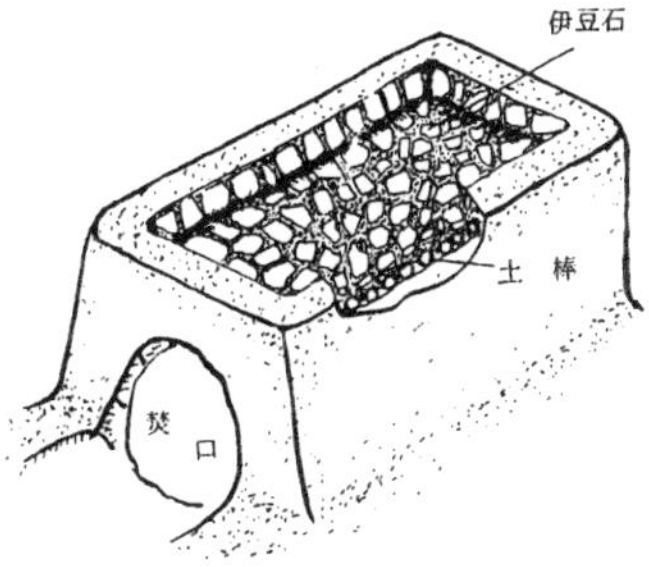

石釜

塩田で働く人は棟《とう》梁《りょう》（親方）・浜子《はまこ》2人・寄子《よせこ》4・5人・浜子は専門の職人、寄子は作業の手伝い。写真参照。1956・岩波写真文庫193より。

ふるさと散歩22の『尾張名所図会』の絵をごらんください。

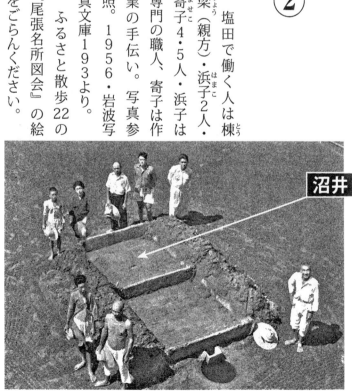

## ⑭ 04年 4月号 南野隕石《いんせき》　星崎一丁目喚続《よびつぎ》神社

右下の絵は「星降て石となる」で、南野の塩浜にいた人々の驚いたようすが描かれています。

喚続神社

寛永9年（1632）9月27日（旧暦8月14日）午前0時頃、村瀬六兵衛ら数人の人々が塩を焼いていた時の出来事です。突然ものすごい音がして、赤熱した隕石が落ちてきたのです。里人の一人が鉈《なた》を投げつけました。

この隕石は、塩田庄屋村瀬家にありましたが、文政12年（1829）喚続神社の社宝として保管されて来ました。

**写真**・三方《さんぽう》の上が隕石で一・〇四㌔あり、昭和51年（1976）村山定男さん（国立博物館）により鑑定され、当時は日本最古でしたが、現在は日本で二番目に古い隕石です。

（資料）

（一）『喚続神社とその周辺』

（二）『南区郷土文化写真集』

（三）加納誠さん『自然科学と博物館』―No.４特集隕石。

尾張名所図会

⑮ 04年5月号

# 南陽通六丁目 浅野吉次郎《あさのきちじろう》の銅像

1859（安政6）年生れの浅野吉次郎は、十七才の頃から木材加工各種機械類を発明し、1907（明治40）年日本最初の合板（ベニア板）製作に成功しました。

名古屋港五号地は、貯木場として、大正・昭和にかけて日本のベニア産業の中心地として栄えました。

その中心的役割をはたした、浅野吉次郎の銅像を、南陽通六丁目電停近くの中村合板の地に、1957（昭和32）年11月3日建立しました。

写真の銅像は、中川区山王中学校東の中日本合板工業組合の玄関先に立っています。また組合の部屋には、浅野吉次郎遺品が見られます。

（写真提供　加納　誠さん）

⑯ 04年8月号

# 南生協病院北東1.5K
# 名古屋最古の鳴尾小学校あり

写真は南区元鳴尾町一五三、元鳴尾小学校の建物です。

その歴史をたどると、江戸時代の横須賀代官所（現東海市）の建物―明治4年（1871）名古屋県（愛知県になる）の出張所―明治11年（1878）半田に移る―建物は、横須賀港から天白川をさかのぼり現地へ移転。

明治16年（1883）鳴尾小学校校舎―明治15年6月25日大工棟梁青山角左衛門設計施工―以後鳴尾村役場・地区公会堂・第二次大戦後は鳴尾農協事務所・昭和45年（1970）名古屋信用農協鳴尾支店・移転後は空家のまま地区所有財産として現存。

建物の特徴は、玄関柱上に正方形皿形の板が、三枚重ねて乗せてあり、天井が網代式になっているところです。

建築様式から名古屋市最古の明治建築ですと、名城大城戸久教授談。

以上は元南区郷土文化会長久野園吉さんからお聞きしたことです。

鳴尾学校校舎跡

⑰ 05年 2月号

# 南区鳥栖町三丁目 成田公夫妻墓碑

この墓碑は、成道寺《じょうどうじ》の墓地にあったものを、丹羽主悦さんが発見され、昭和43年（1968）名古屋市文化財に指定されました。その後、祠に格子がつけられたので、刻まれた文字の読みとりに難儀します。

右側立像には「鳥住《とりす》伝心浄本庵主」「永正十二年（1515）乙亥《きのとい》正月十二日」とあり、記念銘は市内最古です。左側の座像には「慶林《けいりん》大姉」とあり、中世鳥栖城主成田公夫妻の墓碑です。

江戸時代の『尾張志』に、「成道寺、天正二年（1574）僧春公開基・創建す」とあります。ここにあった鳥栖城跡図は、清水啓介さんにより測図されています。

昭和48年（1973）写す

⑱ 05年 3月号

# 天白川に千鳥橋・架橋される

天白川の渡し場が千鳥橋になったのは、明治30年（1897）現東海市名和町（当時名和村）出身、県会議員早川三郎さんの尽力による。木橋の中央部には張り出し部分があり、当時の自動車が、すれ替われるようになっていた。

また木橋のため木と木の間から下の川が見え、自転車で渡るのに怖い思いをした。昭和12年（1937）鉄橋（現在の東側）になり、6月9日渡り初め式に、名和村側から前記早川三郎夫婦から三代の夫婦が渡った。当日は、橋の袂で村相撲があり、小学生の徒競走もあった。

―千鳥橋竣工渡橋式
名和小学校100周年記念誌―

船津神社提供

⑲ 05年6月号

# 山崎川に架かる　祐竹橋《ゆうちくばし》

　写真は昭和50年（1975）頃の祐竹橋です。「祐竹」は文化4年（1807）の絵図（注）にある地名です。戸部下新田のことを祐竹新田と呼んでいます。

　地元では、洪水の度にこの橋が流されたので「けちくった橋」けいちく橋とも呼んでいたと言います。

　明治の頃は、人が渡れる幅の板が架けられており、舟が通る時は、板を川へ落としたそうです。板の一方を鎖で止めて流れるのを防ぎ、橋を元に戻すには難儀をしたそうです。

　現在の祐竹橋から、忠治橋まで、江戸時代は湯治場《とうじば》と呼ばれ海水浴をした場所でした。静かな散策地です。

注　東海道分間延絵図
立教大学名誉教授林英夫さんの解説付き、24巻。近くの図書館でお尋ね下さい。

⑳ 05年8月号

# 円空作竜神像
## 神明社（御替地神社）南区御替地町一丁目

道徳新田は寛保元年（1741）尾張藩により開築された。日照りに悩まされた人々は、荒子観音から円空作竜神像を譲り受け、新田の守護神にした。

昭和42年（1967）、中尾春衛・久野鐙三郎さんのご尽力で、百八十八年目に公開して頂いた。

像の裏に墨書で「奉安置竜神尊像　円空上人彫刻　国下安泰　五穀成就海陸安穏　維持安永九庚《かのえ》　大願主替地新田…」とあった。

南区には「玉照姫像」泉増院・「武蔵自画像・木刀」東光院・「隕石《いんせき》」呼続神社等多くの文化財がある。

（注）安永九年は1780年。

㉑ 05年 9月号

# 名古屋港周辺（南区源兵衛町も）海底の化石と貝

8月17日のA新聞に「アサリ食害」（喰べる）の貝、サキグロタマツメタ・ツメタガイが、六㌢×八㌢の写真入りで載っていた。伊勢湾の今、という記事だ。

8月25日、医療生協の「わくわく村まつり」で「数万年前の、伊勢湾海底の貝化石類」を展示させてもらう。

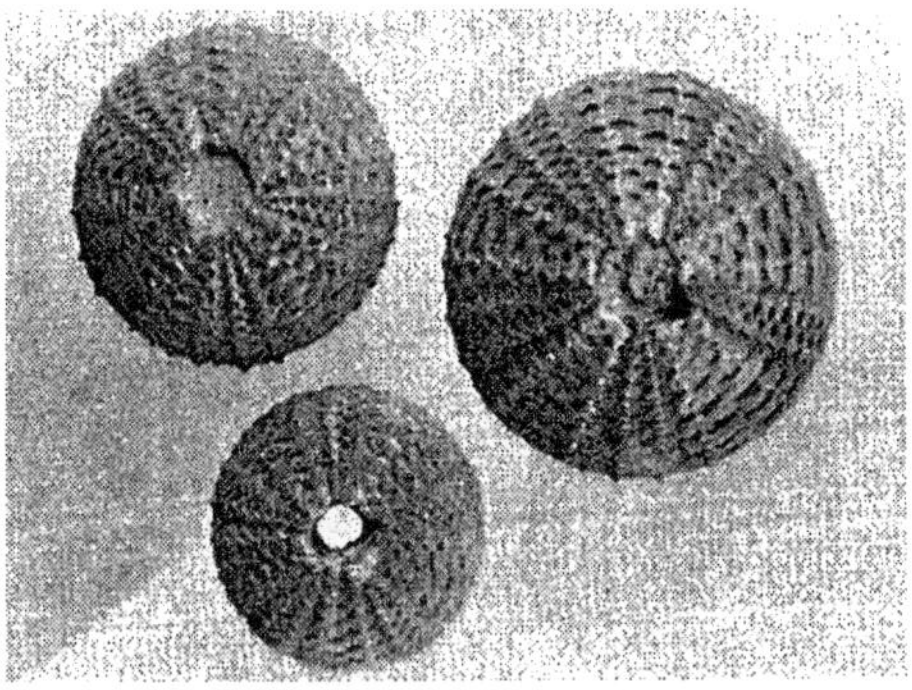

ウニ（三輪龍之さん撮影）

当時もツメタガイに喰べられた貝の仲間がたくさんいたこと（貝に二㍉程の丸い孔があいている）。ヤマトオサガニ、サメの歯、イワガキ、マテガイ、ウニ、オキシジミ、カガミガイ、二㍉程の赤ちゃん貝等多数見ていただく。

数年前、見晴台学園の生徒と寒い冬、バケツ一杯ひろって、学園祭で展示したもの。

サメの歯（同上）

㉒ 05年10月号

# 八月二十五日生協ゆうゆう村がやが家三F「ふるさと散歩」の部屋より

健康の友九月号では、ウニ・サメの歯の写真をのせました。十月号へ、地下八メートルと三メートルから採集したアカガイ・アカニシ・ハマグリをのせます。

名南中学校校庭からツメタガイが喰べたイボニシ・アカニシなどが出ています。

土の中からみつかる「郷土史」を、二回写真入りで載せました。土の下の貝を見つけたら、その場所・深さを教えてください。

赤《あか》貝《がい》

新宝生（宝生前）新田の地下約8メートルの場所から出土しました。約8000年前の貝と思われます。

ハマグリ

丹後江新田の地下約3メートルの場所から出土しました。約3000年前の貝と思われます。

赤《あか》螺《にし》

大江新田の地下約8メートルの場所から出土しました。約8000年前の貝と思われます。

㉓ 06年 8月号

# 力石

## 南区源兵衛町　須佐之男《すさのお》社

7月の新聞に、ドイツ東部のハレという町で「力自慢大集合」国際競技大会で重い石を運ぶ、青年の写真がのっていました。

私たちの村や町にも、江戸時代から男たちの「力石」大会が行われました。

写真の「力石」は重さ約九〇㌔・高さ五〇㌢で、「力石」の競技大会で優勝した人が、神社へ奉納した石です。この石には「源兵エ新田・村方《むらかた》・二矢之□」と村人の手刻みの文字が読みとれます。

力石は南区の喚続《よびつぎ》神社・紀左衛門神社・笠寺観音にも見られます。各地にある力石も教えてください。

また名和村薬師寺の境内では、※ベト（土）仕事のない時若者が集まり、力石を持ち上げ体力を錬ったと伝えられています。（「十六年のあゆみ」東海歴史の会・石野武編）

※新田の堤防造り

須佐之男社「力石」重さ90kg、
高さ50cm
源兵衛新田（現在の源兵衛町）

㉔ 08年1月号

# 名古屋港海底のノジュールと小動物の化石

名古屋港海底の地層は、名古屋台地をつくっている熱田層です。この表面に堆積した土砂を、港ではサンドポンプで吹き上げて港域を拡げていきました。その土砂から採集したのが、写真のヤマトオサガニ、サクラガイ、オキシジミ、イボニシ、アカニシ及びノジュールです。アカニシ、イボニシの丸い孔は、ツメタガイに食べられたときに出来たものです。

ノジュールは、御嶽山などの火山活動により、古熱田海の海底に堆積して出来た、凝灰岩の一種です。ノジュールは、塊瘤《かたまりこぶ》といっています。

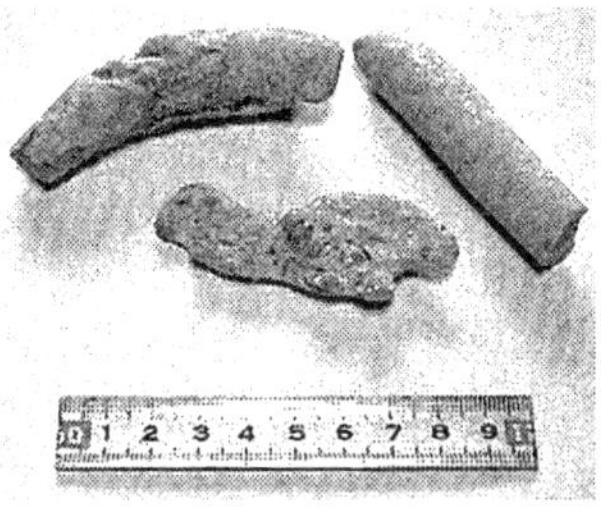

ノジュール

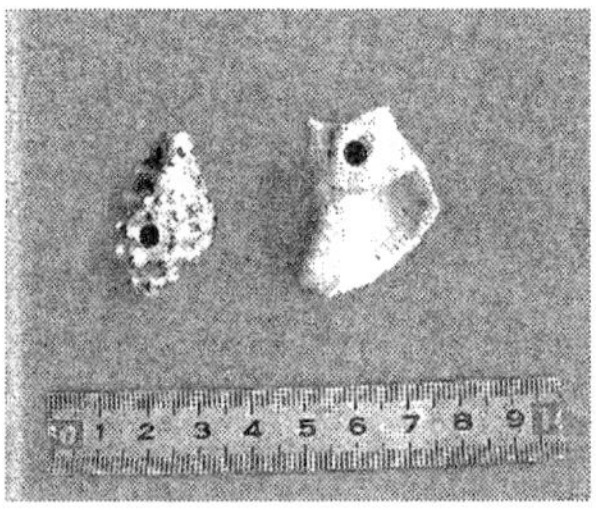

左　イボニシ
右　アカニシ

左　サクラガイ
右　オキシジミ

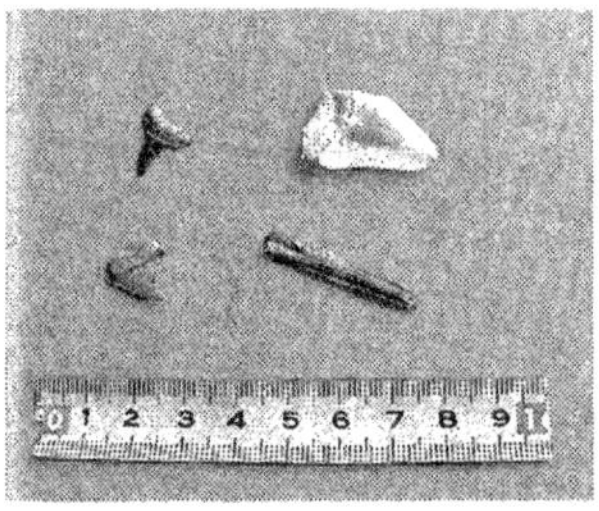

サメの歯、細長いのは
ノコギリザメ

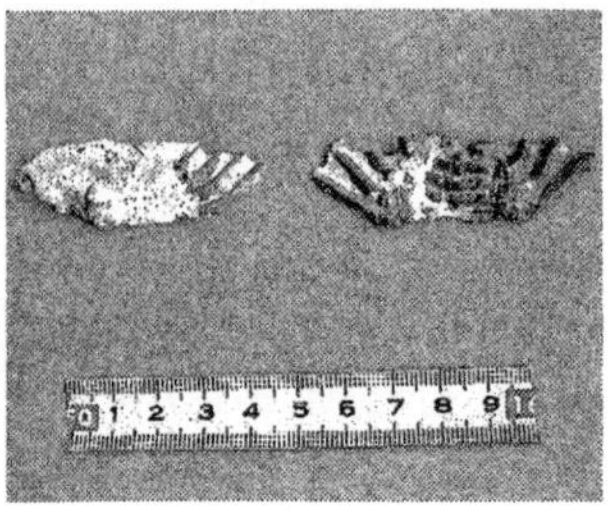

ヤマトオサガニ

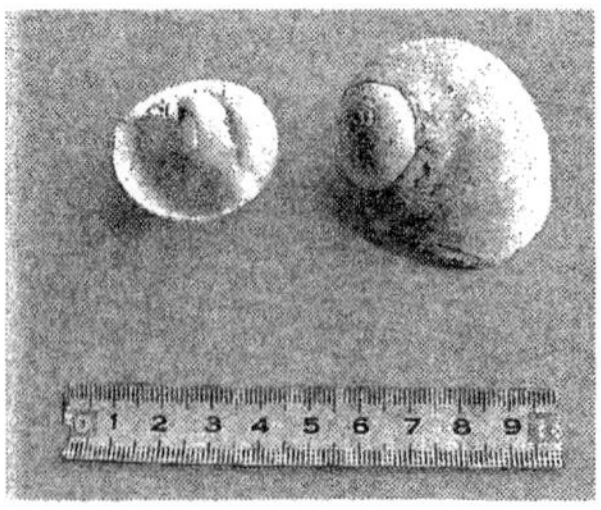

ツメタガイ

㉕ 08年3月号

# 南区鳴尾町の青峯観音堂

南区には、青峯観音像（十一面観音菩薩）が十三あります。鳴尾二丁目、鳴尾町バス停から西北四十㍍にあり、文政二年（１８１９）と刻まれた台上に見られます。明治24年（１８９１）の地形図では、この辺りまで海水が水路により入っており、大江川から伊勢湾へ出られる港であったことがわかります。

そのため海の遭難から護り給えと、青峯観音像を祭ったのです。このお堂の左側に「道祖神」が立ち、後に高さ一㍍の「南無阿弥陀仏」と刻まれた左ちた道、右なごや道の道標があります。

この辺りから東へ荒井牛毛の集落が見られ、明治初年の旧鳴尾学校の建物・天白川堤防沿いに牛毛神社・松風公園の芭蕉の友、大垣の谷木因（もくいん）碑、西来寺の永井荷風碑・大正期鳴海小作争議指導者雉本朗造之墓等々、この地域は、今もなお昔の村を思わす、たたずまいが残されています。

青峯観音堂

# ㉖ 08年6月号 熱田区伝馬二丁目裁断橋《さいだんばし》

東海道筋精進川に架かっていた裁断橋（絵図）の川は大正15年（1926）埋められ、橋柱と青銅の擬宝珠（絵図赤丸）は昭和18年（1943）姥堂《うばどう》境内に移される。

この擬宝珠に刻まれた文字は、息子堀田金助が天正18年（1590）小田原合戦時病死した、母の悲しみの文である。

てんしやう十八ねん二月十八日におたはら《小田原》への御ちん《陣》ほりをきん助と申十八になりたる子をたたせてより又ふため（二目）とも見さるかなしさのあまりいまこのはしをかける成はは の身にはらく《落》るいともなりそくしんしやうふつ《即身成仏》し給へ

いつかんせいしゅん（金助の戒名）と後のよの又のちまで此かきつけ《書付》を見る人は念仏申給へや卅三年のくやう《供養》也

拓本の半分を右へのせる。

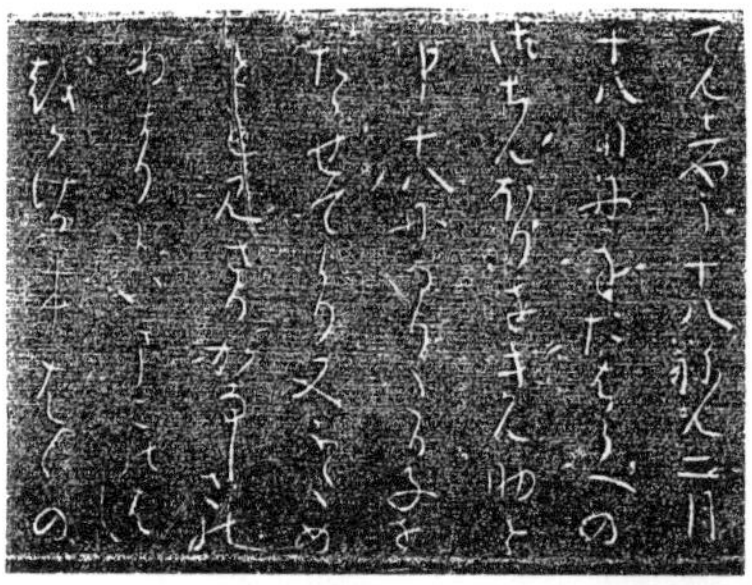

尾張名所図会
「裁断橋」

㉗ 08年 7月号

# 南区要町の地名

角川書店の『角川日本地名大辞典』には、要町《かなめちょう》「昭和25年から現在の名古屋市南区の地名。もとは南区鳴尾町・星崎町の各一部、昭和48年一部が上浜町となる」とある。

この要町は、寛文12年（1672）鳴海伝馬新田として築立され、尾張藩から鳴海宿の助成田に与えられたもので、南区内新田では最も古い新田に当る。

なぜ要町の地名が出来たかは、昭和16年当時鳴尾東部区画整理組合を設立された南区郷土文化会会長久野園吉さんから教えていただいた。

それは鳴海乗鞍《じょうあん》二丁目『要池』の要《かなめ》から採った地名である。このことが要池から扇川辺りを水路として扇川と大高川の合流地点で天白川底を樋管でくぐらせ、堤防下から鳴海伝馬新田へ引いたことが、後の源兵衛新田の古文書に記録されている。

新田築立前に要池は確保され、用水路を通すには尾張藩、鳴海の許可を得て三百余年の新田耕作を続けた人々の大変な労苦が、うかがえる要町である。

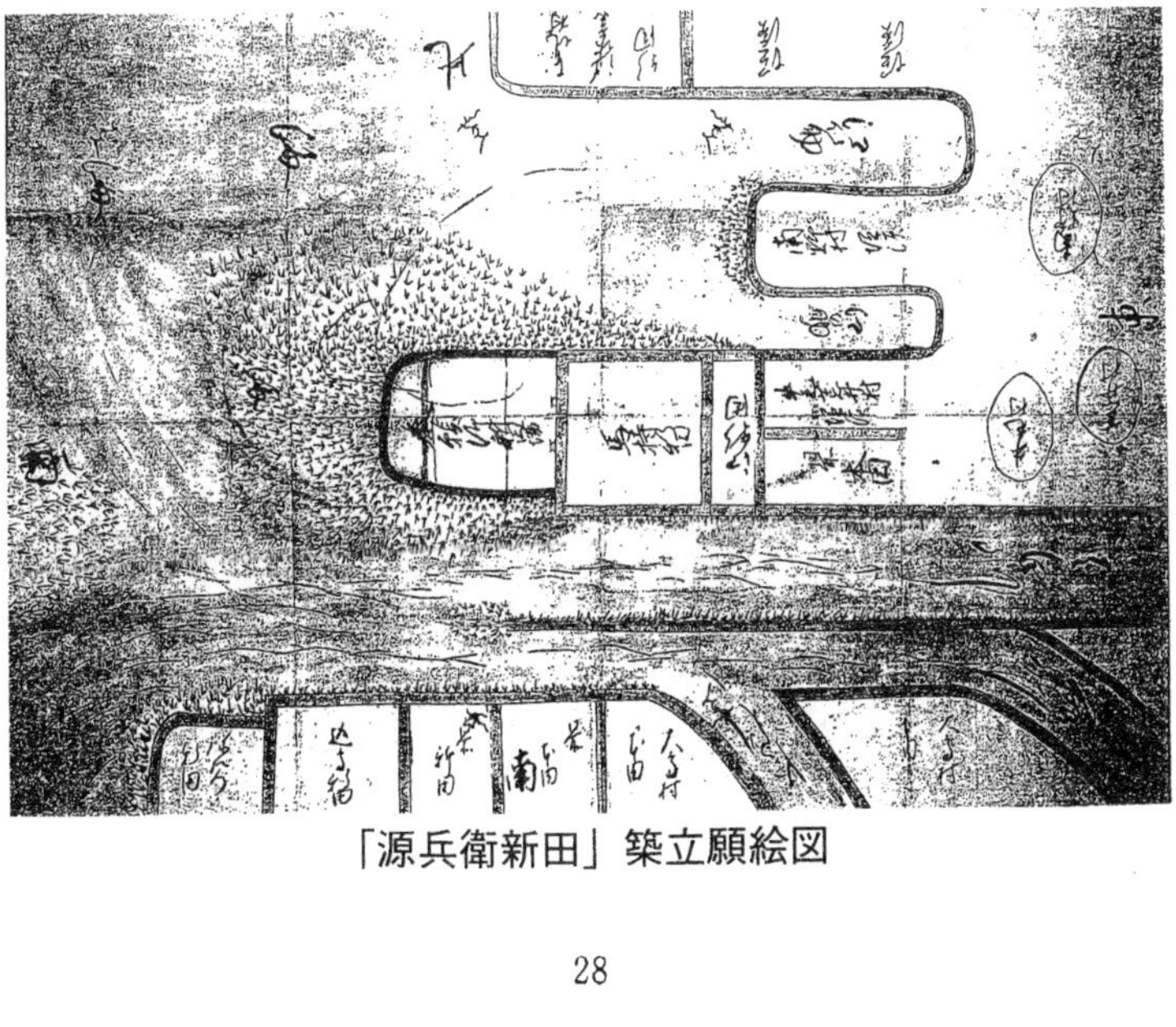

「源兵衛新田」築立願絵図

㉘ 08年8月号

# 福井八左エ門先祖代々供羪（養）塔・南野二丁目

大正三年（1914）八左エ門新田を開拓した、福井八左エ門の遺徳をしのんで、元弘法堂前に建立されたのが「新田開祖・福井八左エ門先祖代々供羪（養の異体文字）塔です。

南野村庄屋福井八左エ門は、瀬戸内海産の塩には勝てないと、当地方の塩田経営に見切りをつけ、大高村の山口源兵衛に学び、知多の工事人黒鍬を雇って新田工事に当たりました。開築しても、度重なる台風による高潮のため、資金難になり新田は人手に渡りました。そのため妻子を新田内の小屋に残し、本人は海部郡あたりの作男をして、生涯を終えたと伝えられています。後日村人の手により前記した供羪塔が建てられ、現在稲荷社の入口に移されています。南区でも古い時期に開築された新田のため余り知られていませんが、八左エ門新田開築者、「福井八左エ門先祖代々供羪塔」にお参りください。絵は「南区の歴史探訪」を描かれた桜井克郎さんのものです。

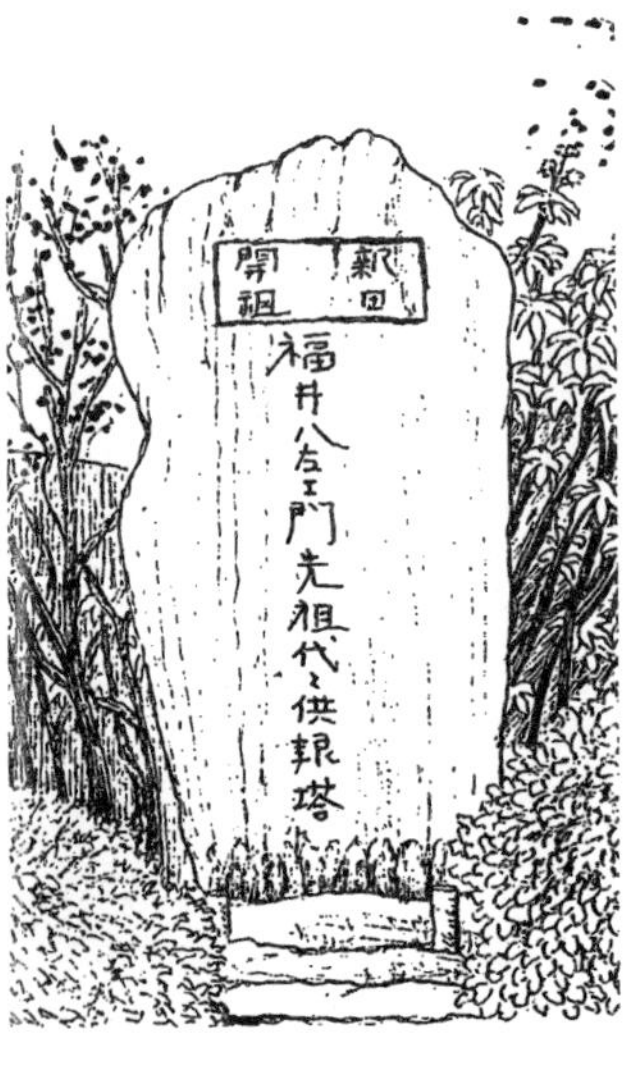

㉙ 08年10月号

# 服部小平太の念持仏は元鳴尾町の小平太家の子孫宅にあった

服部小平太は、桶狭間合戦場で、今川義元に槍を突きつけ、義元に膝を切られた男。義元はその場で、毛利新介に頸を取られた。

―『信長公記』より―

服部小平太念持仏

小平太は何時、荒井村、現在の元鳴尾町に住み着いたかわからないが、その屋敷跡は残り、子孫宅に小平太が所持し

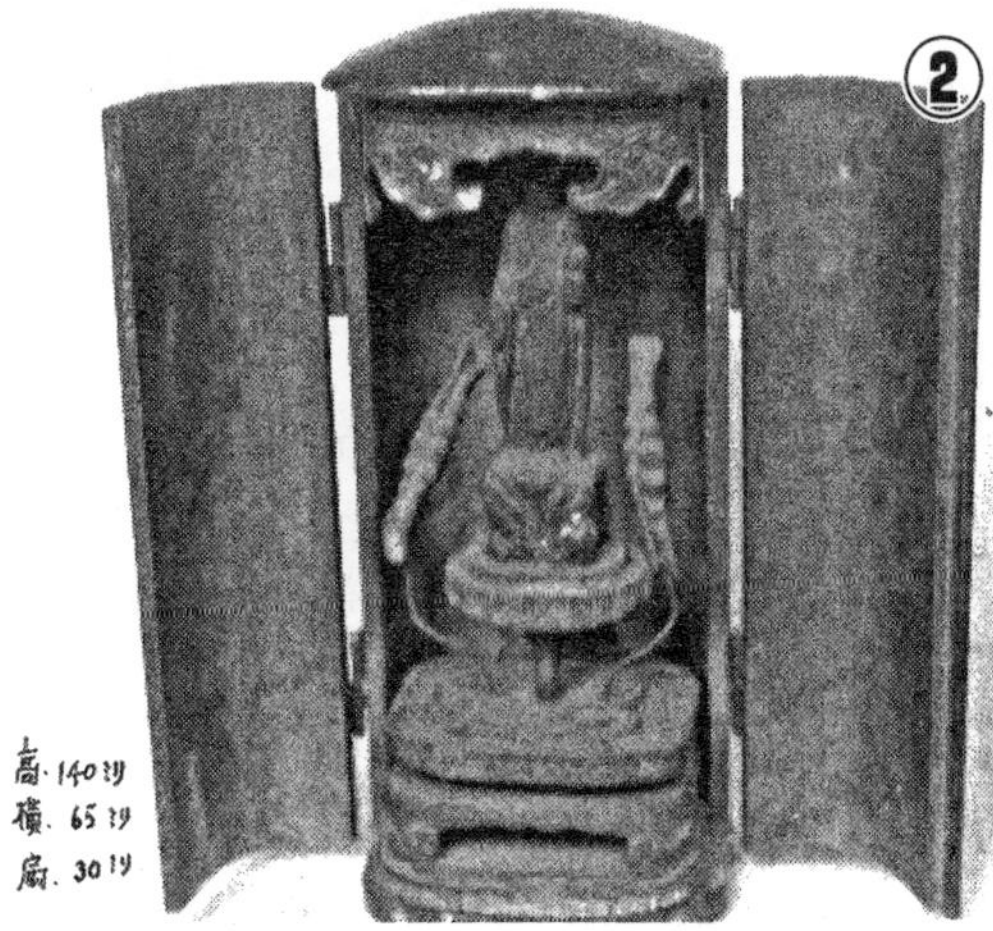


厨子に入った十一面観音菩薩像

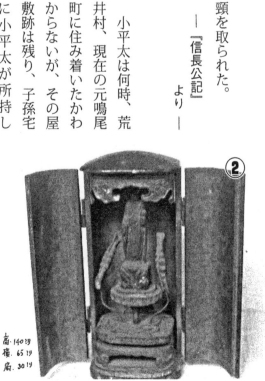

ていた念持仏が保存されている。

昭和48年（1973）故久野豊久さんの案内で当時呉服商をしておられた（元鳴尾町138の東）お宅へ伺い、念持仏の十一面観音菩薩像の記録をとらせてもらった。次へ写真①②③を並べた。③台座の文字は「十一面大士像織田の臣・服部小平太・持念の佛也・永禄貳歳（1559）」。桶狭間合戦は、永禄3年（1560）。毛利新介は本能寺の変で戦死。服部小平太は、桶狭間合戦以後『信長公記』には登場していない。

台座の下の文字

公開された円空仏（昭和42年）

30 08年11月号

# どのようにして新田地帯はつくられたのか

南生協病院は、江戸時代に築かれた伝馬新田と源兵衛新田の境界上に位置します。伝馬新田には鳴海の要池から、源兵衛新田は大高の源兵衛池・清水池（現在はありません）から天白川の川底をとおして用水は送られてきました。

この地図に見られる**A大廻間池**、**B新池**、**C前後池**は東海市名和の池です。新池は名和前新田へ、前後池は南柴田新田へ用水路をとおして送られます。それぞれ新田が開発される前に、用水路・用水池とも確保される必要があるので、新田主は、鳴海・大高・名和の地主と交渉します。

以上のように考えますと、伝馬新田・源兵衛新田・名和新田・南柴田新田ともども、私たちの先祖は大変な苦労をして土地をつくり上げてきました。（左の地図は要池と源兵衛池は距離的に遠く離れているので、名和の地図を使っています）

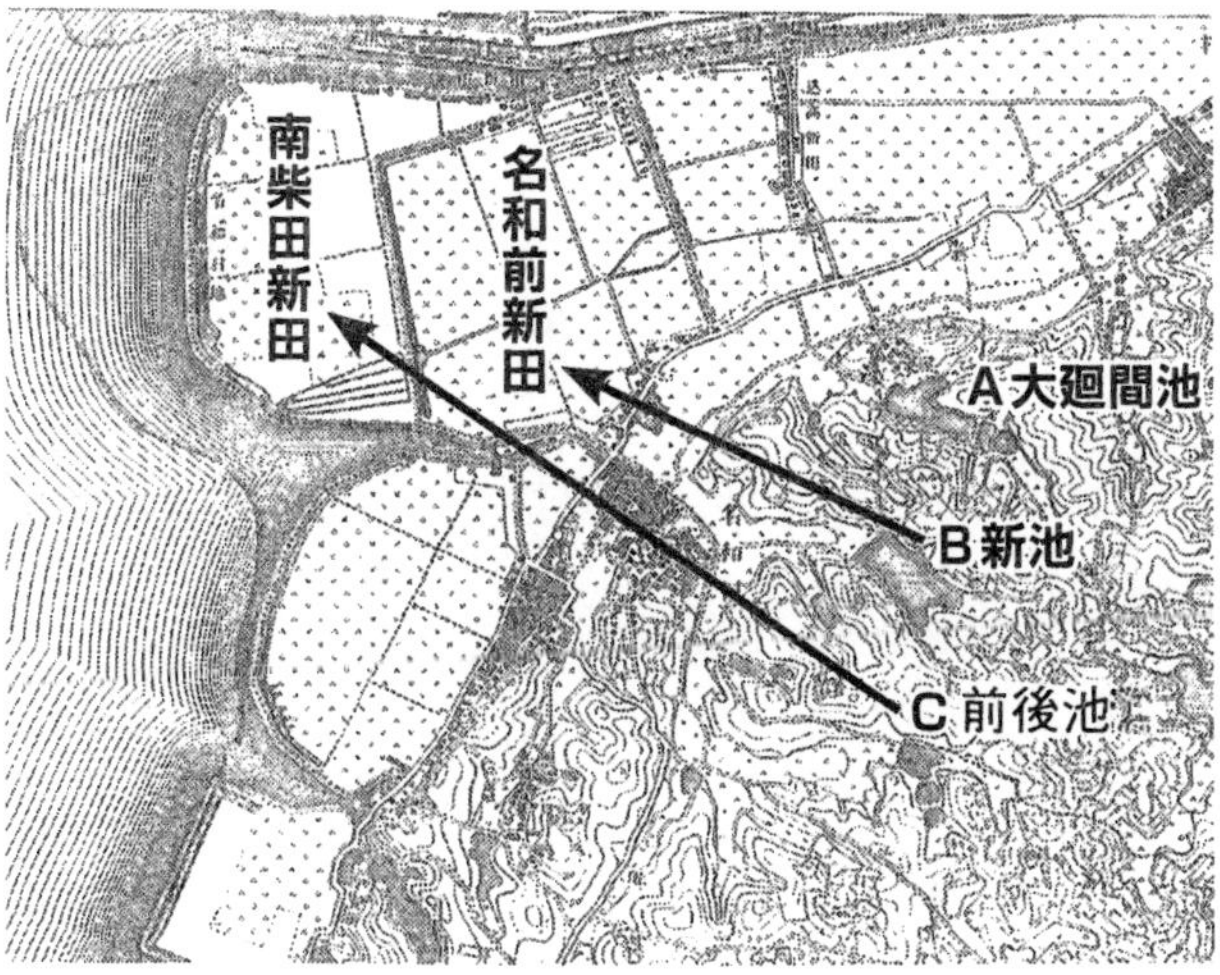


明治24年（1891）測量・大日本帝国陸地測量部

㉛ 09年 2月号

# 南・緑区、知多半島の青峯山の本山は、三重鳥羽の『青峯山』である

青峯山大門

鳥羽市松尾町標高三三六メートル青峯山に『青峯山正福寺』がある。全国各地にある十一面観音像の青峯山の本山である。

此処は「伊勢志摩国立公園」にあり、近鉄伊勢志摩線松尾駅で下車し徒歩で四キロ、五〇分かかる。

奈良時代聖武天皇勅願の寺で千二百年になる。境内の金堂・大門等は文化年間建立された。構造の堅固なこと、彫刻のすぐれている点は、鳥羽藩にはすぎたものといわれた。

大門前の大燈籠には慶応2年(1866)「海道繁栄北勢・下田・尾張・浦賀・師崎」の刻字が見られる。また天学内には尾州だけでも内海・大野・名古屋・布土・富貴・常滑・野間・小鈴谷・亀崎・刈谷の地名が、黒いうるし板(二〇

センチ×五〇センチ）で並べられている。

絵馬にも磐城・松坂・尾鷲・焼津・桑名・津島・新宮・福島・清水・下田名が入っている。特に豊浜の絵馬には、鯛祭りのカラー写真が貼りつけてあった。尚、紙面には書ききれないほど、風雨により読み取れなくなった絵馬が数え切れないほどある。

こうして青峯山への信仰の深さが読み取れる。

参考に『青峯山信仰』原藤広著

大正期の笠寺一里塚

# ㉜ 09年5月号 鳴尾町（旧地名荒井・牛毛）史跡一覧

西来寺内に①永井荷風追慕碑②雉本朗造博士墓③永井家塩倉（塩付街道出発点）④永井星渚宅跡（慶長の頃、蔵・井戸）⑤服部小平太屋敷跡（他に墓地に五輪塔残欠・小平太持仏像、子孫宅）⑥旧久野園吉宅⑦鳴尾公園芭蕉友人大垣谷木因句碑（久野園吉氏建立）⑧旧鳴尾学校（元横須賀町代官所建物移築）⑨牛毛神社に聖徳太子碑・庚申塚⑩鳴尾町一丁目新藤半兵衛碑（関ヶ原合戦時落武者という）⑪青峯観音像（知多郡道碑）⑫旧大慶橋（大正天皇結婚を祝って）。

南区の史跡・地名—池田陸介著

中日新聞、南区役所広報に掲載。後日案内します。

5月6日（水）に「がやが家講座・鳴尾史跡めぐり」を行います。参加ご希望の方は当日13時30分に西来寺（南区元鳴尾町四二四）にお集まりください。どなたでもご参加いただけますが、がやが家講座の生徒さん以外は資料代（一〇〇円程度）をいただきます。

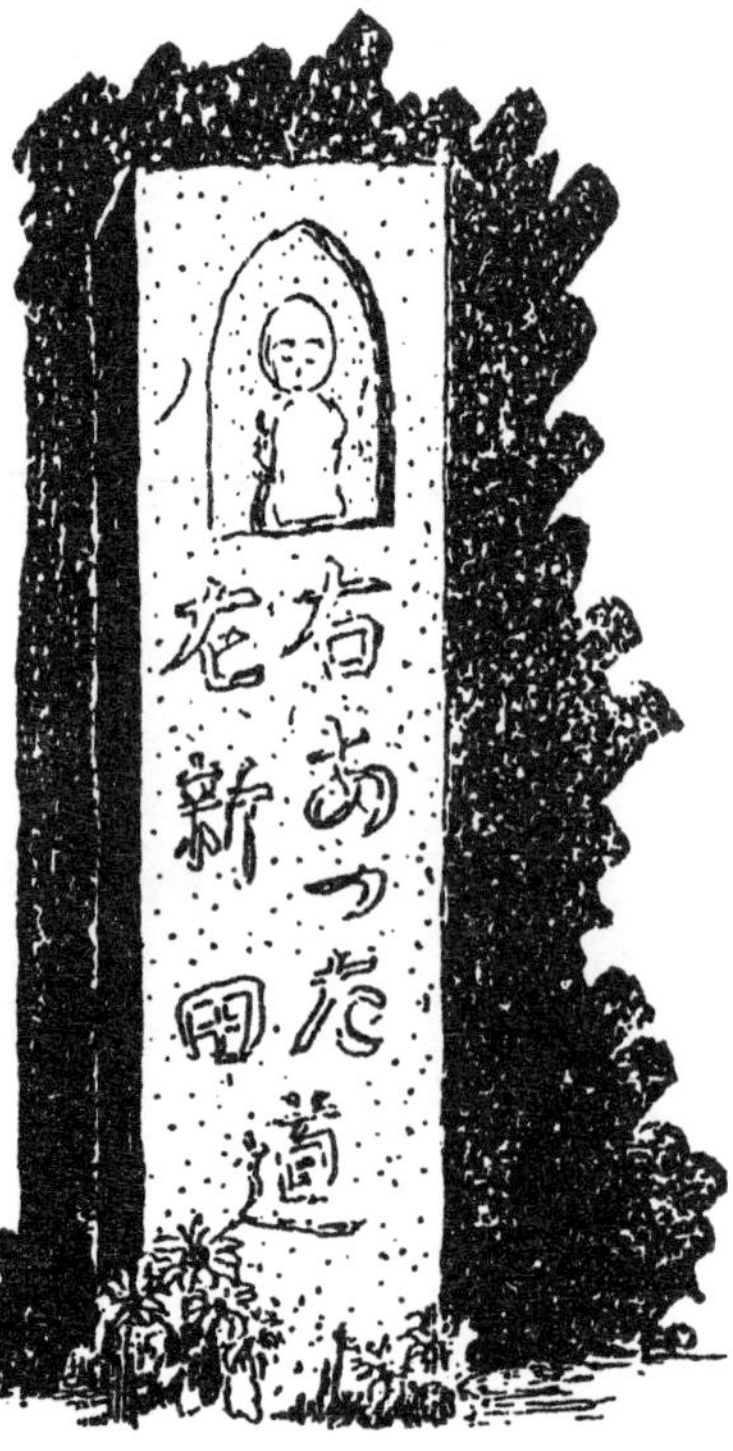

絵は松城町の道標

㉝ 09年6月号

# 桶狭間の合戦後荒井（現鳴尾町）に住んでいた服部小平太

永禄3年（1560）桶狭間で毛利新介と、今川義元の首級を取った服部小平太は、荒井に住んだ。天正15年（1587）暗殺されて、大慶橋下の墓地へ葬られた。昭和50年（1975）頃まで五輪塔が残っていたが、今は残欠の一部しかない。星崎の正行寺にあると聞くが、不明である。尚小平太の子孫が住んだ屋敷址は、永井星渚宅の南側のクスの木の古木がある場所と聞く。また服部家には家宝として、小平太が兜に入れていた十一面観音像がある。台座に「十一面大士像・織田之臣・服部小平太・持念之佛也・永禄貳歳」合戦一年前の年代に作られた、小厨子に入った十二㌢のヒノキの像が残されている。桶狭間で共に戦った毛利新介は、天正10年（1582）の本能寺の変で戦死している。

服部小平太の『持念仏』
高さ12センチ

# 地図に見る南区の変遷

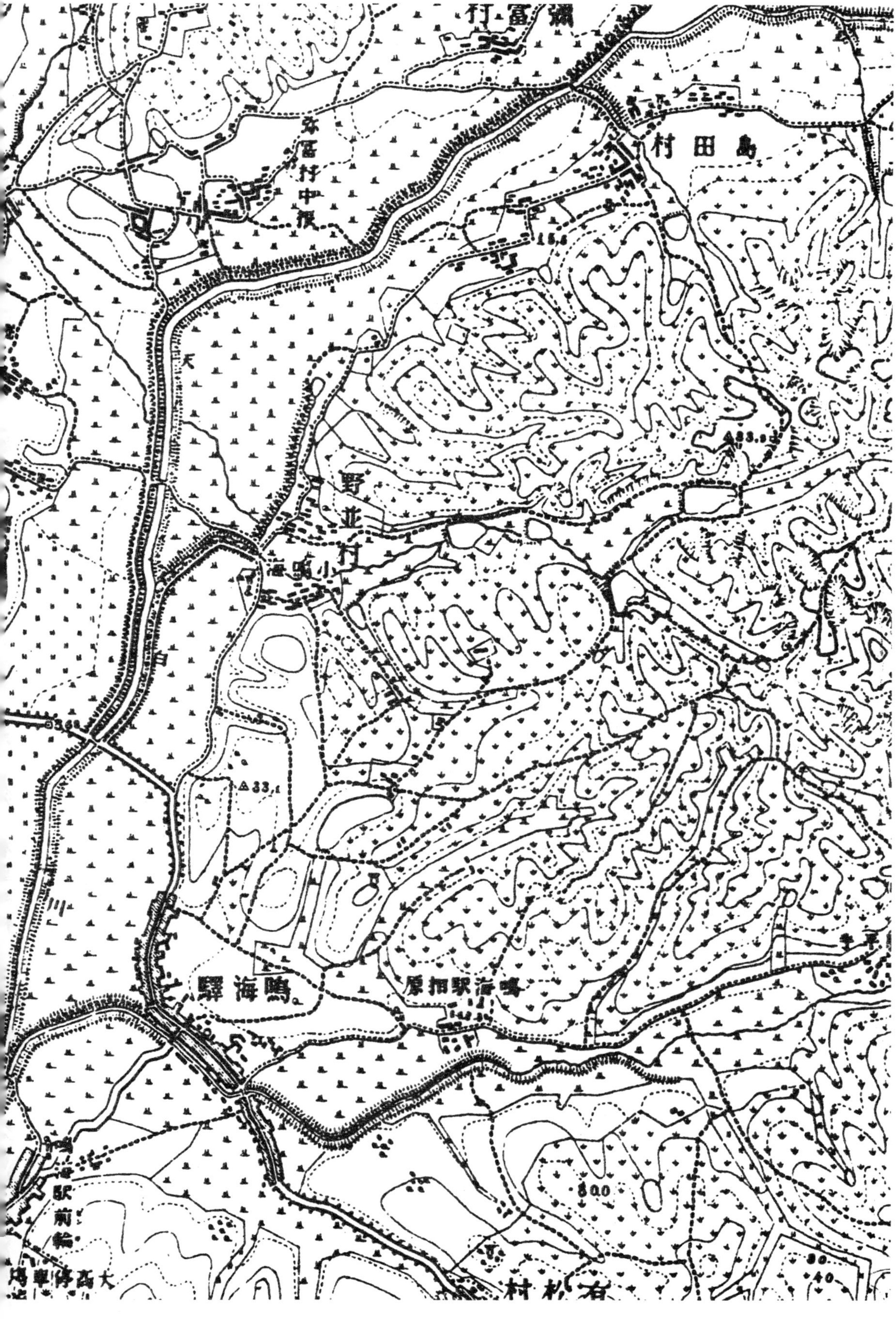

彌富村
島田村
野並村
小鳴海
鳴海驛
有松村
大高停車場

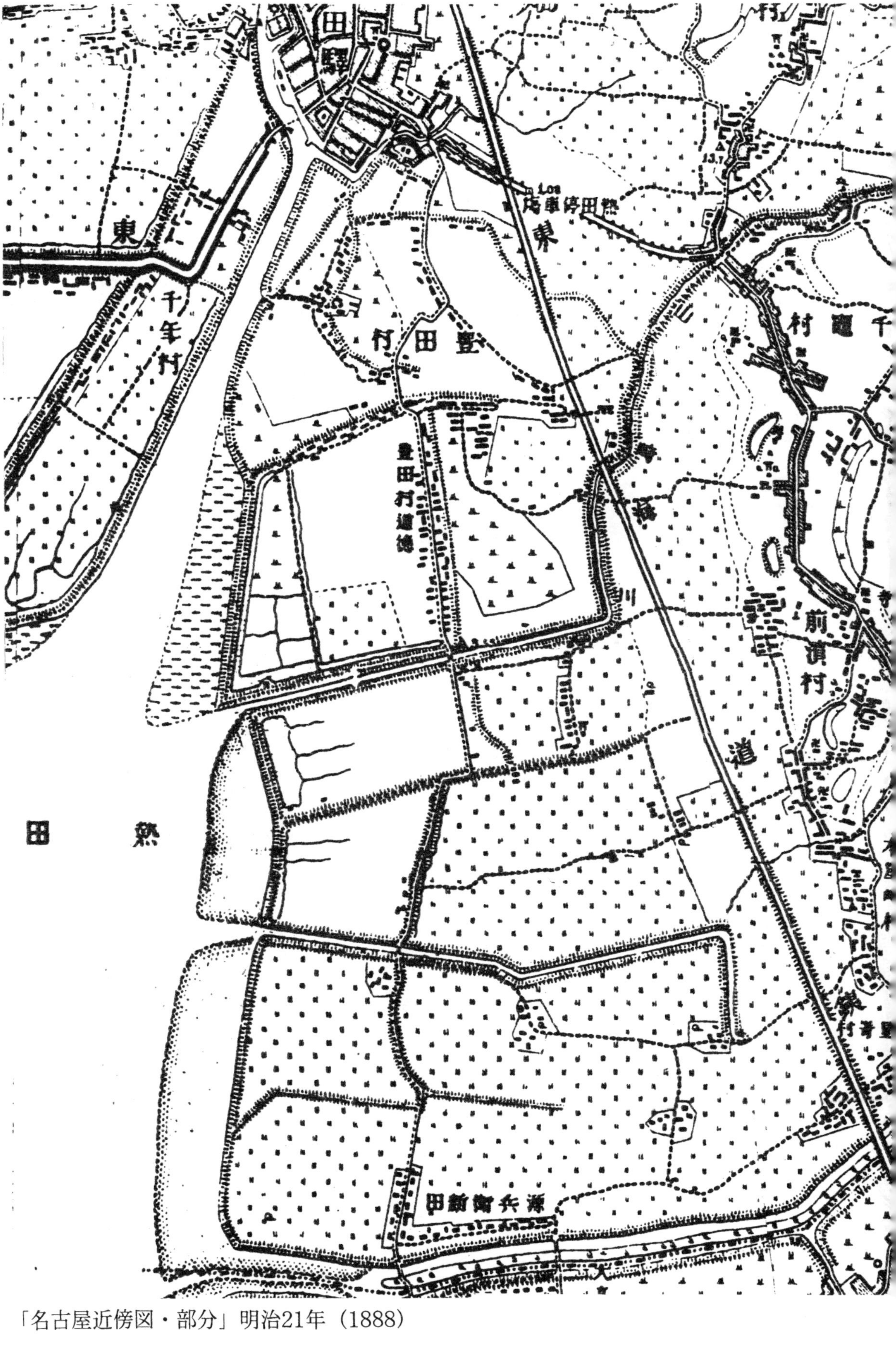


「名古屋近傍図・部分」明治21年（1888）

彌富村
中根
愛知
野並
古鳴海
傳次山
鳴海町
相原郷
坂
細根
瑞泉寺
大高村
至知立

「熱田・部分」明治26年（1893）

新屋敷
近藤紡績会社
山崎
千竈
桜
戸部
愛知電気鉄道線
笠寺観音
笠寺村
松本
本星崎
鳴海

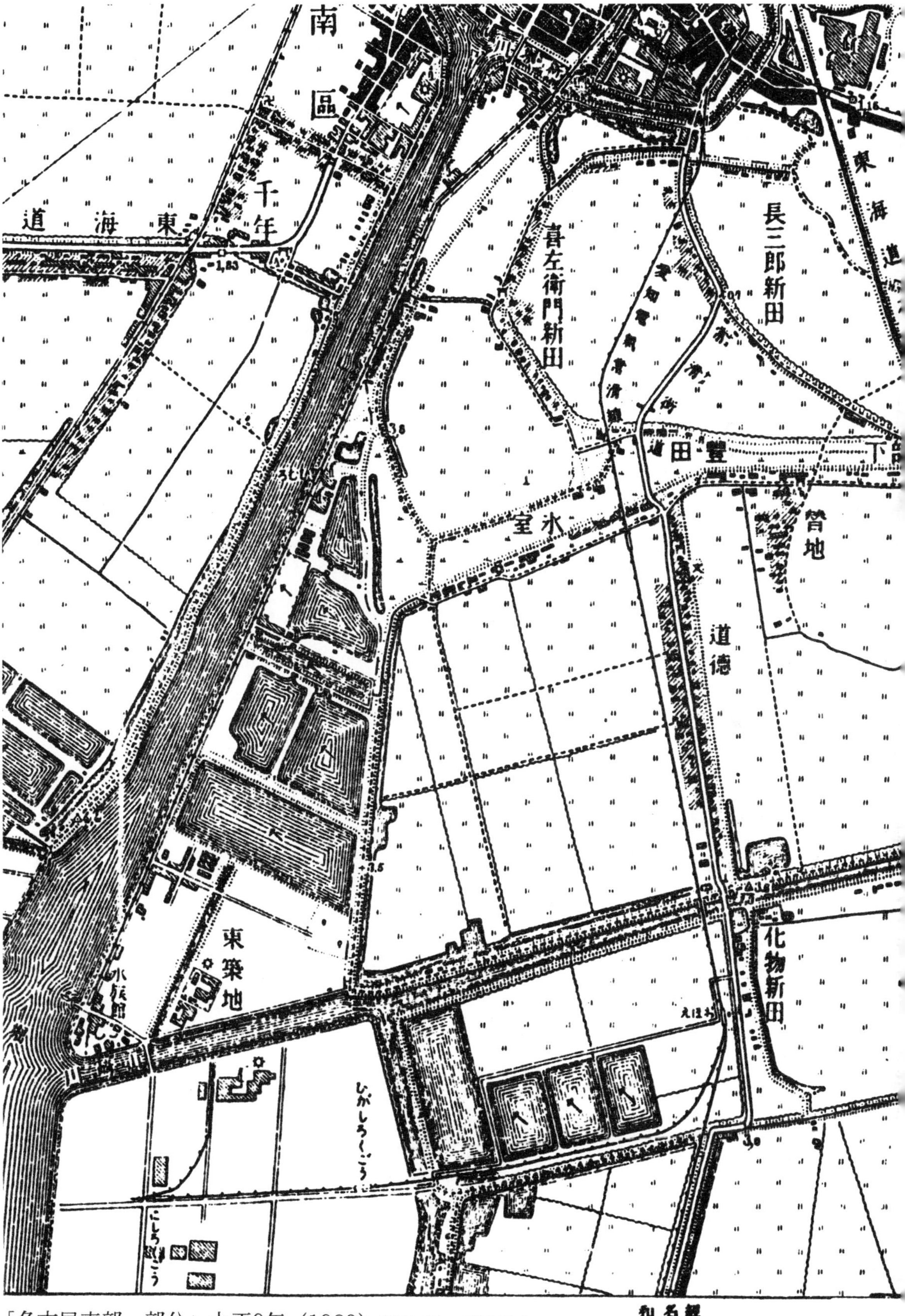


「名古屋南部・部分」大正9年（1920）昭和2年、鉄道補入

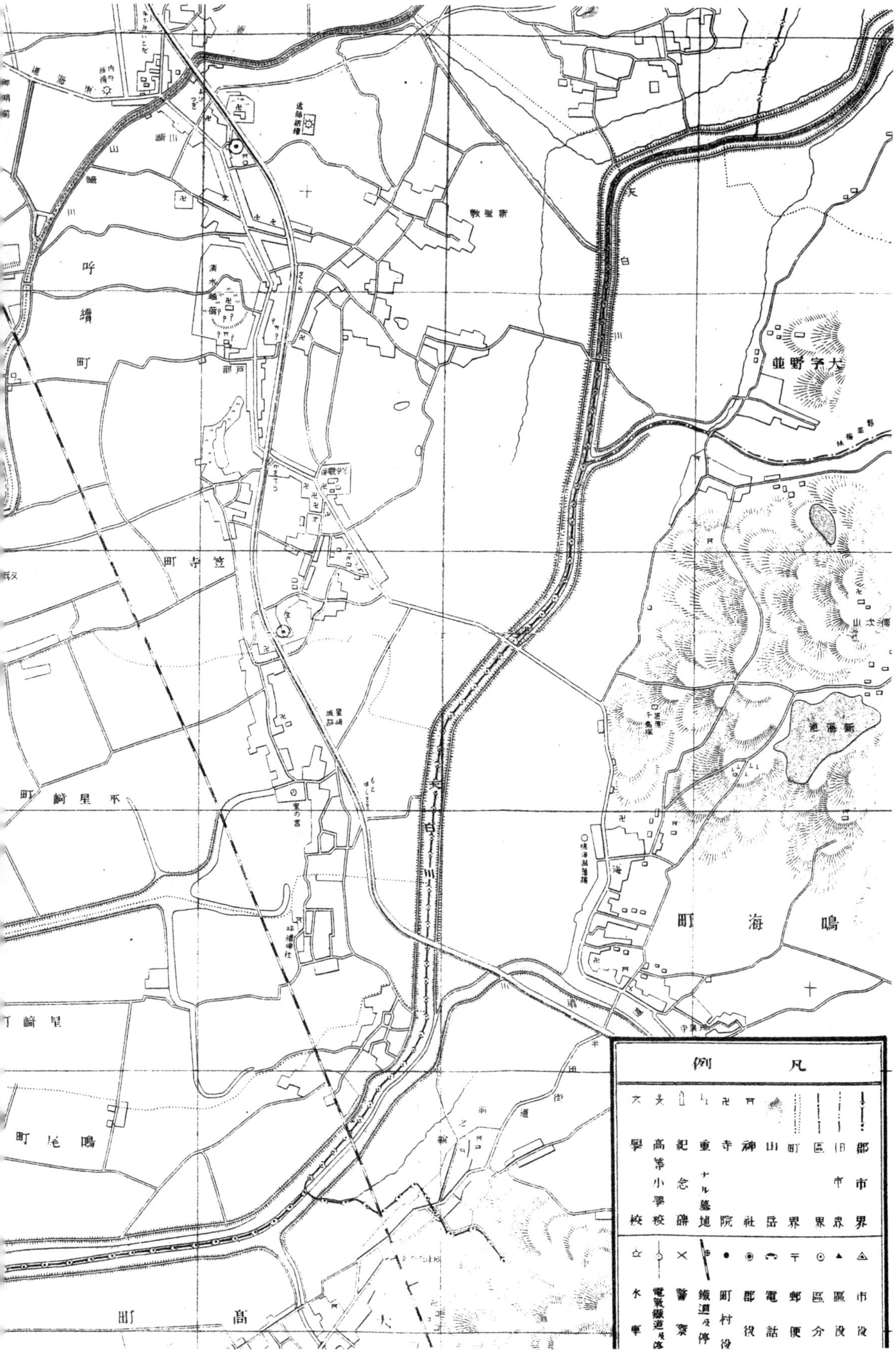

呼續町
笠寺町
平星崎町
星崎町
鳴尾町
高町
天白川
大字野並
鳴海町
新池
凡例
郡市界
旧市界
區界
町界
山岳
神社
寺院
重ナル墓地
紀念碑
高等小學校
學校
市役
區役
區分
郵便
電話
郡役
町村役
鐵道及停
警察
電氣鐵道及停
水車

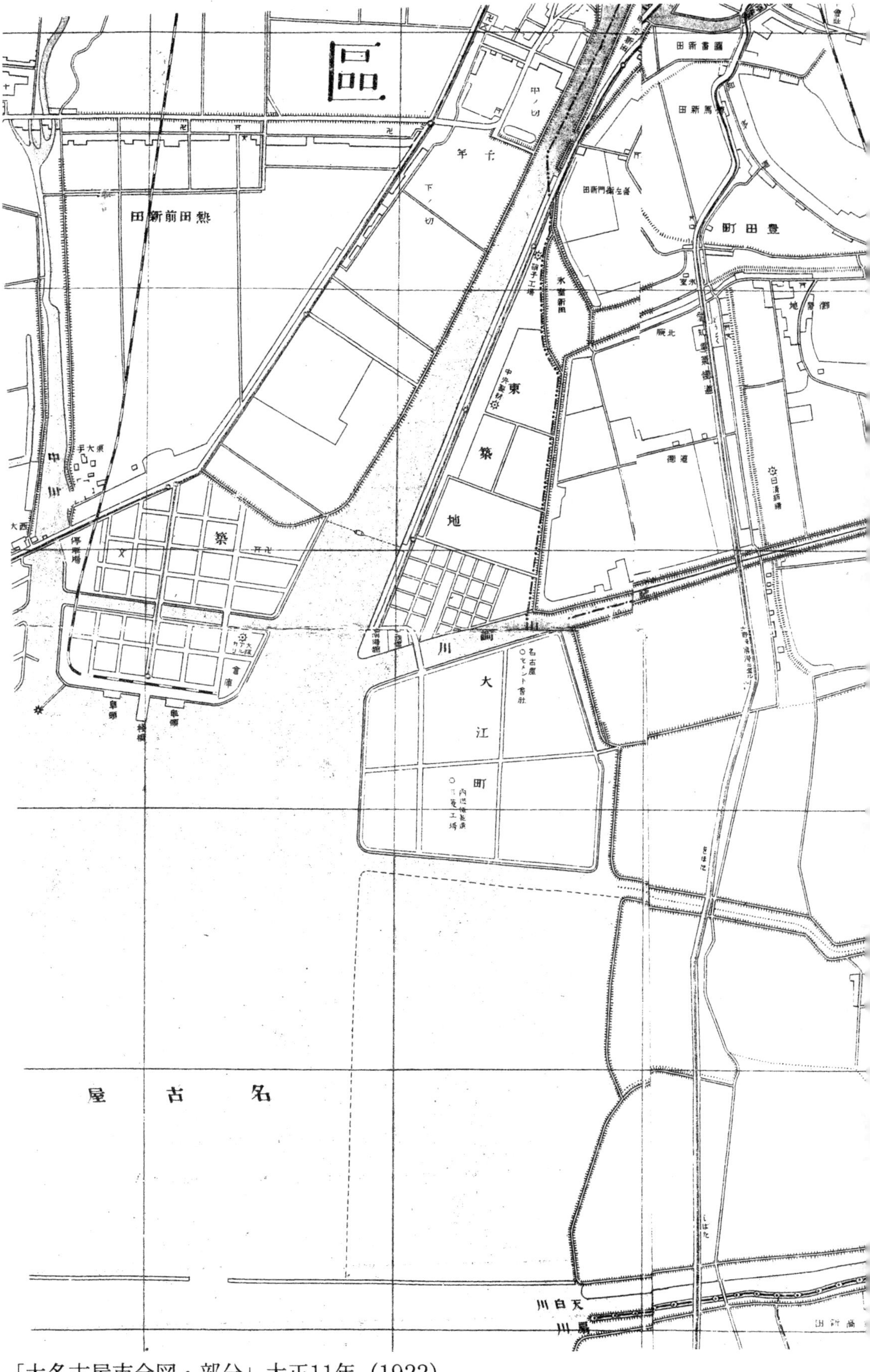


「大名古屋市全図・部分」大正11年（1922）

南町
井戸田
内外紡績
國道一號線
内濱
神明前
明治天皇御駐蹕跡
浜新聞
山崎
近藤紡績
千竈
千竈
呼續町
戸部
西桜本町
桜本町
扇田町
若草町
春日野町
弥生町
笠寺観音
白雲町
晴町
中根
野並
又兵エ新田
笠寺町
東海道
本星崎
塩新田
星崎町
鳴尾町
傳馬新田
大高町
大高駅
天白川
扇川
愛知電氣鐵道
なるみ
鳴海町
至豊橋豊川


新愛知新聞社

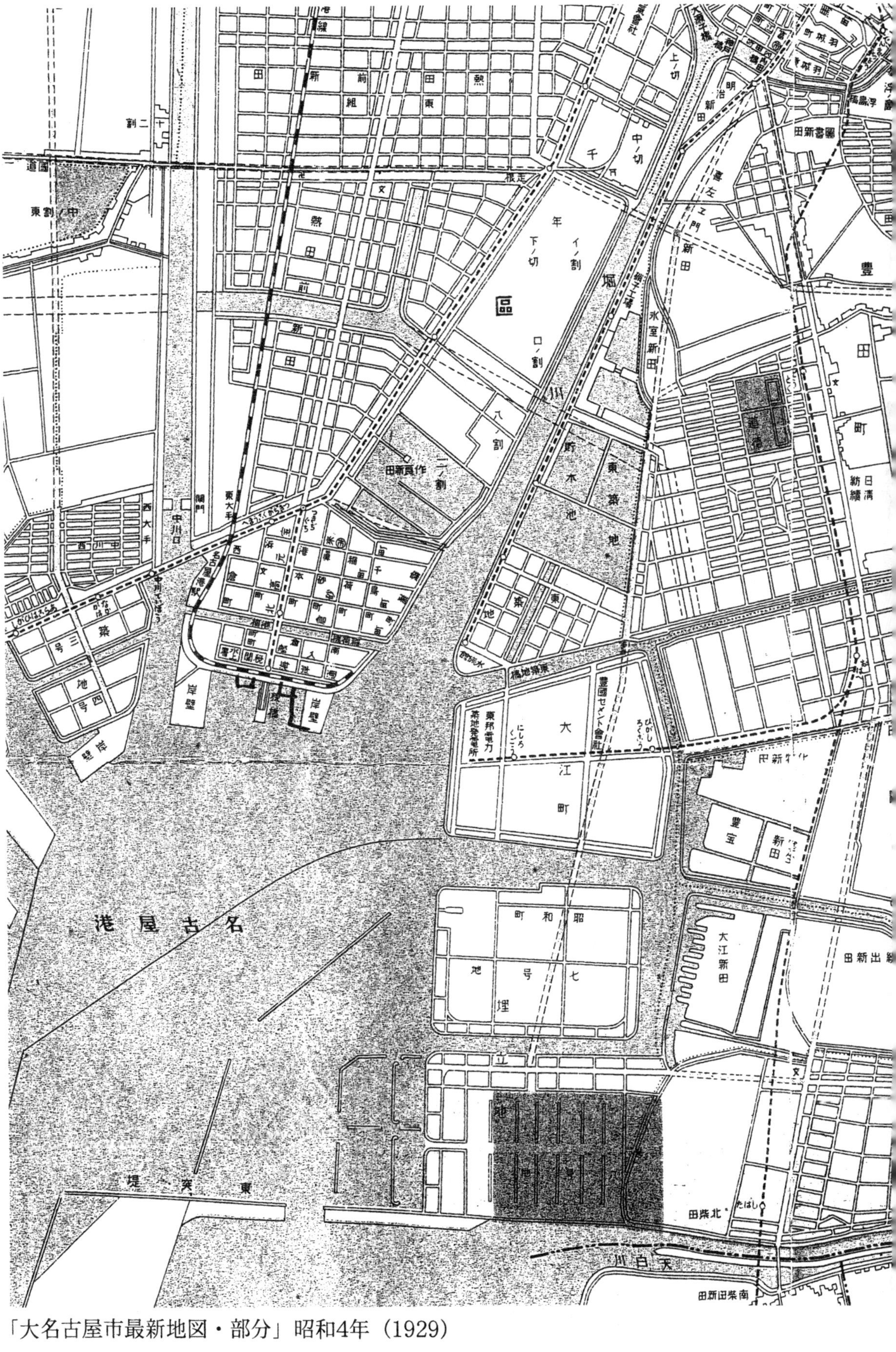


「大名古屋市最新地図・部分」昭和4年（1929）

弥治ヱ門新田
都市計画路
星崎
八右ヱ門新田
傳馬新田
鳴尾町
本地ハサマ
中村医院
本星崎
天白橋
知

「大名古屋市南部最新地図・部分」昭和11年（1936）

南
區
道德新町
本星崎町
星崎町
鳴海町
笠寺町
鳴尾町
愛知電鉄
古鳴海

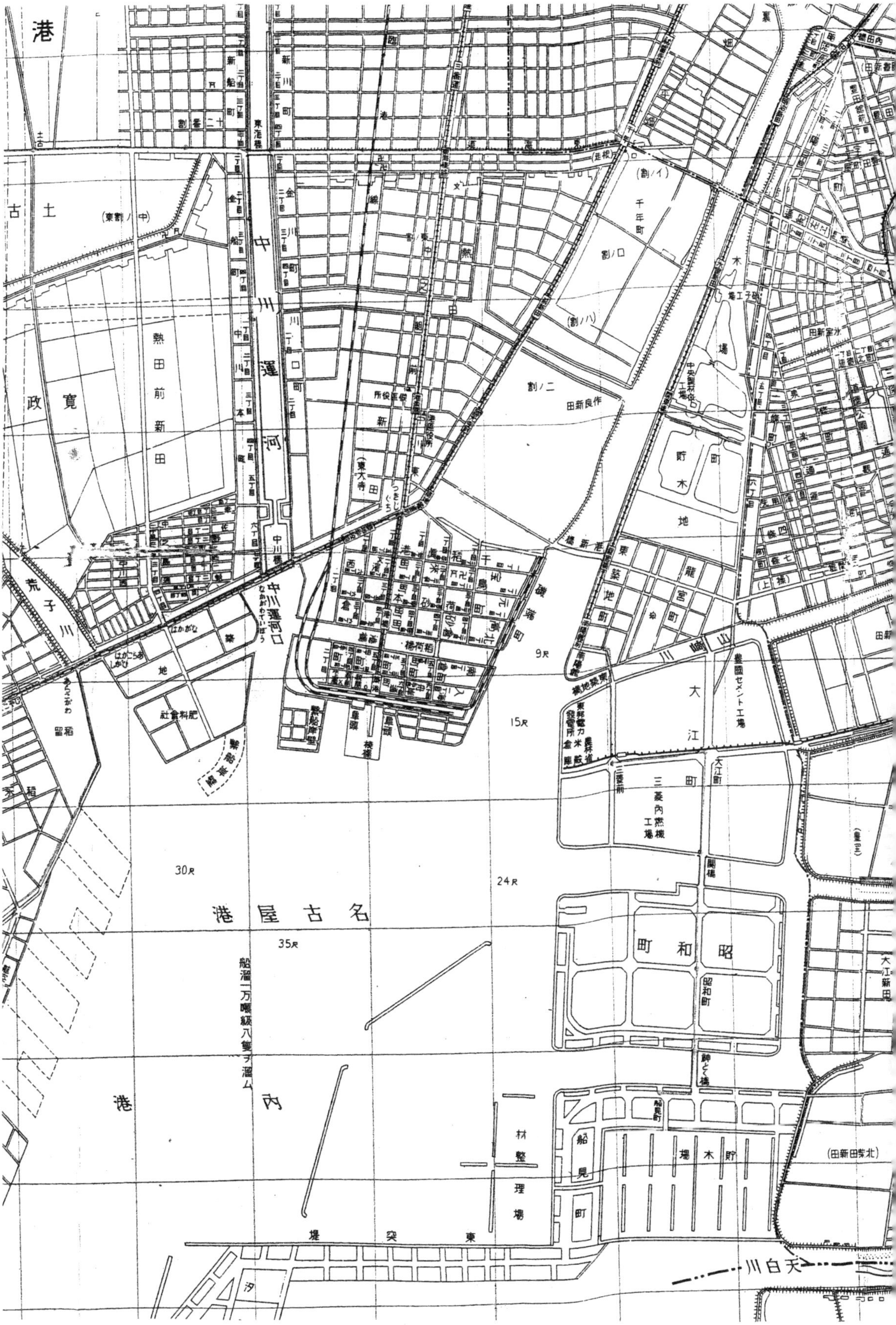


「大名古屋区制地図・部分」昭和13年（1938）

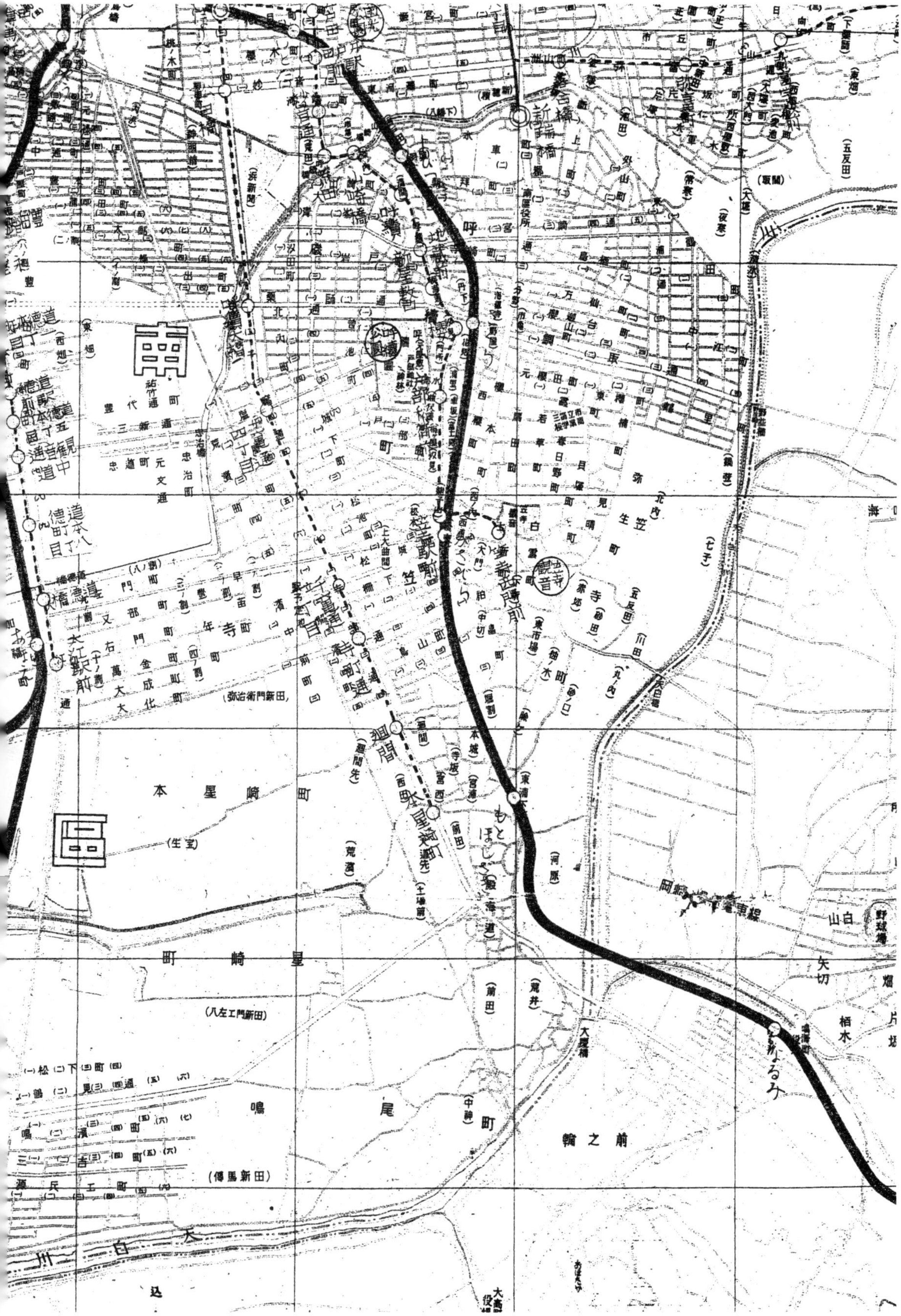

南
区
本星崎町
星崎町
(八左エ門新田)
(生玄)
(弥治衛門新田)
(傳馬新田)
鳴尾町
前之輪
天白川
新瑞橋
呼続
桜
笠寺観音
白雲
なるみ
もとほしざき
大慶橋
(五反田)
野球場
矢切
栢木

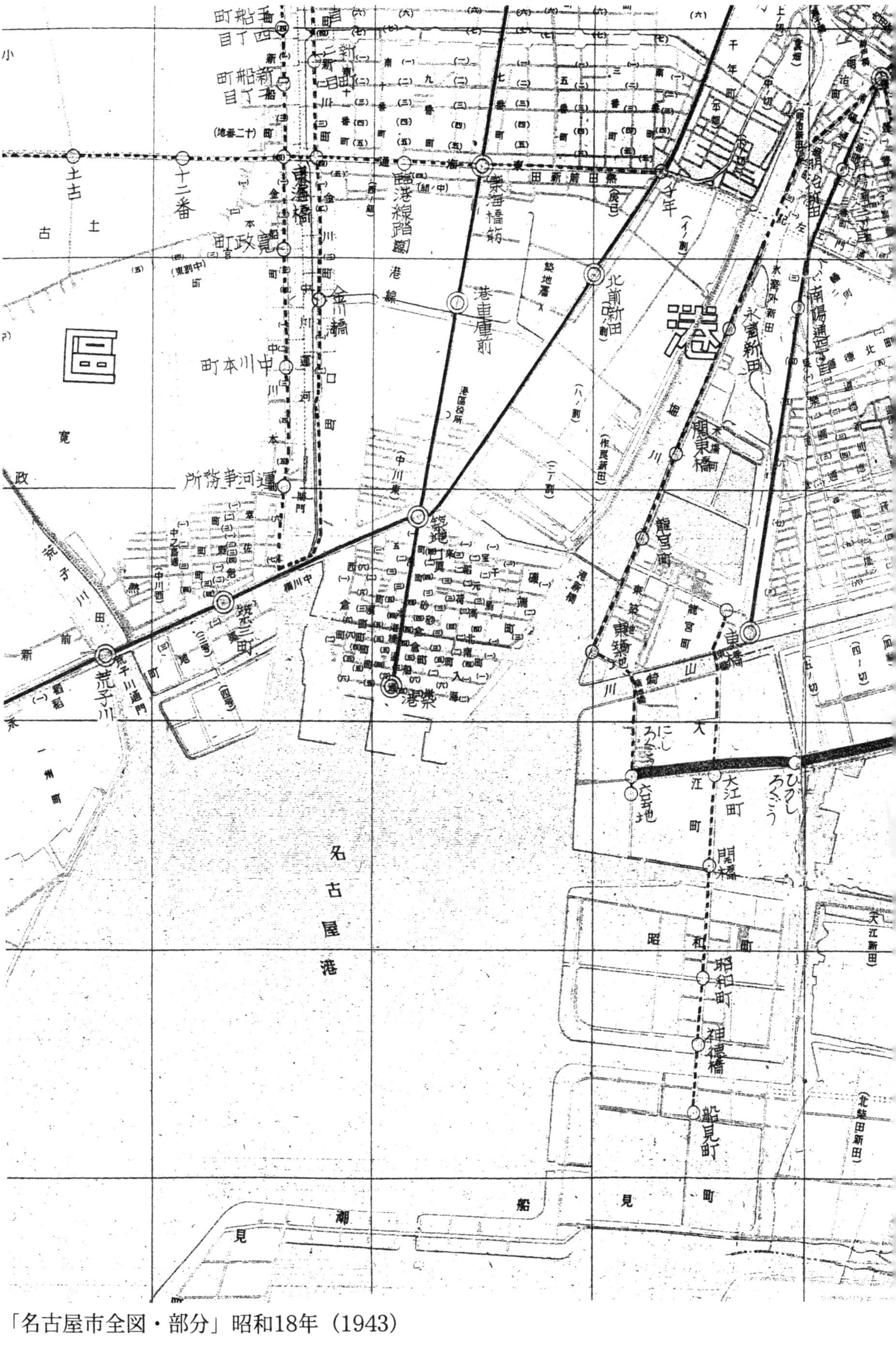


「名古屋市全図・部分」昭和18年（1943）

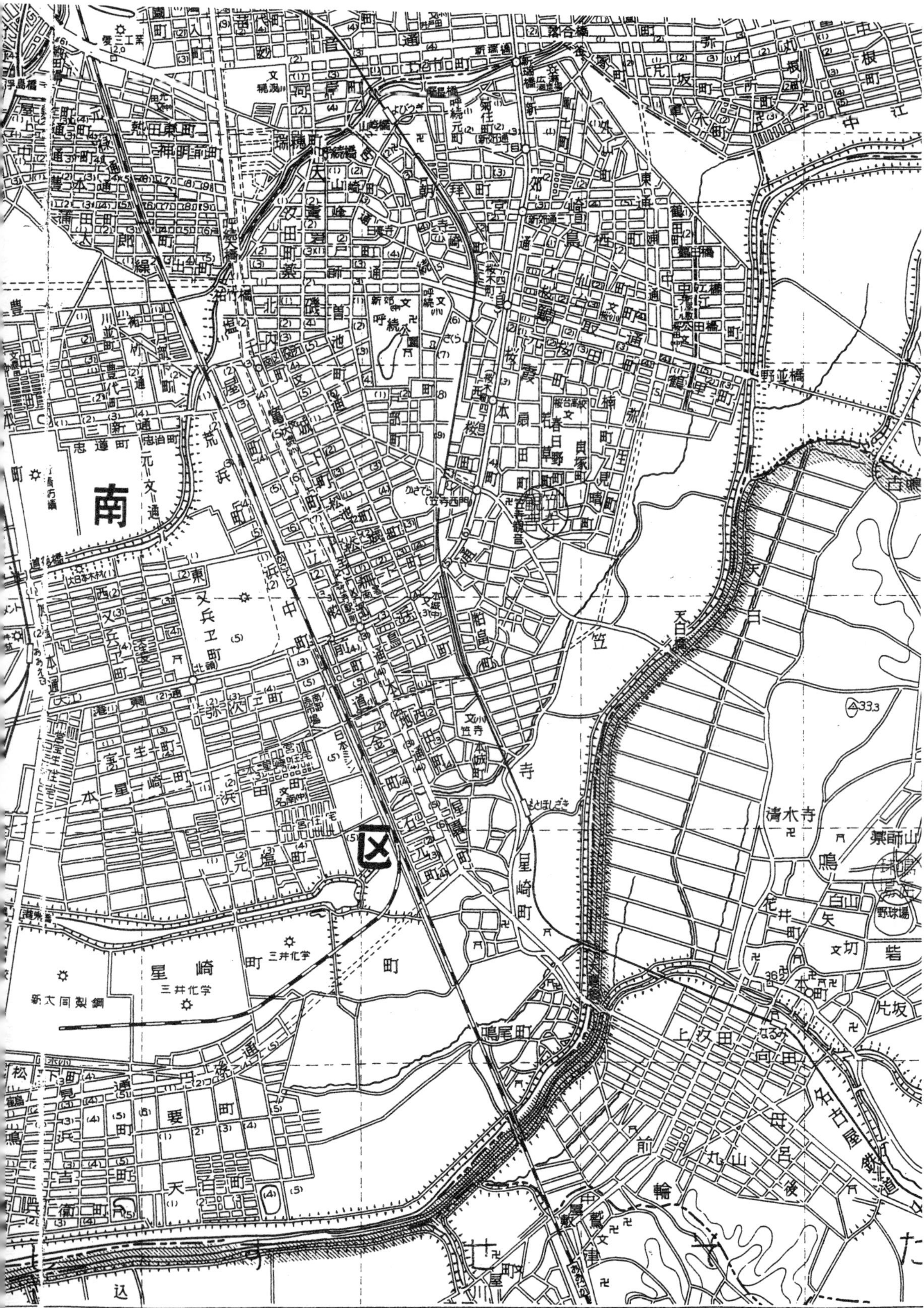

南
区
星崎町
三井化学
新大同製鋼
鳴尾町
上汐田
向田
前浜通
要町
天白町
元塩町
本星崎町
弥六町
又兵ヱ町
忠道町
浜中町
笠寺町
粕畠町
星崎町
清水寺
鳴子
名古屋鉄道
至東京

「大名古屋新地図・部分」昭和30年（1955）

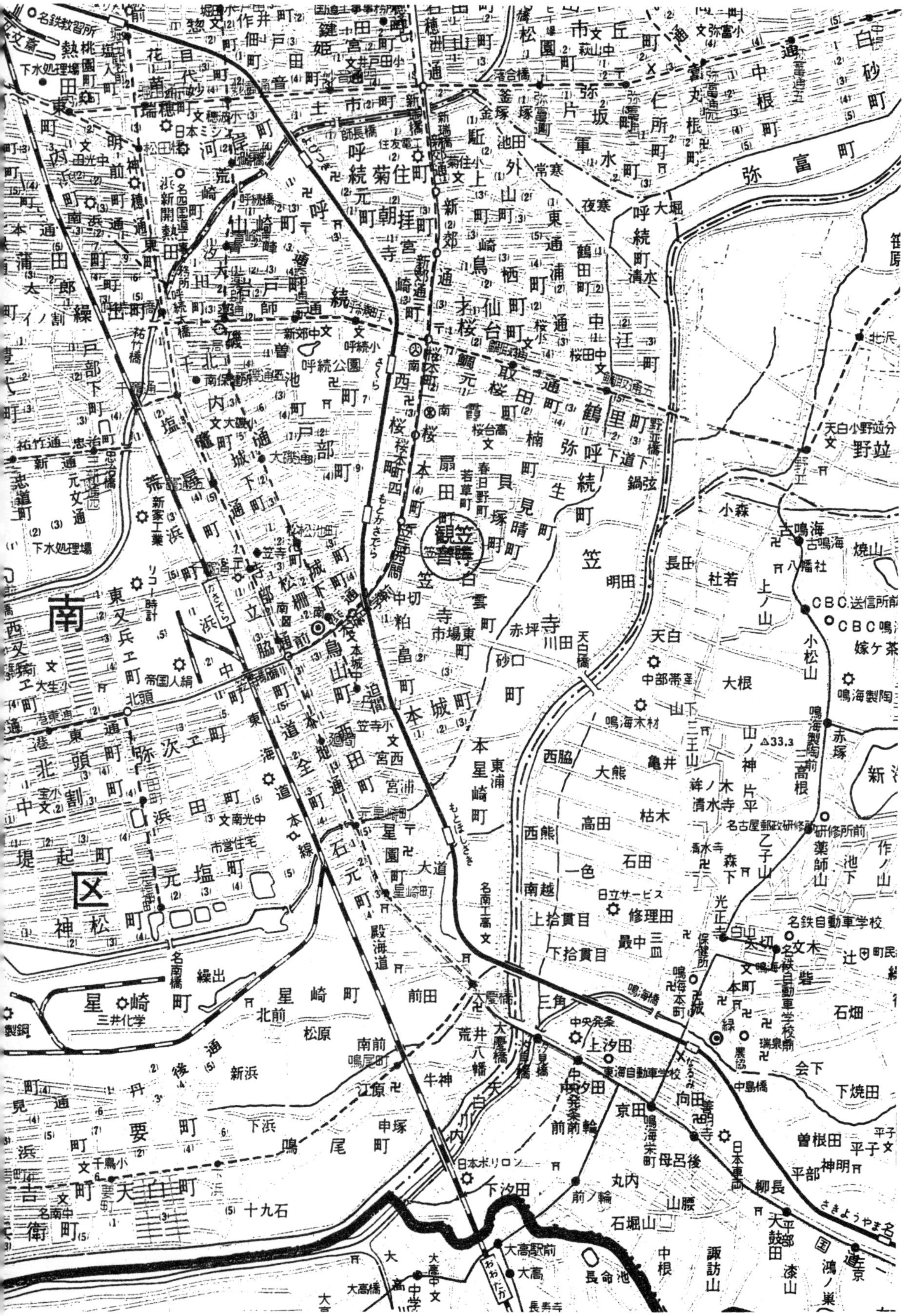

南
区
熱田
呼続
笠寺
観音
弥富町
桜本町
本城町
星崎町
鳴尾町
天白町
要町
丹後通
神松町
元塩町
堤起町
北頭町
東又兵ヱ町
弥次ヱ町
浜田町
呼続公園
市場
大高
大高駅前
長命池
鳴海
鳴海橋
上汐田
下汐田
京田
向田
鳴海本町
中島橋
会下
下焼田
小松山
赤塚
古鳴海
野並
CBC送信所前
名古屋郵政研修所
名鉄自動車学校
日本ポリロン
東海自動車学校
中央発条
日立サービス
三井化学
帝国人絹
鳴海製陶
鳴海木材
中部帯革
下水処理場
名鉄教習所
国道
さきようやま
名古屋
十九石
新浜
下浜
前田
松原
北前
南前
牛神
江原
申塚
丸内
前ノ輪
石堀山
中根
諏訪山
漆山
鴻ノ巣
平部
神明
曽根田
柳長
社若
上ノ山
天白
大根
山ノ神
片平
亀井
大熊
西脇
高田
枯木
西熊
石田
一色
南越
上拾貫目
下拾貫目
修理田
最中
三皿
砂口
赤坪
川田
天白橋
明田
長田
小森
鍋弦
焼山
八幡社

「大名古屋市全図・部分」昭和38年（1963）

# あとがき

十年前に作った『南区文化財地図』が手元にありますが、今回のものと比べてみると、新田の堤防、水屋、樋門と道標、および塩倉がなくなっていることに気付きました。『南区の歴史探訪』として記録に残すだけでなく、史跡として直接残せるものは保存できるようにしたいものです。

説明文には人名、地名、年代を中心に、かなをふりました。これは私自身にわかることを第一にしたためです。いままで「南野《みなみの》」を「南野《なんの》」といったり、「成道寺《じょうどうじ》」を「成道寺《せいどうじ》」と読んでいたことの反省からです。地名はいく通りもの読み方がありますが、その土地で言い伝えられてきた呼び方で伝えられていくべきだと思います。みなさま方から他の地名についてもお教えいただいて、正確を期したいと思っております。また、区内の史跡もみなさんと歩いて、確かめていきたいものです。幸い桜井、池田とも南区におりますので、呼び出してください。

この本で紹介した「近世の村絵図」は南区婦人学級の鈴木義子、久保田千代子、玉腰靖子が郷土史家丹羽主税氏写本の『尾張徇行記付図』を写しました。

なお、愛知県立図書館、蓬左文庫の原本に当たるべく、前記二館と鶴舞図書館に付図の所在を尋ねたところ、いずれもないという返事でした。付図の写しには「寛政五年（１７９３）三月」とありますので、ここへは原図不明のまま、丹羽主税氏写本よりとして出しておきます。

資料として『南区郷土文化写真集』南区郷土文化会、『南区史』南区役所、『星崎の塩浜』星崎塩浜資料保存会、『南区中世遺跡』三渡俊一郎著等を使わせていただきました。

終わりに、南区郷土文化会、南区役所区民室、昭和五十九年度南区婦人学級、南社会教育センターの方々、および現地などでいろいろお教えいただいた多くの人々に厚くお礼申し上げます。また、巻頭言をいただきました南社会教育センター館長稲垣勅氏にも感謝申し上げます。

## ●出版後記──再版に思う

　この『南区の歴史探訪』を出したのは三十年近くも前のことだ。ぼくは池田先生とちょうど二周り、二十歳年下になる。七十を過ぎると、もう先は見えてくる。

　この本は在庫切れとなっており、長いこと手元になかった。時々「本はないか」との声を聞いたが、いまさら再版する気にもなれなかった。双六で言えば「上がり」で、絶版にしていたのである。

　秋ごろ、書庫を整理していたところ、部屋の片隅からこの版下が出てきた。出版は刷る直前にまでに持っていく版下制作の作業が大変だが、これがあれば比較的簡単だし、費用もそんなにはかからない。もう一度、日の目を見させることも可能ではないか、と思った。

　しかし、その版下は「写植」─写真植字機で作ったものだった。当時はこれが印字の主流となっており、文字を一字一字印画紙に写し取ってゆく方法だった。それ以前は活字を拾い、タイプライターで打ったりしており、写植は速さや便利さ、鮮明さで画期的なものだった。

　当時、ワープロが出現し、パソコンが出てくるとは夢にも思わなかった。写植を覚えればこれで食ってゆけると一台買い込み（当時の金で百五十万円くらいした）、少しでも安くと自分で本作りに励んだ。そう言えば、都はるみが「フツーのオバサンになりたい」と芸能界を引退し、結婚した相手が写植屋の男性だった。

　若いころ、『名古屋いまむかし』を出し、出版にのめり込んだ。そしていまも独りでやっているが、印刷業界の革新がなかったらとっくにつぶれていたことだろう。あころの苦労を思うと、いまはパソコンで簡単に版下が作れ、少部数に適した印刷機などもある。

　古い版下との出会いが再版を決意させてくれた。しかし、それは茶色く変色しており、これをもとにしての印刷には苦労した。ところどころで文字が薄くなったりしているのもこのためである。

　今回の再版に当たっては大幅に増補した。池田先生はいまもお元気で、南区に関する原稿を収録させてもらった。初版よりも内容的に一層充実し、南区を知るための一冊となるのではないか。

　その池田先生は「七十代が山場で、多くの友人を失った。しかし、八十を過ぎると楽になり、九十からは自然体で生きられる」とおっしゃる。そして「この調子なら百歳も夢ではないかも」と。元気なお姿を拝見していると、この言葉が素直に受け入れられる。

　これから二十年も生きられるとしたら、まだまだやりたいことがいっぱいある。晩年にこそ一花咲かせたいものである。『南区の歴史探訪』もそんな一輪の花となってくれるか。舟橋武志

# 出版案内

イラストは「とっさ語辞典」より
本体価格での表示です

## 店主の書いた本

**●100％名古屋人　正・続・新**

舟橋武志著・「青年都市」としてもてはやされ、その一方では「偉大なる田舎」とも形容される「不思議都市」名古屋。ここに住む人たちが巻き起こす、真面目で愉快な「大名古屋現象」の数々を通して名古屋人のホンシツに迫る。B6判・二二〇頁前後・各九七一円。B6版・二〇四頁・一三〇〇円。

**●名古屋弁の構造**

舟橋武志著・「名古屋弁の正しい位置づけ」「名古屋弁の成立と内容の吟味」「名古屋弁の特徴は連母音にあり」「いますぐ活用したい珠玉の名古屋弁」「方言集圏論の中の名古屋弁」の五項目について徹底検証。名古屋人も知らない名古屋弁の話。B6判・二二〇頁・上製・一三三四円。

**●名古屋弁重要単語熟語集　パート1～5**

舟橋武志著・「あのよう」「いざらかす」「えーて、いかんて」「エビフリャー」など、名古屋弁をキーワードにして綴る抱腹絶倒の名古屋弁入門講座。名古屋人には自信と誇りを、それ意外の人には名古屋弁のシンズイを。B6判・二二〇頁前後・一および二は九七一円、三は一一六五円、四および五は一四〇〇円。

**●めざすは桶狭間！織田信長が駆け抜けた道**

舟橋武志著・尾畑太三氏はその著『証義・桶狭間の戦い』でこれまでにない桶狭間論を展開された。本書はそれに添い、信長の進軍したルートをたどるためのガイドブック。副題は「読む、歩く『証義・桶狭間の戦い』」。さあ、実際に歩いて現場から考えてみよう。A5判・二〇〇頁・二〇〇〇円。

**●将軍毒殺―実録・名古屋騒動**

舟橋武志著・安永六年（一七七七）名古屋城下は江戸北町奉行の曲渕甲斐守一行に急襲された。容疑は十代将軍徳川家治の毒殺未遂。一行は河村秀根ら四人を逮捕､江戸へ引き揚げていった。名古屋タイムズに連載し、話題になった本。一巻、二巻ともA4判・一五〇頁前後・二八〇〇円。

**●天空の龍　幻の名匠　野村作十郎**

舟橋武志著・寺社や屋台・山車などの彫刻で有名な立川流二代目、立川和四郎富昌。彼は宮大工の棟梁であり、彫っていたのはこの人、野村作十郎だった。各地に残る伝承や史料を掘り起こし、「幕末の甚五郎」作十郎の実像を明らかにするとともに、通説のカラクリに挑んだ迫真のドキュメント。A5判・上巻二五〇頁、下巻三一〇頁・各二〇〇〇円。

**●【探索】名古屋西部の鎌倉街道〈付〉柳街道**

舟橋武志＋名古屋歴史懇話会著・京都と鎌倉とを結んだ鎌倉街道。すっかり都会となった名古屋の西部ではどこを、どのように通っていたのか。金山―古渡（名古屋市中区）から萱津（あま市）までを歩きながら考える古道探索ガイドブック。本書を手に、都会ならではの面白さがある街道散歩をあなたも。名古屋城下と佐屋路の烏森とを結ぶ柳街道のガイド付き。B5判・一三〇頁・一六〇〇円。

**●【追跡】ふるさとの前田利家**

舟橋武志著・前田利家の足跡とそのルーツを追う、歴史探索ガイドブック。前田氏の祖先は美濃から来た！荒子城のあった本当の場所とは？幻の人、利家の二人の姉はどこへ？など、地元ならではの興味深い話がいっぱい。B5判・一五二頁・一六〇〇円。

**●武功夜話のふるさと**

舟橋武志、滝喜義著・信長、秀吉は『武功夜話』なくして語れない！同書で明らかになった江南市内の史跡を中心に、一般の人にも分かりやすく紹介する戦国歴史散歩ガイドブック。地図や図版、写真など約二〇〇点も収録。A5判・二四〇頁・一三三〇円。

**●武功夜話紀行［東海の合戦］**

舟橋武志著・守山崩れ、稲生ケ原の合戦や浮ケ原の戦い、あるいは岐阜、長島、亀山などでの合戦を、注目の書『武功夜話』をもとにして徹底的に検証。戦国合戦ドラマを通して知る、郷土の知られざる歴史の数々。A5判・

二三二頁・一三三〇円。

**●歴史探索・徳川宗春 名古屋城編**

舟橋武志著・「倹約で国が栄えるか」「芸なくば野人と同じよ」―名古屋人もびっくり、すごい殿様がいた。尾張七代藩主宗春を通して名古屋城の秘密に迫る。詳細な宗春年譜付き。A5判・一九〇頁・一四五六円。

**●歴史探索・徳川宗春 残照編**

舟橋武志著・「宗春の実母（宣揚院）のご子孫を見つた！」「尾幕対立の事件簿」「押し付け藩主に宗春の亡霊」など、これまで語られなかった宗春像に、新しい史料で肉迫する。毎日新聞中部版に連載、好評を博した「ザ・宗春」の単行本化。A5判・一八〇頁・一九〇〇円。

**●名古屋人の反省**

舟橋武志著・二十一世紀のキーワードは「反省」か？ 奥ゆかしい名古屋人とて、例外ではなかった。先に「100%名古屋人」を書いた店主が名古屋の「くらし」「れきし」「まつり」「ほん」「ひと」の五分野について、シミジミシミジミ考えた本。B6判・二〇四頁・一三〇〇円。

**●見た聞いた考えた「豊臣秀吉」大研究**

舟橋武志著・「生誕地、中村公園はでっち上げだった」「秀吉は墨俣築城二年前にも一夜城を各務原に築いていた」――名古屋を中心に、東海地方に点在する秀吉ゆかりの史跡約一〇〇カ所を訪ね、新しい秀吉像を浮き彫りにした、足で書いた郷土史。A5判・上製・二七二頁・定価二九〇〇円。

**●山姥物語実記**

舟橋武志著、吉田龍雲画・吉田家の当主龍雲氏は同家に伝わる「山姥物語」を見事な絵巻で再現された。その絵に合わせて「超訳」で現代語化したのがこれ。一番詳しく、かつ分かりやすい、伝説「山姥物語」の決定版。B5判・二一〇頁・三二〇七円。

**●いざ、四国お遍路！中年ぼろチャリひとり旅**

舟橋武志著・お盆をはさんだ二週間、オンボロ自転車を杖代わりに、四国一周のお変路旅。四万十川を源流から河口まで走破し、伊勢エビと大吟醸で佐田岬を征服。自転車で行ったら、旅はこんなにも楽しくなった！ 四六判・一八一頁・一四〇〇円。［郷土出版社刊］

**●ヤフオクでおこづかいっ！―あなたなら、どうする**

舟橋武志著・若い人に負けてたまるか！ 七十を直前にしてパソコンオンチがヤフー・オークションに初めて挑んだノウハウ&エッセー集。趣味と実益、遊びが仕事。楽しみながら「もう一つの」収入を獲得するためのガイドブック。「おこづかい」は身のまわりにある不用なものの販売や掘り出し物などの発掘・転売で意外に稼げる！ A5判・一九六頁・一九〇〇円。

**●【新装増補版】アマゾンでおこづかいっ！古本屋やろうよ**

舟橋武志著・土日を中心としサイドビジネスで月に五、六万円、もっと真剣にやればさらに可能。「アマゾン」で実際に売ってみた約七カ月間の体験レポート。新装増補版では大幅に頁数を増やし、読者の疑問や悩みにお答えするとともに、実践者たちのレポートも取り入れて一層役立つものにした。B6判・二七二頁・一九〇〇円。

**●ガイコツが走った！**

舟橋武志著・「冷めた鉄は強く打て」「腐ったらタイになってやる」――天性の？運動オンチが突然マラソンに目覚めた。「苦しい」「ま～いかん」とわめきながらも、走った走った、メチャクチャ走った。名古屋弁を交えながら軽妙なタッチで綴るド素人マラソン挑戦記。B6判・二三四頁・一二〇〇円。［七賢出版］

**●それ行け！夜叉ケ池伝説マラニック(1)(2)**

舟橋武志編、山口数博監修・人は何故にかくも走るのか。毎年夏に行われる夜叉ケ池130キロマラソン（90キロの部もあり）の出場者が思い思いに綴る「私の夜叉ケ池」。これを読んだら、あなたもきっと走りたくなる？B5判・(1)一四八頁・一三〇〇円、(2)一三三頁・一一〇〇円。

**●この町こだわりの旅**

舟橋武志著・有名観光地はもうたくさん。一つの自治体に徹底的にこだわり、すみからすみまで「のんびり、ゆったり」歩いた心に残る旅。愛知、三重、岐阜、長野、静岡五県下二十市町村を訪ねる名古屋からの一泊小旅行。B6判・二〇八頁・一二六二円。

**●もうちょいアップ！文章術**

舟橋武志著・手紙、eメール、日記に企画書、レポート……何かと文章を書く機会は多い。いまよりも「もうちょい」うまくなれるテクニックはないか。三流編集者だからこそ教えられる？執筆から上手な自費出版までのアノ手コノ手。小形変形九〇頁・九〇〇円。

**●地方出版新事情**

舟橋武志著・曲がり角にある地方出版の中にあって、なぜか名古屋が面白くなりだした。十年遅れてやってきた地方出版ブームにスポットを当て、出版者たちの夢と現実をルポ。B6判・二〇八頁・一四〇〇円。

**●出版デスマッチはムセーゲン**

舟橋武志著・全国出版やりたい族一千人に問う「あなたならどう闘う」編。第一話「出版へ！狂わば狂え」から第六話「死ぬまで出版で狂っていたい」まで、超零細出版社である小社の体験的ハチャメチャ出版論。B6判・二六〇頁・一四〇〇円。

**●出版バトルロイヤルのゴングは鳴った**

舟橋武志著・「出版ほどステキなショーバイはない」「本屋をバカにすると怒るヨ」「地方出版、大と小訪問記」など、わが国最大のレーサイ出版社？をめざす著者の真面目で愉快な出版関係雑文集。B6判・二五六頁・一四〇〇〇円。

**●タウン誌80**

舟橋武志著・何処で誰が何を、どうやって出しているのか。東海地方のタウン誌四十誌を徹底取材した「タウン誌の本」。第一線に立つ編集者たちが雑誌を作ることの苦しさや面白さ、出版のノウハウやヒントなどをあますところなく公開。B6判・上製・二四〇頁・一二八〇円。

**●名古屋弁訳仏説阿弥陀経**

舟橋武志編・お経は意味が分かってこそアリガタイ。もう「知らぬが仏」とは言わせない。仏説阿弥陀経の意味を名古屋弁に翻訳。一読賛嘆、その意味するところはこんな内容だった。A5判・六〇頁・七〇〇円。

**●名古屋いまむかし**

舟橋武志編・東京と京都の中間に位置する「日本の交差点」名古屋。この地はいつの時代も歴史の「もう一つ」の舞台だった。名古屋の代表的な史跡百カ所を、それぞれ地図や写真を添えて読み切りで紹介した、手ごろな歴史ガイドブック。A5判・二四八頁・一九〇〇円。

**●名古屋の宮本武蔵**

舟橋武志著・名古屋は円明流が花開いた地だった。武蔵は寛永七年から三年間この地に滞在、去ってからは養子の竹村與右衛門（頼角）を送り込んだ。武蔵が名古屋で見せた執念は柳生への対抗心があったからなのか。知られざる足取りを名古屋で追う「もう一つの」武蔵論。B5判・袋とじ九六頁・一八一〇円。

**●ぶらっと中村**

舟橋武志著・名古屋の表玄関であり、下町情緒も色濃く残す、名古屋市西部の中村区。秀吉の生まれたところとしてあまりにも有名だが、他にも様々な遺跡や遺物がある。そうした史跡の数々を訪ね、分かりやすく詳しく紹介。B5判・一四〇頁・一四〇〇円。

**●斐伊川流域紀行**

舟橋武志著・熱田神宮の御神体「草薙剣」出現の地、出雲を「新川みのじ会」のメンバーらとともに自転車で訪ねる。斐伊川とは？　船通山とは？　そして、そこには何があったのか。名古屋と出雲とを結ぶ古代史探訪の旅。A5判・一六〇頁・一七〇〇円。

**●合本「名古屋なんでか情報」**

舟橋武志著・平成十五年に創刊した月刊「名古屋なんでか情報」の一年分を一冊に収録。巻末にはその年々に書き殴ってきたブログを「本屋のオッサン通信」として納める。A4判・三〇〇頁前後・三八一〇円。

**●合本「マイタウン名古屋」**

ブックショップ「マイタウン」編・小社が月刊で出し続けた「出版&郷土史」に関する極私的ミニコミを一冊の本に。こうして繰り広げられた、マイタウンの舞台裏。B5判、一巻は二四八頁、三〇〇〇円、二巻は五〇〇頁、六〇〇〇円。

**●紙碑「東野村と武馬家の歴史」**

武馬毅編・「武馬」姓は江南市の東野を発祥の地とするが、姓氏辞典にも登場してこない謎の姓だ。第一部「東野村と武馬家」（武馬毅）、第二部「武馬姓の探求」（舟橋武志）の二部構成でその謎に迫る。A4判・二一〇頁・上製・八五〇〇円。

## 名古屋関係の本

**●幕末尾張藩の深慮遠謀**

渡辺博史著・御三家筆頭の尾張藩は本当に何もしていなかったのか。実は朝幕双方の間に立ち、水面下で必死にソフトランディングに努めていた。もしこの努力がなかったら、江戸無血開城もなかった。幕末史の見方を変える一冊。A5判・一三〇頁・一〇〇〇円。

**●尾張藩幕末風雲録**

渡辺博史著・幕末から維新にかける動乱期に、御三家筆頭の尾張はいかに動いたか。幕府と朝廷との双方に軸足を置き、「血ぬらずして事を収めよ」とばかり、水面下で果たした尾張の役割とは。A5判・一六四頁・一五〇〇円。

**●【追録】尾張藩幕末風雲録**

渡辺博史著・内乱を避けようと水面下必死に働く尾張藩士たちの中に、林左門という弁も立ち、腕っ節も強い大柄の男がいた。これまで語られてこなかった周旋に命を賭けた男、林左門に光を当て、激動の幕末史を描く。B5判・二一〇頁。一五〇〇円。

**●尾張藩の幕末・維新**

木原克之著・幕末から明治維新への激動期、尾張藩内はクーデター「青松葉事件事」に揺れた。前藩主慶勝とその弟、十五代藩主茂徳。二人はこの時代をどう乗り切ろうとしたのか。歴史好きの放送プロデューサーが多彩な史料をもとにして読み解く尾張藩の幕末・維新史。B5判・一二二頁・一九〇〇円。

**●石造物寄進の生涯・伊藤萬蔵**

市江政之著・幕末から昭和初期にかけて寺社に常夜灯や鳥居、狛犬などの石造物を寄進し続けた名古屋の奇人、伊藤萬蔵。一説に寄進先は「北海道を除く全国」とまで言われながら、その実像と実態は不明のままだった。初めて明かされる謎の人物とは。B5判・二四八頁・二八〇〇円。

**●不屈の男　山田才吉―名古屋財界の怪物**
藤澤茂弘著・ケチなことは大嫌い、どうせやるならでっかいことを――アイデアと実行力で明治・大正期を駆け抜けた名古屋人らしからぬ実業家の生涯。名古屋名物となる守口漬を考案し、でっかい東陽館や南陽館・水族館を造り、聚楽園（東海市）に日本一の大仏を造った男。その足跡がいま明らかに。A5判・三二〇頁・二〇〇〇円。

**●春姫さま**
藤澤茂弘著・尾張初代藩主徳川義直の正室春姫とはどんな女性で、どのような一生だったのか。あまり知られていない彼女にスポットを当て、その実像をあぶり出した実録風歴史小説。いま本丸御殿の復元が話題になっているが、二人はそこで暮らした最初で最後の人でもあった。A5判・六〇頁・四七七円。

**●名古屋コーチン作出物語**
入谷哲夫著・「養鶏も武士道なり」――メンデルの遺伝学も、現代のハイテクもない、そんな中にあって御家流砲術の精神を応用、明治の失禄武士・海部兄弟が編み出した日本実用鶏種第一号「名古屋コーチン」作出秘話。A5判・二一〇頁・一九〇〇円。

**●熱田区の歴史散歩**
ブックショップ「マイタウン」編・「より詳しく、より分かりやすく」をモットーに編集。実際に歩いて、見て、考える「わが街」を「再発見」するための必携ガイドブック。A5判・一二〇頁・九八〇円。

**●千種村物語―名古屋東部の古道と町なみ**
小林元著・名古屋東部はどのようにして発展してきたのか。飯田街道、高針街道、覚王山通、塩付街道、四観音道その他様々な街道を通して知る千種区、名東区の歴史。A5判・二〇〇頁・二〇〇〇円。

**●猪高村物語―名東区の今昔**
小林元著・猪高村は猪子石村と高社村（高針＋上社＋一社）とが合併してできた村。名古屋市の東部、いまの名東区に当たる。この地域の発展は著しく、今と昔は様変わりしている。高度成長期やバブル期を見つめてきた著者の写真や地図も多用しての詳細な記録集。A5判・二二五頁・二〇〇〇円。

**●香流川物語―長久手・猪子石の今昔**
小林元著・庄内川の支流香流川は名古屋の東部を流れる全長十五キロほどの川。流域にある長久手・猪子石両地区の歴史を丹念に掘り起こした著者ならではの労作。すっかり都市化されたこの地にも多くの出来事が秘められていた。A5判・一八二頁・一九〇〇円。

**●矢田川物語　大森・印場・森孝新田の今昔**
小林元著・矢田川沿いのこの限られた地区を舞台に、古代から近代までの歴史を描く。前著同様、著者ならではの緻密な調査により、様々な歴史やそれにまつわるエピソードなどを掘り起こしている。A5判・二六四頁・二〇〇〇円。

**●ナゴヤベンじてん**
荒川惣兵衛編・『外来語辞典』の編纂で名高い名古屋出身の学者、荒川氏が自費出版された幻の本を復刻。まだ元気だったころの名古屋弁を氏ならではの緻密な作業で収録、数ある名古屋弁辞典の中でも記念碑的な本。A5判・二四〇頁・二三〇〇円。

**●データで見る名古屋の気象―名古屋は本当に暑いか？**
新谷光三著・夏は暑くて、冬寒いと言われる名古屋。果たしてその実態はどうなのか。気象協会に席を置いた著者が豊富なデータをもとに徹底分析。「参考」として重要と思われる用語の解説、この地方に伝わる天気のことわざも収録。B5判・二〇四頁・一四五六円。［日本気象協会東海本部刊］

**●われらをめぐる伊勢の海**
太田立男著・気象協会の職員として海を見続けてきた著者が書いた、伊勢湾のいま。海の汚れは、水質は、そして深さや流れは？　青い海を取り戻すために。A5判・二一〇頁・一〇〇〇円。

**●豊臣秀吉誕生地の謎・付清正**
名古屋市中村尋常高等小学校編・同校が昭和六年に出版した『郷土偉人研究』の地元中村の記事部分を抜粋・復刻した小冊子。学校教育の一環として秀吉の出自や生誕地などを地元ならではの目で拾っていて興味深いものとなっている。B5変形・七四頁・一五〇〇円。

**●住まい・街・地域**
服部千之著・「名古屋における都市再発」「保存と開発」「弱者の交通問題」など、都市計画のパイオニアである著者が名古屋を中心にして取り組んできた実例の数々。A5判・上製・三一六頁・三九〇〇円。

**●住まいづくり・町づくり**
服部千之著・新聞に発表されたものを集めた、やや軽いタッチの評論集。早くから市民参加、生活優先、人間中心を訴え続けてきた著者の先見性が光る。A5判・一〇八頁・九八〇円。

**●志段味の自然と歴史**
志段味の自然と歴史に親しむ会編・名古屋市守山区の志段味地区を中心に活動している同会の会報「私たちの博物館―志段味の自然と歴史訪ねて」を合本に。B5判・三二六頁・三〇〇〇円。

**●謎の古代豪族「尾張氏」の誕生**
早瀬正男著・副題は「守山白鳥塚古墳の歴史像復元」。尾張氏は娘を即位前の継体天皇に嫁がせ（安閑・宣化両天皇を生む）、外戚として威を振るうまでになる。この古代豪族の「始祖」はだれだったのか。著者は名古屋市守山区にある白鳥塚古墳の被葬者に注目した。A5判・一四四頁・一五〇〇円。

**●ホットマインド**

長田若子著・副題は「宝生流能楽師、鬼頭嘉男が受け継いだもの」。名古屋でも鬼頭嘉男氏の名を知る人は少ない。しかし、勤務の傍ら能楽一筋に生き、老いてからも資金的に能楽界を人知れず支え続けた。能楽にかけたその生き様と足跡とは。この人に「芸どころ名古屋」の底力を見る思いがしないでもない。A4判・二六八頁・二〇〇〇円。

**●常磐連区誌**

名古屋市常磐尋常高等小学校編・中村区と中川区とにまたがる岩塚、烏森、高須賀、長良、四女子、小本、篠原、八田、万町などは常磐連区とされていた。昭和十年にまとめられた地元の歴史書を復刻したもので、区内の地理、産業、寺社、人物、旧跡などについて書きとめている。A5判・八六頁・一〇〇〇円。

## 郷土史関係(一般)の本

**●証義・桶狭間の戦い**

尾畑太三著・信長が天下統一への第一歩を踏み出した桶狭間の戦い。しかし、この戦いほど諸説が飛び交っているものもない。信長はどう対処し、どこを走ったのか。これまでだれも読み解けなかった「信長公記」の隠し文を見事に読み解き、合戦の真実をあぶり出した注目の書。A5判・四三〇頁・八五〇〇円。

**●女たちの徳川—伊勢上人・熱田上人・千姫・お亀の方**

鬼頭勝之著・戦国乱世は男たちが活躍した時代だった。が、その陰で男を動かしたのが女だ。そこには近代的・合理的な解釈のみでは理解できない情念や怨念の世界があり、一例をあげるなら祈祷師や御陣女郎らの暗躍があった。表題四人の女性を通し、新たな史観を確立しようとした意欲作。A5判・一一六頁・二〇〇〇円。

**●裏から読む大坂の陣—善光寺・豊国社・お江与・甚目寺**

鬼頭勝之著・豊臣政権の崩壊から徳川政権の登場へ——。冬・夏両陣の知られざる合戦の実態と、淀殿やお江与ら女たちの果たした役割などを描く、いわば前作『女たちの徳川』の姉妹編。比丘尼や巫女の集住した善光寺・甚目寺・真清田神社などの「もう一つの顔」も明らかに。A5判・二四〇頁・二五〇〇円。

**●宗春と芸能 付・忍びの者と山伏**

鬼頭勝之著・宗春は突然変異的に現れたのではない。出るべくして出た、時代の申し子だった。尾張での芸能を中心に、各種史料からそれ以前の社会情勢をあぶり出して宗春を論ずる、宗春解明の一書。B5判・一四八頁・二五〇〇円。

**●愛知歴史人物事典**

愛知県教育会、愛知一師偉人文庫編・人が歴史をつくり、歴史が人を育てた。愛知県出身および愛知県に事績を残した著名人、三百六十余人を詳しく紹介したユニークな人物事典。「新編愛知県偉人伝」を改題、復刻。B5判・四八八頁・六〇〇〇円。

**●美濃路NOW**

新川みのじ会編・東海道(熱田宿)と中山道(垂井宿)とを結ぶ重要街道「美濃路」。全長五十八キロの道筋を明らかにし、沿線に点在する史跡や遺物などを徹底ガイド。独りでも歩ける小冊子「完全踏破マップ」付き。A5判・一六八頁・一六〇〇円。

**●津島上街道**

飯田守著・名古屋から枇杷島、新川を経て津島へ至る道は佐屋路の「下街道」に対して「上街道」とも呼ばれていた。途中に古刹甚目寺があることから、われわれが想像している以上 ににぎわった。街道の面影はいまも色濃く残されており、そのルートと沿線の史跡などを詳しく解説する。B5判・二一六頁・一九〇〇円。

**●「もののけ姫」メモ考—新川町から見た東海豪雨**

根本憲生著・年間三分の一の雨が一度に降り、思ってもいなかった新川の堤防が決壊した。著者がそこで見たものは自然との共生を忘れた現代人のおごりだった。「新川みのじ会」の世話役であり、同町議員でもある著者の「どうする!河川対策」。B5判・一五〇頁・一八〇〇円。

**●史跡散策「愛知の城」**

山田柾之著・信長や秀吉、家康はどうやって天下に躍り出たのか。戦国時代の城を中心に県下一千余カ所の城跡を約一千点の写真とともに紹介。城を通して知る、ユニークな郷土の歴史。B5判・二八八頁・五〇四九円。

**●【郷土資料】岩崎山の歴史探訪**

栗木英次著・岩崎山は愛知県小牧市内にある奇岩怪石と信仰の山。名古屋築城の折、石が切り出された山としても知られている。変貌著しい岩崎地区の歴史と現在を後世に残そうとの意気込みで、地元にお住まいの著者が懸命に書き留めた貴重な記録集。B5判・一四二頁・一七一四円。

**●知られざる岩崎山**

服部修政著・奇岩怪石におおわれた小牧の岩崎山とは一体どんな山だったのか。名古屋城で一つの不思議な石との出会いから、著者の歴史をさかのぼる旅が始まった。「名古屋城からの出発」「岩崎山への旅」「岩崎山の解明」「岩崎山の周辺を歩く」などを収録。B6判・上製・二五四頁・二〇〇〇円。

●東海の昔話

平松哲夫著・昔話にとりつかれた男、平松さんが東海三県を訪ねに訪ね、地元の古老などから採話した忘れられない昔話三十話を収録。ふんだんに挿入された庵久美子さんの切り絵がやさしい。B6判・上製・一五〇〇円。

●新版・愛知民衆運動の歴史

伊藤英一著・尾張国解文にみる国司郡司百姓等の抗争から、明治時代の地租改正反対運動、自由民権運動や社会主義運動、さらには大正時代の米騒動、鳴海小作争議までを分かりやすく紹介。民衆の側に立って書いた、異色の郷土史。B6判・上製・三二二頁・二五〇〇円。

●評伝・鈴木楯夫

伊藤英一著・ここに、この人。これまでほとんど語られることのなかった鈴木楯夫を「名古屋社会運動の先駆者」として位置づけ、その活動ぶりから人となりまでを明らかにした著者ならではの労作。B6判・上製・二一六頁・二五〇〇円。

●山姥物語とその史的背景

滝喜義著・尾張本宮山と美濃おがせ池を舞台とする「山姥物語」は単なる伝説ではなかった！　物語の陰に隠されていた梶原景時とその一族の興亡を明らかにし、尾張平氏の知られざる活躍ぶりを描く。「山姥物語実記」の写本も全文復刻。A5判・二二八頁・二〇〇〇円。

●濃尾震誌

片山逸朗著・明治二十四年十月二十八日、根尾谷を震源とするマグニチュード八・〇の巨大地震が起きた。本書は当時出版された本の中で最も詳しいもので、濃尾地震を知る上で不可欠とされてきた稀覯本の復刻。阪神・淡路大震災をも上回った地震の実態とは。A5判・二八三頁・三九〇〇円。

●円空山河―尾張・美濃・飛騨の円空街道を疾走する

黒野興起著・円空仏に関する本は多いが、円空その人を描いたものとなると意外に少ない。円空に魅せられた画家が円空の足跡をたどり、その中から愛知、岐阜両県下を舞台にして円空の生き様を追う。A5判・一八八頁・一四〇〇円。

●円空の隠し文

伊藤治雄著・名古屋荒子観音の有名な千体仏「千面菩薩」。その正しい数が1024体だったことが分かった。長年、円空に関心を持つ技術者の著者はこの数字に衝撃を受け、円空と円空仏を訪ね歩く旅が始まった。そこから出てきた意外な結論とは。A5判・一九〇頁・一五〇〇円。

●円空とキリスト教

伊藤治雄著・円空の残した謎が解けた！　切支丹弾圧下、犠牲者の霊や残された家族・縁者らを慰めようと密かに分身をつくり、キリスト教を擁護する活動をしていた。残された仏像・神像や文書・和歌・漢詩・経典などから、その隠し文を読み解く。A5判・一九二頁・一五〇〇円。

●岐阜の岡本一平―聖家族からの解放

黒野こうき著・岡本かの子の夫であり、岡本太郎の父親だった、近代漫画の先駆者岡本一平。その彼が疎開先とした岐阜で過ごし、そして、この地で亡くなっている。約三年間の岐阜での晩年を掘り起こした知られざる記録。A5判・一八六頁・一四二九円。

●新聞にみる朝日遺跡

名古屋歴史研究会編・尾張平野の拠点集落「朝日遺跡」の発掘はその規模の大きさと出土品の多様さでマスコミなどで大きな話題となった。土器や武具、農耕具、その他次々と発掘される遺物や遺跡に、記者や学者たちの鋭い目が光る。地元各社の新聞記事を一冊に収録。A4判・七〇頁・一二〇〇円。

[名古屋歴史研究会刊]

●尾張名所図会

岡田啓、野口道直著・郷土史研究の基礎史料の一つ「尾張名所図会」全十三巻に古地図帳一巻を加え、原本よりも拡大して美しく鮮明に復刻。本書の発刊に伴い「原文で読む会」を結成、その成果を『の―と尾張名所図会』として刊行。尾張の名所旧跡とともに、古文書までも読めるようになれる。A4判・全十四巻セット、三万八〇〇〇円（分売可）。

●の―と尾張名所図会

栗花光弥著・「原文を読む会」の成果である「尾張名所図会」の読み下しに、講師栗花氏独自の解説などを加えて各巻ごとにまとめたもの（手書き）。同書を隅から隅まで読み、翻刻したのはこの人しかいまい。知られざる空前絶後の仕事と言える。A4判・各巻一八〇〇円前後。

●小治田之真清水

岡田啓著・「おわりだのましみず」と読む。『尾張名所図会』に収録できなかったものを新たに追加。江戸後期にブームとなった各地の「名所図会」の中でも、同書は内容的にも巻数的にも最も優れたものとなっているが、この拾遺版の登場で評価はいよいよ不動のものとなった。B5判・全六巻セット、一万三五〇〇円（分売可）。

●尾張名陽図会

高力種信著・著者は「猿猴庵」の名で知られた尾張藩士で、また優れた文人でもあり画家でもあった。全七巻から成るものを、上下二巻で再現。本書は『尾張名所図会』に先駆けるもので、文化・文政前後の名古屋城下の様子を詳しく描いている。種信は小田切春江の師でもあった。A4判・計六〇〇頁・セット一万二〇〇〇円（分売不可）。

●**尾張人物図会**

高力種信著・小寺玉晁著・江戸後期の人、玉晁の『人物図会』を改題・復刻。尾張藩内で有名な芸人、物売り、奇人、変人などを絵と文で紹介した奇書。彼らが生き生きと暮らし、周囲も温かな眼で見た当時の様子がしのばれてくる。B5判・六四頁・二〇〇〇円。

●**東海道名所図会**　上下

秋里籬島編・『都名所図会』を世に出し「名所図会生みの親」と言われる著者の代表作を、大正九年の活字版から拡大して復刻。上巻（京都―袋井）下巻（袋井―江戸）。豊富な挿し絵と総ルビ付きの本文で「見る」「読む」東海道ガイドの古典的史料。B5判・計九六〇頁・セット一万円（分売可・各五〇〇〇円）。

●**木曽路名所図会**

秋里籬島編・「木曽路」とあるが木曽谷の部分を言うのではなく、京都から江戸に至る中山道六十九次全体を指している。編者の秋里は『都名所図会』を世に出し、「名所図会生みの親」とも言われている人物。豊富な挿し絵を売り物に、街道とその周辺の名所、旧跡、寺社、風物などを紹介。A4判・和本仕立て・全四巻・二万三〇〇〇円。

●**善光寺道名所図**

豊田利忠編・著者は尾張の支藩、今尾藩（岐阜県・海津市）の藩士で、本書も名古屋の本屋から出版されている。中山道から分かれた洗場（塩尻）から松本を経て善光寺（長野）さらには松代から追分（軽井沢）に至るまでの名所案内。挿し絵は『尾張名所図会』で腕を振るった小田切春江が担当している。A4判・和本仕立て・全五巻・二万五〇〇〇円。

## 郷土史関係（専門）の本

●**尾張国愛知郡誌**

田中重策編・明治二十二年に出版されたもので、旧愛知郡を知るうえで不可欠の書。郡内の名所、旧跡から地理、物産、行政機構などに至るまで、あらゆる分野を詳述。『尾張志』の「愛知郡」編をはるかにしのぐ「幻の名著」の完全復刻。B5判変形・上製・四八八頁・七〇〇〇円。

●**尾張国知多郡誌**

田中重策編・明治二十六年に出版されたもので、前述の『尾張国愛知郡誌』と対をなす。知多郡研究に必携の書。B5判変形・上製・四六六頁・七〇〇〇円。

●**東春日井郡誌**

東春日井郡役所編・大正十二年に郡役所が刊行した同郡最高、最大の史料集を完全復刻。郡内の自然、歴史、文化などが十五章にわたって詳述されており、東春日井郡研究になくてはならぬ書。A5判・上製・一四六〇頁・一万八〇〇〇円。

●**西春日井郡誌**

西春日井郡役所編・大正十二年に郡役所の出したもので、十五章にわたり旧西春日井郡内の歴史、経済、寺社、民俗、宗教、その他を詳述している。A5判・上製・七二二頁・一万二〇〇〇円。

●**西加茂郡誌**

西加茂郡教育会編・大正十年に同教育会によって出版されたものの復刻。地誌、沿革、交通、寺社、史跡、風俗、人物、その他、旧郡内のあらゆる分野を詳述、西加茂郡研究に必携の書。A5判・上製・六五〇頁・一万円。

●**高蔵寺町誌**

東春日井郡高蔵寺町役場編・昭和七年に同役場によって出版されたものの復刻。有史以前から昭和七年に至るまで、同町の歴史、文化的一切の事項を最初に著述した大著。『東春日井郡誌』とともに、座右にぜひ。A5判・上製・五一八頁・九五〇〇円。

●**古知野町誌**

古知野町教育会編・大正十四年に出版されたA5判の本をB5判に拡大して読みやすく復刻。地理、寺社、人物、町政、教育、産業など当時の古知野町の様子を詳しく報告。B5判・二五〇頁・四九〇〇円。

●**武功夜話研究と二十一巻本翻刻**

松浦武著・あくまでも原本にこだわり『武功夜話』を行数通りに、しかも正確に活字化。本書の出版により同書が初めて研究の対象になった。同書の六巻までを活字化して全三冊に。ついに完結！　武功夜話研究会刊、当店発売。B5判・各一〇〇頁前後・各冊四七〇〇円（分売不可）。

●**前野文書が語る戦国史の展開**

滝喜義著・新史料『武功夜話』をもとに、その発掘者でもある著者が長年の研究成果を集大成。多くの戦国秘史、意外史とも言うべき内容に満ちあふれており、郷土史ファンには必読の書。A5判・上製・三三六頁・五五〇〇円。

●**尾州織田興亡史**

滝喜義著・織田氏の系譜は史料不足などで分からないことも多いが、『武功夜話』研究の第一人者である著者が同書をもとに見事解明。初代常松の尾張入国以来の岩倉伊勢守系、清須大和守系の流れを明らかにし、合わせて尾張諸城主の「空白」を埋める。B5判・袋とじ八〇頁・一九四二円。

●**江南史料散歩**　上・下

滝喜義著・江南郷土史研究会の会長を務め、その会報をはじめ各種研究誌に発表してきた日ごろの研究成果を集大成したもの。『武功夜話』を世に出し、織豊史に新しい光を当てた著者入魂の書。B5判・上巻は袋とじ九六頁・一八〇〇円、下巻は二〇八頁・二五〇〇円。

●高屋風土記

高屋村史編纂委員会編・「ムラのあけぼの」から「二十一世紀の基盤整う」まで、滝喜義氏を中心とする同会が「わが村」の歴史を概観。「身近な事柄を題材にして、全体の流れをとらえた好著」と専門家の間でも好評。A5判・上製・二四六頁・三〇〇〇円。

●尾張藩創業記

西村時彦著・藩祖徳川義直の一代記『尾張敬公』を改題して復刻。義直の人柄、政治、思想、武事、その他多面にわたって研究、以降の藩政のあり方にまで言及した郷土史ファン必読の書。A5判・二五八頁・四〇〇〇円。

●尾張志

岡田啓、中尾義稲編・尾張藩の命をうけて編纂された地誌であり、郷土史を研究してゆく上で不可欠の書。内容的にも巻数的にも『尾張名所図会』が他の名所図会より数段優れているのも、この編纂過程で集められたデータをもとにして岡田らが作っているからだ。「名古屋・熱田編」のほか郡別にまとめられており、全部で七巻の構成。B5判・二八〇〇円〜同六〇〇〇円（分売可）、セット二万九三〇〇円。

●尾張藩士録

著者不詳・嘉永五年（一八五二）時点の尾張藩士名を記した貴重な史料集「家中いろは寄」（名古屋市鶴舞中央図書館蔵）の完全復刻。姓名はもちろん、一人一人の俸禄、役職、居住地、家紋、菩提寺が明記されており、郷土史を研究してゆく上でも必携の書。B5判・六二二頁・一万四〇〇〇円。

●尾張藩在郷名家録

作者不詳・安政四年（一八五七）、同五年時点の在村有力者を集大成した貴重な文書の影印本。藩内十一代官所別にその氏名と居住する村、苗字・帯刀・御目見などの待遇を記す。『尾張藩士録』の庶民版とも言うべき本。B5判・三六八頁・九〇〇〇円。

●尾張国地名考

津田正生著・地名研究の基本史料「尾張地名考」に、活用しやすいよう索引を付けて復刻。村名の語源、由来などが解説されており、それに関連して寺社、旧家、名所、名産なども合わせて紹介。A5判・六九〇頁・五〇〇〇円。

●尾張国神社考

津田正生著・『尾張地名考』の著者が神社に的を絞り、その由緒来歴を考察した稀覯本の復刻。『塩尻』の著者として名高い天野信景の説を再考したもので、原題は「尾張神名帳集説本之訂考」。B5判・一四〇頁・三五〇〇円。

●愛知県独（ひとり）案内

愛知県農会編・明治三十三年に編纂された同名本の復刻で、県下一市十九郡の産業、経済、文化、歴史などを多方面にわたって概観。明治期における県下の様子をこれによって把握することができる。A5判・四二〇頁・四〇〇〇円。

●徳川家臣団の研究

中島次太郎著・徳川氏研究はその家臣団の研究を合わせて行わなければ完全とはなり得ない。本書は三河の中島氏、幡豆小笠原氏を中心に、大樹寺をはじめとする地元文書をもとにしてまとめた、徳川氏研究の基礎資料。A5判・上製・四九〇頁・七五〇〇円。

●図説違式詿違条例

鬼頭勝之編・「イシキ」とは故意の犯罪、「カイイ」とは過失による犯罪の意。明治政府が西欧化を急ぐため、旧来の悪しき風習や習慣を改めるために出した九十カ条から成る条例。「愛知週報」の「図解」を全文収録。A5判・七六頁・一五〇〇円。

## 古地図関係の本

●名古屋城下図

作者不詳・蓬左文庫秘蔵の幕末城下図をカラーで再現。「見る地図」から「読む地図」へ——寺社、道路から侍屋敷の住人まで、当時の様子を克明に読み取ることができ、見る人をはるか江戸時代の名古屋へと誘ってくれる。B5判・四〇頁・三三三三円。

●尾張藩幕末武家屋図—付・下級士族名簿

鬼頭勝之編・嘉永六年に花房馬橋という人が書き残した名古屋城下の住宅地図を、見やすいようにB5に拡大して復刻。この巻末には五百人近い下級武士の名前や石高・住所も記されており（これは活字化）、幕末の城下を知る上で貴重な史料と言える。B5判・二一〇頁・七〇〇〇円。

●尾張国地図集成

名古屋史談会作・尾張藩によって作られた地誌「張州府志」の付図一巻を、見やすいように拡大して一冊に復刻。名古屋城下をはじめ各郡内、著名神社など二十九図を収録した貴重な史料集。A4判・六〇頁・三〇〇〇円。

●尾張明細図

小田切春江作・明治十二年に出版された一枚ものの地図（七〇センチ×九〇センチ）。明治初期の様子がよく分かるうえ、伊勢湾に帆船と蒸気船を描くなど、絵画的手法を取り入れたカラフルなもの。一二〇〇〇円。

●尾張国町村絵図

徳川黎明会の全面協力により、現在の名古屋市内百九十四町村の絵図を一挙収録。集落の様子や寺社、河川、田畑、用水に至るまで克明に描かれており、原図の持ち味をカラー大判でぜいたくに再現。バラ売りも可。国書刊行会刊。B3変形判・豪華本・十九万八〇〇〇円。

# 写真・絵画関係の本

**●出稼ぎ哀歌―河辺育三写真集**

河辺育三著・高度経済成長期、日本人は懸命に働いた。一九七〇年代の十年間、名古屋に出てきた出稼ぎ農民を撮り続けた著者の記録写真集。都会の繁栄を底辺で支えた地下鉄工事現場などでの彼らの仕事や飯場での暮らしなどを活写し、ユニークで興味深い写真集となっている。B5判・一二〇頁・一四〇〇円。

**●愛知県写真帳**

愛知県・大正二年に出版された写真集の復刻。愛知県下の官公庁や学校・会社・工場・名所旧跡などが収録されており、当時の様子を目で学ぶことができる。それぞの写真には解説が施されており、これもまた興味深い。最新の技術で原本以上に美しく再現。A4判・一四〇頁・四五〇〇円。

**●愛知商売繁昌図絵**

ブックショップ「マイタウン」編・約百年前の県下農商工の繁栄ぶりを銅版画三百枚で再現。近代日本の幕が開き、文明開化の花が咲く。愛知経済のさきがけを記録した貴重な画集。付録資料として当時の業者名千五百余を掲載。B5判・四〇四頁・四八〇〇円。

**●尾張名所図絵**

宮戸松斎著・明治に入って尾張も大きく変わった。近代の息吹きを多数の銅版画で伝える、興味深い近代版「名所図会」の傑作。県庁や市役所、銀行にガス会社、もちろん名所旧跡なども多数収録されていて、いまでは懐かしい明治の時代を楽しませてくれる。A5判・一〇八頁・一八〇〇円。

# 古文書関係の本

**●新撰雛形・工匠技術之懐**

河合信次著・宮大工の著者が自分の代で家系が断絶するのを憂い、持てる技術のすべてを伝えようとした「遺書」。図面を多用した全三巻から成り、上巻が「鳥居之部」、中巻が「諸門之部」、下巻が「堂宮之部」となっている。それぞれの造り方を知ることは観賞の仕方を学ぶことにもなる。当店ではこれをテキストに勉強会を開催した。B5判・二一八頁・四五〇〇円。

**●近世葬祭影印史料―長思録**

福井軏（敬斎）著、鬼頭勝之編・福井が古典なども研究し、「長く思って」葬儀の実際を考察、死者の扱いから棺桶の作り方、埋葬の仕方などを記した一種の葬儀マニュアル。江戸期の墓地が発掘されるケースも多いが、本書によってそうしたものの考古学的な研究と解明にも役立ちそう。A5判・二二四頁・五〇〇〇円。

**●凶荒図録**

小田切春江、木村金秋編著・明治十八年、愛知同好会から出版されたもので、各地の実態とそれへの対応ぶりを豊富な絵図で紹介。凶荒は五十年周期で起きているとかで、出版当時がそれに当たっていた。凶荒を通じて知る民衆史の一断面として興味深い史料。B5判・袋とじ六八頁・一八〇〇円。

**●宗春の肖像―享元絵巻と夢の跡**

鬼頭勝之編・時の将軍吉宗に政策で堂々と対抗、名古屋を日本一の街にした宗春。その繁栄ぶりを絵巻や史料、古地図などにより現代に甦らせる。「夢の跡」は原文対照で全文を活字化。B5判・一四八頁・一九四二円。

**●温知政要**

徳川宗春著、古文書に親しむ会編・尾張七代藩主徳川宗春の施政方針を記した同名書の復刻。「慈」と「忍」による人間尊重の精神はいまの時代にも十分あてはまる内容だ。とかく派手な行動ばかりの目立つ宗春だが、この一冊からもその偉大さがしのばれてくる。印影（原文）・翻刻・超訳で徹底的に読み込む。A5判・一六四頁・二五〇〇円。

**●三廓盛衰記**

作者不詳・宗春が開設を許可した三つの遊廓の実態を中心に、彼の行動や当時の社会情勢などを事細かに描く。右記同様、小社が主催する「古文書に親しむ会」のテキストとして作られたもの。B5判・一七〇頁・三〇〇〇円。

**●当世名古屋元結**

作者不詳・英明の誉れ高い九代藩主徳川宗睦のもとで起きた「尾張の由井正雪事件」の顛末。宗春亡き後、小姓だった河村秀根に降りかかった容疑とは。幕府の追手も加わり、名古屋城下は開府以来の大混乱となった。B5判・二四二頁・四二〇〇円。

**●御遺戒書**

井上正就、鬼頭勝之解説・家康が井上主計頭正就に語った政道の教訓書。本書がこうした形で世に出るのは初めて。長期政権となった江戸幕府はどんな意図で開かれ、その教えはどう受け継がれていったのか。家康の考えを知る貴重な影印本。B5版・平均一一〇頁・二〇〇〇円。

**●政刑秘鑑**

作者不詳・江戸時代の刑罰を紹介した写本の影印本。入れ墨や引き回し、斬首、その他の刑罰のほか、牢獄の様子などを多くの絵も交えて紹介している。目次には「刑罪大秘録」とあるが、これまで出ている類書の中では最も詳しいものと言えるのではないか。B5判・八六頁・二三八一円。

**●刑罪大秘録**

鬼頭勝之編・前述の影印本『政刑秘鑑』（別名『刑罪大秘録』）全文を活字化、江戸時代の刑罰を克明に紹介。それらは一体、いかなるものだったのか。これまでの写本に見られないほどの詳しさで迫る。巻末に「幕末攘夷派私刑図」付き。A5判・一〇〇頁・二〇〇〇円。

**●蓬州旧勝録**
鈴木作助著・「蓬州」とは尾張のこと。名所旧跡、古歌、寺社など多方面にわたって書き記されているが、本書はその城下部分を抜粋したもの。大正期の市史編纂時に書写されており、影印本ではあるが比較的読みやすい。特に「清洲越し」商人について詳しい。A4判・三〇四頁・四八〇〇円。

**●吉田家本「長久手記」**
著者不詳、滝喜義解説・『武功夜話』の筆者吉田孫四郎が書き写したものを、古文書研究会などのテキスト用としてそのまま復刻。数ある小牧長久手関係史料の中でも最も早く成立したものの一つで、同合戦を知るうえで不可欠の新史料。A4判・袋とじ一〇四頁・二八〇〇円。

**●吉田家本「長久手記」**
著者不詳、滝喜義翻刻、松浦武校定・前述の「長久手記」を活字化して手軽に読めるようするとともに、「トラの巻」としても役に立ちそう。関係地図三枚を添付。B5判・袋とじ九〇頁・三三三三円。

**●吉田家本「節操夜話」**
著者不詳、滝喜義翻刻・戦国の尾張、美濃、三河を舞台とした女性の仇討ち物語を記した貴重な本が江南市の旧家吉田家から発見された。興味あふれる同書を見開き二頁に原文と対照して翻刻、合わせて古文書を読む楽しさも味わえるように編集した。B5判・袋とじ八六頁・二〇〇〇円。

**●春日大宮若宮御祭礼図**
藤原仲倫著・毎年十二月十五日から十八日まで行われる春日若宮の「おん祭り」は奈良の一年を締めくくるにふさわしい盛大な行事だ。江戸時代には十一月に行われていたが、その様子が中心に詳しく描かれており、歴史学的にも民俗学的にも興味深い史料となっている。上中下まとめて全一巻に。B5判・一六〇頁（袋とじ）、五〇〇〇円。

**●耶蘇宗門根元記**
京篤二郎編・『武功夜話』とともに発見されたキリシタン排斥の書「耶蘇宗門根元記」全三巻を初めて活字化。これまで顧みられなかった通俗的な廃耶書の内容を明らかにするとともに、その成立背景や特徴などをも合わせて考察。B5判・袋とじ一〇六頁・二〇〇〇円。［名古屋キリシタン文化研究会刊］

**●芥見村虚無僧闘諍一件**
著者不詳・岐阜の芥見（あくたみ）で虚無僧同志の縄張り争いが起き、死者まで出る騒ぎとなった。この事件をきっかけに幕府は普化宗の弾圧に乗り出す。事件に巻き込まれた佐屋宿の吐龍を通してその全貌に迫る。影印本。B5判・全四巻・平均一一〇頁・セット八〇〇〇円。

**●普化宗弾圧の序曲**
鬼頭勝之編・先に復刻した「芥見村虚無僧闘諍一件」の翻刻と解説。幕府が普化宗を禁止するきっかけとなったこの事件の全貌が本書で初めて明らかに。虚無僧および普化宗研究に一石を投ずることになる著者ならではの労作。五〇部制作。B5判・一〇四頁・三〇〇〇円。

**●虚無僧雑記**
小寺玉晁校訂・名古屋城について記録した『金城温古録』の著者、奥村得義（のりよし）の書いた『虚無僧雑記』を、これまた文人として名高い小寺玉晁（ぎょくちょう）が増補・校訂したもの。本書は三菱関連の静嘉堂文庫に所蔵されている本をもとにして作らせてもらった（印影本）。家康公掟目、諸国の普化宗寺院、尺八伝来記、関係古文書などが収録されており、虚無僧研究のうえでも貴重な史料となっている。影印本。A5判・一二四頁・三〇〇〇円。

**●夷蛮漂流帰国録**
作者不詳・文化二年（一八〇五）江戸からの帰り、岩国藩の御用船「稲若丸」が遭難した。乗組員らは漂流中をアメリカ船に助けられ、ハワイの港で降ろされた。国王カメハメハに会い、ハワイで暮らし、原住民らの生活を見聞した貴重な記録。影印本。A4判・六四頁・一八〇〇円。

**●嘉永東海大地震**
作者不詳、小牧近世文書研究会翻刻・小牧市岩崎の旧庄屋宅に伝わる古文書の復刻。嘉永七年（一八五四）十一月四日、同五日に起きた巨大地震の各地の被害をまとめたもの。特に津波の被害が大きい。原文に解読文と読み下し文を並記。B5判・袋とじ二四頁・五〇〇円。

**●御冥加普請の記并図**
新川みのじ会編・一東利助の著した同名の本を、原文と対にして翻刻。大野木村（名古屋市西区）で庄内川が決壊しそうになった。天明三年（一七八三）住民らが自発的に取り組んだ堤防補強工事は大成功に終わり、翌年には洗堰や新川開削による分流工事も始まっている。鬼頭勝之氏による解説「一東利助の謎」も付く。B5判・六〇頁・一五〇〇円。

**●異説・藤原師長伝説　琵琶物語**
鬼頭勝之編・井戸田の娘の話とは違う、熱田社社家の娘との「もう一つの」悲恋物語。未刊の「琵琶物語」を原文と対比させて翻刻。伝説の背後には何が隠されているのか。解説「師長伝説の彼方」でその謎に迫る。B5判・六〇頁・一四二九円。

**●泰平御武鑑**
武鑑とは諸国の大名や幕府の役人を記載した名簿・名鑑で、江戸期に各種のものが出版されている。これは文政六年（一八二三）に岩戸屋喜三郎を版元として作られたもの。当店の主宰する「古文書に親しむ会」資料として、読みやすいよう拡大して復刻。A5判・袋とじ八八頁・二三八一円。

**●改正御武鑑**

文久四年（一八六四）に作られた同書からの復刻。「五機内」「東海道」「東山道」など街道沿いに国々を取り上げ、その大名の名前や家紋・知行郡・石高・江戸よりの距離などを紹介している。「古文書に親しむ会」の資料として作ったもので、座右に一冊あると便利。A5判・四八頁・一〇〇〇円。

## 紀行、自然関係の本

**●飛騨の渓流釣り**

中川栄太郎著・「岐阜は海なし県だから、海の魚は一切使わない」―この宣言以来、下呂で居酒屋を営む著者の死に物狂いの日々が始まった。釣りの奥義を極め、飛騨の谷を知り尽くした著者の渓流釣りガイド&エッセー。B6判・二〇八頁・一二六二円。

**●体当り！ケチケチ世界大旅行**

坂本康司著・A面＝セーヌからガンジスへ［ルポ編］、B面＝一日一〇〇〇円世界の旅［情報編］。インドを中心に前後三回、通算三年にわたって世界を放浪した著者が、現地で収集した情報をもとに書き下ろした、若者向けケチケチ世界旅行ガイドブック。B6判・二八四頁・一四〇〇円。

**●涅槃と十字架**

坂本康馬（康司）著・前書執筆の著者がその後さらに二回にわたる長期旅行を敢行、その体験をもとにして書き綴ったインドとイスラエルの思索紀行。今回はインドの秘境ラダックにも足を向ける。B6判・上製・二二〇頁・一五〇〇円。

## 徳山村関係の本

**●浮いてまう徳山村**

朝日新聞岐阜支局編・諏訪湖級の巨大ダム湖に村が消える。ダム建設構想が持ち上がって四十年。静かな山村はどのようにして「解体」されていったのか。「ふるさと」を奪われた村人たちの人間模様を様々な角度から追う迫真のルポルタージュ。B6判・上製・二三二頁・一五〇〇円。

**●たれか故郷を思わざる**

大牧冨士夫著・離村を前にして、生まれ育った村の風物一つ一つをいとおしむように綴ったエッセー集。NHK FM放送で五年間にわたって放送され、大きな話題を巻き起こした。B6判一六〇頁・一二〇〇円。

**●徳山ダム離村記**

大牧冨士夫著・「全村水没」「全員離村」という未曾有の事態の中で、村民たちは何を思い、何を考えてきたのか。そしてまた、ダムはどうやって忍び込んで来るのか。一村民の回想録であるとともに、ダム問題に揺れる各地の人々への忠告の書でもある。B5判・三〇四頁・一三五九円。

**●ふるさとの灯は消えて**

江口義春著・徳山村で生まれた著者が集団移転でふるさとを捨てた。忘れ難い徳山村の自然や生活、民俗、風習などを切々と綴った、ふるさとへの鎮魂歌。B6判・二六四頁・一五〇〇円。

**●徳山村の伝説**

江口義春著・村の語り部、江口老が消え去るのを惜しんで書き残す「新田義貞の最期」「おしか鳥」「殿さま物語」など村の伝説七話を収録。作品すべてが村に事績のある、実在した人々の、事実に基づく話。A5判・二八四頁・一五〇〇円。

**●徳山村・その自然と歴史と文化1**

徳山村の自然と歴史と文化を語る集い編・巨大ダム湖に沈む徳山村の記録集。「野鳥の生息から見た徳山村の自然」「縄文時代の徳山村」「徳山村のわらべ歌と民謡」「徳山村過疎調査で感じたこと」その他、植物、信仰、民家、方言などの調査研究成果を収録。A5判・上製・四六八頁・四八〇〇円。

**●徳山村・その自然と歴史と文化2**

徳山村の自然と歴史と文化を語る集い編・「山村医療文化としての薬草」「徳山氏と村の伝説」「美濃国豪族根尾氏とその子孫について」「徳山村における遊び」「中部地方の真宗道場建築」「門入と丹生の研究」その他、遺跡、神社、衣服、方言などの調査研究成果を収録。A5判・上製・四八八頁・四八〇〇円。

**●合本「美濃徳山村通信」一、二**

徳山村の自然と歴史と文化を語る集い編・月刊で発行されてきた同通信を、活用しやすいよう詳細な目次を付けて一冊にとめた。徳山村関係の全新聞記事も収録。B5判・一は四六〇頁、二は五一二頁・各二八〇〇円。

**●大昔の徳山村―縄文人の息吹を追って**

篠田通弘著、徳山村教育委員会刊・徳山村で発見された二十余の縄文遺跡をもとに、当時の縄文人がどのような暮らしを営んでいたか、二十七話にして分かりやすく紹介。写真や図版をふんだんに使い、オールカラーで仕上げる。B5判・上製・二〇四頁・三九〇〇円。

## 日本海軍関係の本

**●海軍艦船要覧**

渡辺博史著・日露戦争から太平洋戦争までに登場した日本海軍の艦船をまとめたデータブック。海軍所有の艦艇と民間から徴用した小艇に至るまで、あらゆる艦船を時代順に紹介している。長年にわたり軍事史研究に取り組まれてきた、渡辺氏ならではの労作と言えよう。A5判・五八六頁・六〇〇〇円。

**●護衛部隊の艦艇**

渡辺博史著・本の副題に（1）は「駆逐艦一」（2）は「駆逐艦二」（3）は「駆逐艦三・水雷艇哨戒艇」（4）は「海防艦」とあり、全部で四冊の構成となっている。わが国海軍の艦艇とその動きを細かな文字で詳述したデータブック。A5判・計一七〇〇頁余・セット三万八〇〇〇円。

**●壮絶・決戦兵力 機動部隊**

渡辺博史著・四冊から成るもので、副題に（1）は「航空母艦・水上機母艦・戦艦」（2）は「戦艦二・巡洋艦・補給艦船・その他」（3）は「航空隊・戦隊・水雷戦隊」（4）は「第一航空艦隊・第三艦隊・第一機動艦隊航空」とある。勝敗は最前線で戦う機動部隊の差にあり。その敵闘と苦闘、変遷などを追った貴重なデータブック。A5判・計一六〇〇頁・セット四万円。

**●艦隊決戦の幻影 主力部隊**

渡辺博史著・艦隊決戦の主力となるのが戦艦と巡洋艦。それらの艦船とその行動を記録するとともに、あまり日の当たらない練習巡洋艦や補給艦なども収録。（1）から（6）まで六冊を刊行ずみ。A5判・平均四〇〇頁前後・セット六万円。

**●空の彼方 海軍基地航空部隊要覧**

渡辺博史著・渡辺氏が平成二十一年に私家版として出されていたものを、三十セット限定で復刻出版。全八巻から成り、海軍に設けられた航空部隊についてのデータブック。（1）の昭和十四年までの編成部隊から（4）の昭和二十年の終末期までを収録。（5）から（8）までは聯合航空隊、航空戦隊、基地航空部隊付属部隊の動向・詳報となっている。A5判・全八巻、計四二四〇頁・セット八万円。

## おや？まあ！こんな本

**●胃袋全摘ランナー世界を走る**

森久士著・「病は闘うもの」「病気は生き方を変えるまたとないチャンス」—六十を前にして突然のガン宣告。リハビリがマラソンに転移し、運動オンチが思いもしなかった老後に。こんな生き方、考え方があったのか。走ればガンも逃げてゆく。同病者には励ましに、モノグサのあなたも読めば走ってみたくなる（かも？）。四六判・二三六頁・一五〇〇円。

**●諺で考える日本人と中国人**

内田稔、張鴻鵬著・日本の諺にならなかった中国の諺とは。諺を通して日本人と中国人との考え方や行動の違いについ考える。一話読み切りで小話風に纏められており、中国語を学ぶ日本人に、あるいは日本語を学ぶ中国人には特に興味深い本となっている。A5判・一六二頁・一五〇〇円。

**●随筆 日中諺・成語辞典**

内田稔、張鴻鵬、鈴木義行 著・諺や成語もその語源や由来、エピソードを知ると覚えやすい。それも日中対比で書かれており、まさに「開巻有益」と言える。大きめの文字を使用しながら、中国の諺類を二百以上も取り上げている。読み進むにつれて日中の歴史や文化が学べ、中国語の学習にも一役買いそう。A5判・二四〇頁・一七〇〇円。

**●目らウロコの縄文文化**

渡辺誠著・日本文化の基層は縄文にあり！　弥生重視の風潮に対し「米は基層ではない」「水産日本の基礎をつくったのは縄文の漁業」「縄文人もいだいていた死と再生の精神文化」など、具体例で反論。あなたの縄文イメージが変わる。A5判・八八頁・九〇〇円。

**●知られざる香良洲社**

服部修政著・香良洲社とか烏杜天神社などとい名前の神社がある。一方では烏喰いとか烏喚びとか いう神事を行っている神社もある。この「カラス」とは一体なんなのか。謎を解き明かすための著者の旅が始まった。A5判・袋とじ八八頁・一四二九円。

**●魏志倭人伝謎解き旅**

伊藤治雄著・邪馬台国や卑弥呼などを語る中国の書『魏志』倭人伝。この原文にあくまでもこだわり、都合のよいよう勝手に読み替えない。そこから見えてきた意外なものとは。技術屋が読み解いた倭人伝の謎。A5判・一八〇頁・二〇〇〇円。

**●向から大和へ**

伊藤治雄著・奈良（明日香村）の「石舞台」は蘇我馬子の墓ではない、もがりの宮だった！「魏志倭人伝謎解き旅」の著者が宮崎（西都市）にある同じタイプの「鬼の窟（いわや）」から導き出した意外な結論とは。読む人を古代への夢にかき立ててくれる。B6判・一二〇頁・一四二九円。

**●忠臣蔵外伝—『忠義画像』を読む**

鬼頭勝之編・赤穂義士たちが吉良邸へ討ち入ったときの武器や装束は一体どんなものだったのか。最も古い肖像画集『忠義画像』が偶然に発見された！　そこに描かれていたものはすでに「仮名手本忠臣蔵」の登場を予告するに十分なものだった。B5判・八〇頁・一〇〇〇円。

**●自由に使える戦国武将肖像画集**

鬼頭勝之編・著作権フリーで戦国武将四二人（うち二人は女性）を収録。本や雑誌、会報をはじめインターネットのホームページなどにカットとして使えば、紙面も一層引き立つこと請け合い。著作権フリーだから、使い方は自由自在。A5判・袋とじ五八頁・一七〇〇円。

**●まけるな、とうちゃん**

長谷川真人編・「両親のこと」「僕の夢・私の夢」など、養護施設児童がそれぞれの胸の内を素直に綴った感動の作文集。手書き原稿がそのまま載せられていて、書き手の気持ちが直に伝わってきそうな本。A5判変形・一六八頁・九八〇円。

**●クロパトキン著「日本陸軍秘密研究書」**

鬼頭勝之編・原題は「鹵獲（ろかく）書訳文」。「鹵獲」とは奪い取った敵の軍用品のこと。日露戦争の総司令官クロパトキンが旧ロシア満州軍の幹部に当てた秘密文書を発見・復刻。日本通の彼は当時の日本陸軍をどう見、どのように戦おうとしていたのか。埋もれていた史料を発掘して、新聞でも話題に。B5判・袋とじ・五〇頁・一二三八円。

**●東京・足立の気象**

新谷光三著・かつて気象庁に籍を置き、気象予報士でもある著者が住み慣れた東京、とりわけ足立区に関する気象、気温・降水量・台風・生物季節などを分析。著者には姉妹編「データに見る名古屋の気象」もある。B5判・一三〇頁・一五〇〇円。

**●とっさ語辞典**

佐藤正明著・「ああ」「いや」「おや」……だれもが思わず知らず発してしまう「とっさ語」。そんな言葉の一つ一つを、イラストレーターでもある著者がユーモアあふれる解説とマンガで紹介する、世にも不思議な感動詞辞典。楽しさてんこ盛り。B6判・一七六頁・一三〇〇円。

**●ザ・尾張弁**

伊藤義文著・「あぁます」「あいさ」「あいまこまさ」……尾張地方で使われている六百二十語をピックアップ、それぞれに解説と用例などを示した「足で書いた」方言集。長年にわたる著者の研究成果をこの一冊に集約。B6六判・二〇八頁・一一六五円。

**●われら新川人**

根本憲生著・新川町議の著者が綴る「にぎわい」と「やすらぎ」のある町をめざして。ぼやいてばかりいたのでは何も始まらない。行政が、町民がいまこそなすべきこととは。こよなく新川町を愛する著者の熱いメッセージ集。B5判・二二二頁・二〇〇〇円。

**●胃ンプットつれづれ草さらば胃袋**

遠藤昭二郎著・胃ガンと宣告された著者がその前後から無事に退院するまでをつづった、ペーソスとユーモアあふれる手術体験記。ガンはなってみなければ分からない、なったら切るより仕方がない。自ら進んで「まな板のコイ」となった面白おかしい好エッセー。A5判・一一二頁・九八〇円。

**●合本「書皮報」**

書皮友好協会・あの「幻の集団」書皮友好協会の機関誌『書皮報』（創刊準備号から第十一号まで）を一冊に。ブックカバーにこだわる活字中毒患者たちが思い思いに綴る名文、駄文、玉石混淆のカバー談義。B5判・二九六頁・一六〇〇円。

**●安心百話**

住田智見著・著者は愛知県生まれの真宗大谷派の僧で、仏教学者としても知られた人。尾張真宗専門学校（現在の同朋大学）の創設者でもある。信心深い人がその著『安心百話』に感動、自費で復刻・出版されたもの。これには同書だけでなく「正信偈」や「念仏和讃」「御文」なども収録されている。B6版・一八〇頁・八〇〇円。

ブックショップマイタウン
〒452・0012　名古屋市中村区井深町一・一、新幹線新幹線下「本陣街」二階
TEL〇五二・四五三・五〇二三
FAX三五八六・七三・五五一四
郵便局振替05860・2・12258

●小社の本はいずれも少部数で、書店には出しておりません（注文制）。購入ご希望の方は直接小社にお申し込みいただくか、「地方・少出版流通センター扱いの本」とはっきり言い、最寄りの書店にご注文下さい。小社への直接ご注文の場合、合計金額が五千円以上ですと、送料はサービスさせていただいております（未満の場合は一回一律二五〇円）。表示価格はいずれも本体価格です。

●名古屋関係を中心とした郷土史本専門の古書店を変則的ながら開業しております。営業日および営業時間は毎週月曜日のみの週一日、午後二時から同六時までです（祝祭日は休業）。よろしかったら、気軽にお立ち寄り下さい。

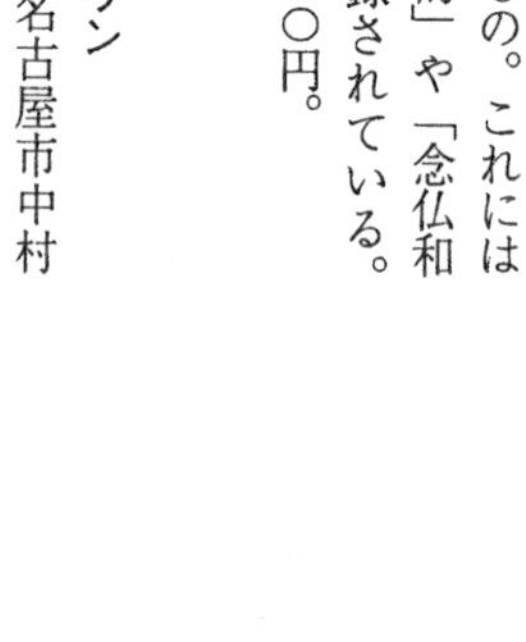

# 南区の歴史探訪

昭和六十一年三月一日初版発行
平成二十八年一月一日増補新装版発行（三〇〇部）

著　者　池田陸介・桜井克郎

発行者　舟橋武志
発行所　ブックショップマイタウン
〒453・0012名古屋市中村区井深町一・一
新幹線高架内「本陣街」二階
TEL〇五二・四五三・五〇二三
FAX〇五八六・七三・五五一四
URL http://www.mytown-nagoya.com/
ISBN978-4-938341-95-4 C0021 ¥1800E